Fischer (Hrsg.) | Lombino · Volkswirtschaftslehre für Bankfachwirte

Prüfungstraining zum Bankfachwirt

Die Bücher der Reihe Prüfungstraining zum Bankfachwirt richten sich an Kandidaten, die sich auf die Prüfung vorbereiten. Die Bücher helfen Verständnislücken auf prüfungsrelevanten Gebieten zu schließen, bieten eigene Kontrollmöglichkeiten an und geben somit die erforderliche Sicherheit für das erfolgreiche Bestehen der Prüfung.

Bisher sind erschienen:

Volkswirtschaftslehre für Bankfachwirte
von Olaf Fischer (Hrsg.) | Meinolf Lombino

Mündliche Prüfung Bankfachwirt
von Achim Schütz | Olaf Fischer | Margit Burgard

Allgemeine Bankbetriebswirtschaft
von Olaf Fischer

Recht für Bankfachwirte
von Ulrich Bente | Henriette Deichmann | Cordula Gürtler-Bente

Abschlussprüfungen Allgemeine Bankwirtschaft, Betriebswirtschaft, Volkswirtschaft, Recht
von Olaf Fischer (Hrsg.) | Torben Mothes

Olaf Fischer (Hrsg.) | Meinolf Lombino

Volkswirtschaftslehre für Bankfachwirte

Kurz und knapp alles Prüfungsrelevante zusammengefasst

2., aktualisierte Auflage

Bibliografische Information der Deutschen Nationalbibliothek
Die Deutsche Nationalbibliothek verzeichnet diese Publikation in der
Deutschen Nationalbibliografie; detaillierte bibliografische Daten sind im Internet über
<http://dnb.d-nb.de> abrufbar.

Online-Service unter http://app.gwv-fachverlage.de/tu/8e

1. Auflage 2007
2. Auflage 2008

Alle Rechte vorbehalten
© Gabler | GWV Fachverlage GmbH, Wiesbaden 2008

Lektorat: Guido Notthoff
Korrektorat: Beate Rabe

Gabler ist Teil der Fachverlagsgruppe Springer Science+Business Media.
www.gabler.de

Das Werk einschließlich aller seiner Teile ist urheberrechtlich geschützt. Jede Verwertung außerhalb der engen Grenzen des Urheberrechtsgesetzes ist ohne Zustimmung des Verlags unzulässig und strafbar. Das gilt insbesondere für Vervielfältigungen, Übersetzungen, Mikroverfilmungen und die Einspeicherung und Verarbeitung in elektronischen Systemen.

Die Wiedergabe von Gebrauchsnamen, Handelsnamen, Warenbezeichnungen usw. in diesem Werk berechtigt auch ohne besondere Kennzeichnung nicht zu der Annahme, dass solche Namen im Sinne der Warenzeichen- und Markenschutz-Gesetzgebung als frei zu betrachten wären und daher von jedermann benutzt werden dürften.

Umschlaggestaltung: Ulrike Weigel, www.CorporateDesignGroup.de
Druck und buchbinderische Verarbeitung: Wilhelm & Adam, Heusenstamm
Gedruckt auf säurefreiem und chlorfrei gebleichtem Papier.
Printed in Germany

ISBN 978-3-8349-1193-3

Vorwort

Liebe Leserinnen und Leser,

mit dem Buch „Volkswirtschaftslehre für Bankfachwirte" liegt Ihnen nun das vierte Buch aus der von mir, Olaf Fischer, ins Leben gerufene Reihe „Prüfungstraining zum Bankfachwirt" vor.

In bewährter Tradition soll Ihnen dieses Buch die Vorbereitung zur Abschlussprüfung in dem Fach Volkswirtschaft erleichtern. Wie auch die anderen Bücher dieser Reihe setzt das vorliegende Buch voraus, dass Sie die wesentlichsten Inhalte schon einmal - etwa in den Vorlesungen - gehört haben und die Inhalte mit dem Buch möglichst rasch wieder strukturiert in Erinnerung gebracht werden sollen. Es war nicht Zielstellung von mir und Dr. Lombino ein abgeschlossenes Werk zur Volkswirtschaftslehre zu schreiben. Da wir uns auf die wesentlichsten, prüfungsrelevanten Inhalte konzentriert haben, ist es uns gelungen, die Seitenzahl überraschend gering zu halten. Umfassende Aufgaben sowie ein Symbolverzeichnis runden den fachlichen Teil ab.

Unser Tipp: Nutzen Sie das Symbolverzeichnis. Es erleichtert Ihnen die Arbeit mit diesem Buch.

Nun wünschen wir Ihnen viel Erfolg bei Ihrer Prüfungsvorbereitung und stehen Ihnen über die Internetseite gerne mit Rat und Tat zur Seite. Dort finden Sie, neben den Lösungen zu den Aufgaben, auch die E-Mail-Adressen um mit uns in Kontakt zu treten.

Sollten Sie Fehler finden oder der Meinung sein, den einen oder anderen Aspekt besser darstellen zu können, so bitten wir um entsprechende Information. Wir werden Anregungen gerne berücksichtigen.

Herzlichst

Ihr	Ihr
Olaf Fischer	Dr. Meinolf Lombino
Herausgeber	Autor
Berlin, Juni 2008	Berlin, Juni 2008

Inhaltsverzeichnis

Symbolverzeichnis XI

Mikroökonomie

1 Grundlagen der Volkswirtschaftslehre 3
    1.1 Wirtschaftssubjekte und Wirtschaftsobjekte 3
    1.2 Wirtschaftssysteme und Wirtschaftsordnungen 14

2 Grundlagen der Haushaltstheorie 21
    2.1 Die Nutzenfunktion und die Gesetze von Gossen 21
    2.2 Die Nachfragefunktion 26
    2.3 Die Elastizitäten der Nachfrage 28

3 Grundlagen der Unternehmenstheorie 35
    3.1 Die Kostenfunktion 35
    3.2 Die Produktionsfunktion 40
    3.3 Die Gewinnmaximierung 43

4 Grundlagen der Markttheorie 49
    4.1 Das Modell der vollständigen Konkurrenz 49
    4.2 Veränderung des Gleichgewichts 53
    4.3 Staatliche Eingriffe in den Preismechanismus 58

5 Kurz- und Wiederholungsaufgaben 65
    5.1 Grundlagen der Volkswirtschaftslehre 65
    5.2 Grundlagen der Haushaltstheorie 66
    5.3 Grundlagen der Unternehmenstheorie 68
    5.4 Grundlagen der Markttheorie 70

Makroökonomie

6 Grundlagen der Volkswirtschaftlichen Gesamtrechnung (VGR) ... 75
    6.1 Die Produktionskonten der VGR 75
    6.2 Die Einkommenskonten der VGR 78
    6.3 Die Vermögensveränderungskonten der VGR 81
    6.4 Das Auslandskonto der VGR 83
    6.5 Die Erweiterungen und die Kritik der VGR 85

7 Der Gütermarkt 89
    7.1 Das Modell des Multiplikators 89
    7.2 Das Gleichgewicht und der Multiplikatorprozess 94
    7.3 Die Investitionsnachfrage 100
8 Die Geld- und Kapitalmärkte 107
    8.1 Die Monetisierung der Volkswirtschaft 107
    8.2 Die Geldnachfrage 110
    8.3 Das Geldangebot - aktive Giralgeldschöpfung 113
    8.4 Der makroökonomische Geldmarkt 118
9 Die Geldpolitik in Europa 123
    9.1 Die Institutionen der Geldpolitik 123
    9.2 Die geldpolitische Strategie der EZB 129
    9.3 Die geldpolitischen Instrumente der EZB 133
10 Kurz- und Wiederholungsaufgaben 139
    10.1 Grundlagen der Volkswirtschaftlichen Gesamtrechnung (VGR) .. 139
    10.2 Der Gütermarkt 140
    10.3 Die Geld- und Kapitalmärkte 141
    10.4 Die Geldpolitik in Europa 143

Wirtschaftspolitik

11 Arbeitslosigkeit und Inflation 147
    11.1 Arbeitsmarkt und Arbeitsmarktpolitik 147
    11.2 Inflation 152
    11.3 Die Phillips-Kurve 160
12 Reale Außenwirtschaft 167
    12.1 Ursachen des Außenhandels 167
    12.2 Freihandel und Protektionismus 174
    12.3 Die Welthandelsordnung 178
    12.4 Die wirtschaftliche Integration 180
13 Die monetäre Außenwirtschaft 183
    13.1 Die Zahlungsbilanz 183
    13.2 Devisenmarkt und Wechselkurs 188
    13.3 Erklärungsansätze des Wechselkurses 193
14 Die Stabilisierungspolitik 201
    14.1 Die Stabilisierungsproblematik 201
    14.2 Ansätze der Konjunktur- und Wachstumspolitik 205

14.3 Die Alternativen der Staatsfinanzierung 215

15 Die Grundlagen der Sozialpolitik 221

    15.1 Einführung in die Sozialpolitik 221

    15.2 Finanzierung der sozialen Sicherung 223

    15.3 Die Gesetzliche Rentenversicherung 225

    15.4 Die Gesetzliche Krankenversicherung 228

16 Kurz- und Wiederholungsaufgaben 231

    16.1 Arbeitslosigkeit und Inflation 231

    16.2 Reale Außenwirtschaft 232

    16.3 Die monetäre Außenwirtschaft 234

    16.4 Die Stabilisierungspolitik 235

    16.5 Die Grundlagen der Sozialpolitik 236

Schlagwortverzeichnis **239**

Symbolverzeichnis

Symbol	Bezeichnung	Beschreibung
A	Auszahlung	Rückgang des Geldvermögens; Abgang von Zahlungsmitteln
AL	Arbeitslosenquote	Verhältnis zwischen der Anzahl der Arbeitslosen und der Anzahl der Erwerbspersonen (= Anzahl der Erwerbstätigen und die Anzahl der Arbeitslosen); Phillips – Kurve; Arbeitslosigkeit
AL^{nat}	Natürliche Arbeitslosenquote	Quote der Arbeitslosigkeit im Erwartungs-Gleichgewicht des Arbeitsmarktes; Phillips – Kurve
a	Akzelerator $(= \Delta R / \Delta Y^e)$	Kehrwert der Kapitalproduktivität; zeigt, im welchen Ausmaß der Realkapitalbestand erhöht werden muss, wenn die Produktionsmenge um 1 Mengeneinheit zunimmt; Investitionstheorie
B	Bemessungsgrundlage der Besteuerung	Tatbestand, an dem der Gesetzgeber die Steuerpflicht geknüpft hat; Laffer – Kurve; Stabilisierungspolitik
b	Bargeldabflussquote	Verhältnis zwischen der Bargeldhaltung und den Krediten der Geschäftsbanken an das Publikum; Geldmarkt und –politik
BG	Bargeldumlauf	Höhe des außerhalb des Bankensystems zirkulierenden Zentralbankgeldes; Geldmarkt
C	Konsumausgaben	Realer Wert der Ausgaben für Gebrauchs- und Verbrauchsgüter
C^{auto}	Autonomer Konsum auch: Basiskonsum	Realer Wert der Konsumausgaben, die unabhängig vom Einkommen sind und die ggf. durch die Auflösung von Vermögenswerten oder Verschuldung finanziert werden
c_y	Marginale Konsumquote	Relation zwischen der Veränderung der Konsumausgaben und der Veränderung des Realeinkommens; zeigt an, wie viel von einer zusätzlichen Einheit Einkommen konsumiert wird

C/Y	Durchschnittliche Konsumquote	Verhältnis zwischen dem Wert der Konsumausgaben und der Höhe des Realeinkommens; gibt an, welcher Prozentsatz des Realeinkommens konsumiert wird
D	Abschreibung (eng. depreciation)	Wert aller während einer Periode verbrauchten/unbrauchbar gewordenen Produktionsgüter; VGR; Investitionstheorie
DK	Durchschnittskosten auch: Stückkosten	Verhältnis zwischen den Gesamtkosten und der Produktionsmenge; Unternehmenstheorie
DK^{var}	Variable Stückkosten	Verhältnis zwischen der Höhe der variablen Kosten und der Produktmenge; Unternehmenstheorie
DK (x)	Funktion der Durchschnittskosten auch: Stückkostenfunktion	Beziehung zwischen der Produktionsmenge und den Durchschnittskosten bzw. Stückkosten; Unternehmenstheorie
E	Einkommen auch: Einzahlung	Höhe der zufließenden Geldströme; Haushaltstheorie; Investitionstheorie
$\varepsilon_{X1\,P1}$	Direkte Preiselastizität der Nachfrage	Verhältnis zwischen der prozentualen Veränderung der Nachfrage nach einem Gut und der prozentualen Preisänderung dieses Gutes; Haushaltstheorie
$\varepsilon_{X1\,P2}$	Indirekte Preiselastizität der Nachfrage; auch: Kreuzpreiselastizität	Verhältnis zwischen der prozentualen Veränderung der Nachfrage nach einem Gut und der prozentualen Preisänderung eines anderen Gutes; Haushaltstheorie
$\varepsilon_{X1\,E}$	Einkommenselastizität der Nachfrage	Verhältnis zwischen der prozentualen Veränderung der Nachfrage nach einem Gut und der prozentualen Einkommensänderung; Haushaltstheorie
G	Staatsnachfrage (engl. government expenditures)	Realer Wert der Ausgaben des Staates für den Staatsverbrauch und die staatlichen Investitionen; autonome Variable, da politisch bestimmt
GK	Grenzkosten auch: marginale Kosten	Kosten, die entstehen, wenn die Produktionsmenge um eine Mengeneinheit erhöht wird; Produktionstheorie
GK (x)	Grenzkostenfunktion	Beziehung zwischen der Produktionsmenge und den Grenzkosten
GU	Grenznutzen auch: Marginaler Nutzen	Nutzen, der durch die letzte Konsumeinheit gestiftet wird

i	Zinssatz (engl. interest rate)	Finanzierungskosten der Investitionen; auch: Alternativkosten der Geldhaltung; Makroökonomie
i^{Euro}	Zinssatz einer Euroanlage	Verzinsung einer Anlage in Euro im Euroraum; Wechselkurstheorie; Zinsparitätentheorie
$i^{\$}$	Zinssatz einer Dollaranlage	Verzinsung einer Anlage in US-Dollar in den USA; Wechselkurstheorie; Zinsparitätentheorie
I^b	Bruttoinvestitionen	Gesamtwert aller durchgeführten Investitionen; wird berechnet als Summe aus Nettoinvestitionen und Abschreibungen; VGR
I^n	Nettoinvestitionen	Erweiterungsinvestitionen; Gesamtwert der Kapazitätserweiterung; VGR
K^{Fix}	Fixkosten	Kosten, die unabhängig von der Beschäftigung bzw. von der Produktionsmenge sind; Beispiele: Versicherungsprämien, Mieten, Zeitlohn
$K^{Var}(x)$	Variable Kosten	Kosten, die abhängig von der Beschäftigung bzw. von der Produktionsmenge sind; Beispiele: Materialkosten; Akkordlöhne
$K(x)$	Kostenfunktion	Beziehung zwischen der Produktionsmenge und den angefallenen Kosten
KR	Kreditvergabe	Wert der von den Banken an das Publikum vergebenen Kredite
KW_0	Kapitalwert	Wert eines auf einen Zeitpunkt 0 abdiskontierten Zahlungsstromes
L_n	Liquidationserlös	Schrottwert eines Anlagegutes nach Ablauf der Nutzungsdauer; Investitionstheorie
M	Geldmenge	Zur Durchführung von Transaktionen erforderliche Geldmenge in einer Volkswirtschaft; Geldmarkt
M1	Geldmenge M1	Summe aus dem Bargeldumlauf und den täglich fälligen Sichteinlagen; Geldmarkt
M2	Geldmenge M2	M1 + Einlagen mit vereinbarter Laufzeit bis zu 2 Jahren bzw. Kündigungsfrist bis zu 3 Monaten; Geldmarkt
M3	Geldmenge M3	M2 + Repogeschäfte, Bankschuldverschreibungen und Geldmarktfondsanteile sowie Geldmarktpapiere; Geldmarkt

M^A	Geldangebot		Höhe der von der Zentralbank und den Geschäftsbanken zur Verfügung gestellten Geldmenge
MB	Monetäre Basis auch: Geldbasis		Geld, das von der Zentralbank bereit gestellt wird; Summe aus dem Bargeldumlauf sowie der Reservehaltung der Geschäftsbanken
ME	Mengeneinheiten		Maßzahl für die produzierten oder verbrauchten Güter; Beispiele: Stück, Liter, Kubikmeter
M^N	Geldnachfrage		Höhe der zu Transaktions- und Spekulationszwecken sowie zur Vorsicht gehaltenen Geldmenge
MR	Mindestreserve		Gesetzlich vorgeschriebene Reservehaltung der Geschäftsbanken in Abhängigkeit der Depositen des Publikums bei ihnen; Geldmarkt und – politik
mr	Mindestreservesatz		Verhältnis zwischen der Höhe der Mindestreserve und der Höhe der Depositen; Geldmarkt und – politik
N	Arbeitseinsatz		Eingesetzte Arbeit in Stunden oder Anzahl der Arbeiter; Produktionstheorie
n	Voraussichtlicher Endzeitpunkt		Zeitpunkt, bei dem ein betrachteter Prozess (Geld- und Kreditschöpfung; Nutzung von Realkapital) am Ende ist
P	Marktpreis auch: Preisindex; Inflationsrate		Preis pro Mengeneinheit (ME), der am Markt gefordert wird und zu zahlen ist; Haushaltstheorie; Unternehmenstheorie; Inflationstheorie
P^*	Gleichgewichtspreis		Marktpreis, bei dem die Angebotsmenge gleich der Nachfragemenge ist
P^e	Erwarteter Marktpreis; erwartete Inflationsrate		Erwartete Preisänderung bezogen auf den Preis in einer Ausgangssituation; Phillips – Kurve; Inflationstheorie
P^{max}	Höchstpreis		Staatlich festgelegte Obergrenze für den Marktpreis mit der Konsequenz eines Nachfrageüberschusses; Mikroökonomie; Staatliche Eingriffe
P^{min}	Mindestpreis		Staatlich festgelegte Untergrenze für den Marktpreis mit der Konsequenz eines Angebotsüberschusses; Mikroökonomie; Staatliche Eingriffe
P^{Welt}	Weltmarktpreis		Preis, zu dem die Anbieter des Weltmarktes auf dem Inlandsmarkt anbieten; Außenhandelstheorie

P	Preis eines in der EU hergestellten Gutes	Marktpreis eines Gutes, das in der EU produziert worden ist; Monetäre Außenwirtschaftstheorie
$P^\$$	Preis eines in der USA hergestellten Gutes	Marktpreis eines Gutes, das in der USA produziert worden ist; Monetäre Außenwirtschaftstheorie
Π	Gewinn auch: Profit	Differenz zwischen den Verkaufserlösen und den Produktionskosten; Unternehmenstheorie
R	Realkapitalbestand auch: Sachkapital, Produktivkapital	Wert der im Produktionsprozess eingesetzten Anlagen; Anlagen werden unterteilt in Ausrüstungen und Bauten (= Gebäude); Produktionstheorie
r	Interne Rendite	Zinsfuß, bei dem der Kapitalwert eines Zahlungsstromes gleich Null ist; Investitionstheorie
S	Ersparnis	Geldkapitalbildung; Maximaler Wert der für die Kreditnachfrage zur Verfügung stehenden Mittel
s_y	Marginale Sparquote	Relation zwischen der Veränderung der Ersparnis und der Veränderung des Realeinkommens; zeigt an, wie viele Einheiten von einer zusätzlichen Einheit Einkommen gespart wird; Multiplikatormodell
S/Y	Durchschnittliche Sparquote	Verhältnis zwischen dem Wert der Ersparnis und der Höhe des Realeinkommens; gibt an, welcher Prozentsatz des Realeinkommens gespart wird
SE	Sichteinlagen auch: Depositen	Jederzeit kündbare Einlagen des Publikums bei den Geschäftsbanken; Giralgeld oder Buchgeld
T	Steuerzahlung (= t x B)	Produkt aus dem Steuersatz und der Bemessungsgrundlage; Laffer – Kurve
t	Laufender Zeitpunkt	Aktueller Wert einer Variable (Konsumausgaben, Ersparnis, Investitionen)
U(x)	Nutzenfunktion (engl. Utility (Nutzen))	Beziehung zwischen der Verbrauchsmenge eines Gutes und der Nutzenhöhe; Haushaltstheorie
ÜR	Überschussreserven	Freiwillige Reservehaltung der Geschäftsbanken auf ihren Konten der Zentralbanken; Geldmarkt

v		Umlaufgeschwindigkeit (engl. velocity)	Relation zwischen dem nominalen Inlandsprodukt und der Geldmenge; Maßzahl für die Zirkulation einer Geldmenge; Kehrwert des Kassenhaltungskoeffizienten; Geldnachfrage
W		Nominallohnsatz; auch: Geldlohnsatz (engl. wage rate)	Verdienst in Geldeinheiten in einer Stunde Arbeit; Arbeitsmarkt; Arbeitslosigkeit und Inflation
$W^{\$}$		Wechselkurs des Euro in Preisnotierung	Preis einer Einheit ausländischer Währung (hier: $) in Einheiten inländischer Währung; Wechselkurstheorie
$W_{\$}$		Wechselkurs des Euro in Mengennotierung	Mengeneinheiten der ausländischen Währung (hier: $) für eine Einheit der inländischen Währung (hier: Euro); Kehrwert des Euro – Wechselkurses in der Preisnotierung; Wechselkurstheorie
$W^{\$, \text{aktuell}}$		Aktueller Wert des Euro - Wechselkurses in Preisnotierung	Preis einer Einheit ausländischer Währung (hier: $) in Einheiten inländischer Währung; Wechselkurstheorie
$W^{\$, \text{erwartet}}$		Erwarteter Wert des Euro - Wechselkurses in Preisnotierung	Erwarteter Preis einer Einheit ausländischer Währung (hier: $) in Einheiten inländischer Währung (hier: Euro); Wechselkurstheorie
X		Konsummenge auch: Produktionsmenge	Mengeneinheiten eines Gutes, die nachgefragt bzw. angeboten werden; Mikroökonomie
X^*		Gleichgewichtsmenge	Mengeneinheiten eines Gutes, die im Gleichgewicht eines Marktes angeboten und nachgefragt werden; Mikroökonomie
$X^A(p)$		Angebotsfunktion	Beziehung zwischen dem Marktpreis und der Angebotsmenge
$X^N(p)$		Nachfragefunktion	Beziehung zwischen dem Marktpreis und der Nachfragemenge eines Gutes; Markttheorie
Y		Produktionswert auch: Reales Inlandsprodukt	Wert der in einer Periode hergestellten Güter; Makroökonomie
Y^*		Gleichgewichtsproduktion	Wert der Produktion in Mengeneinheiten oder des realen Inlandsproduktes, wenn das gesamtwirtschaftliche Angebot gleich der gesamtwirtschaftlichen Nachfrage ist
Y^A		Gesamtwirtschaftliches Angebot	Realer Wert der produzierten und angebotenen Güter einer Volkswirtschaft; Makroökonomie

Y^e	Erwartete Nachfrage	Höhe der erwarteten Nachfrage und somit Kapazitätsauslastung; Investitionsfunktion; Akzelerator
Y^N	Gesamtwirtschaftliche Nachfrage	Realer Wert der nachgefragten Güter in einer Volkswirtschaft; ergibt sich als Summe aus der Konsum-, der Staats- und der Investitionsnachfrage sowie dem Außenbeitrag; Makroökonomie
Y^v	Verfügbares Einkommen	Höhe des Einkommens, das nach der Steuerzahlung zum Konsum oder zur Ersparnis verfügbar ist
$\Delta K(x)$	Veränderung der Kosten	Mathematischer Ausdruck für die absolute Veränderung der Kosten in Geldeinheiten; Theorie der Unternehmung
ΔR	Veränderung des Sachkapitalbestands	Mathematischer Ausdruck für die absolute Veränderung des Sachkapitals als Ergebnis einer positiven Nettoinvestition; Produktionstheorie; Investitionsfunktion
ΔX	Veränderung der Produktionsmenge	Mathematischer Ausdruck für die absolute Veränderung der Produktionsmenge; Unternehmens- und Kostentheorie
ΔY^e	Erwartete Veränderung der Nachfrage	Differenz zwischen der erwarteten Nachfrage und Kapazitätsauslastung und der aktuellen Nachfrage; Investitionstheorie und Akzelerator
ϕ	Terms – of – Trade (griech. Buchstabe: phi)	Relation zwischen dem Exportpreisindex und dem Importpreisindex, beide in einer gemeinsamen Währung; Außenhandelstheorie und Protektionismus
Σ	Summenzeichen	Addition von verschiedenen Werten zu einem Gesamtwert

MIKROÖKONOMIE

1 Grundlagen der Volkswirtschaftslehre

Lernziele
Ihnen werden die wesentlichsten Begriffe der Volkswirtschaft dargestellt. Sie werden ausgehend vom ökonomischen Prinzip Wirtschaftssubjekte und Wirtschaftsobjekte erläutern und in verschiedenen Gruppen einteilen können. Anschließend werden Ihnen die verschiedenen Güterarten vorgestellt. Sie werden die Vor- und Nachteile der einzelnen Wirtschaftssysteme erläutern können.

1.1 Wirtschaftssubjekte und Wirtschaftsobjekte

DIE VOLKSWIRTSCHAFTSLEHRE UNTERSCHEIDET ZWISCHEN WIRTSCHAFTSSUBJEKTEN UND WIRTSCHAFTSOBJEKTEN:

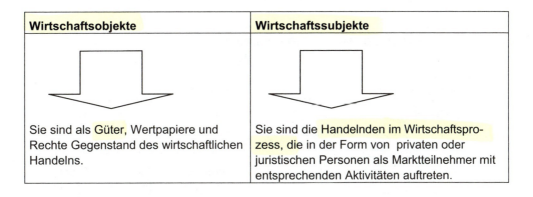

Wirtschaftsobjekte	Wirtschaftssubjekte
Sie sind als Güter, Wertpapiere und Rechte Gegenstand des wirtschaftlichen Handelns.	Sie sind die Handelnden im Wirtschaftsprozess, die in der Form von privaten oder juristischen Personen als Marktteilnehmer mit entsprechenden Aktivitäten auftreten.

Die Wirtschaftssubjekte werden unterteilt in

- private Haushalte und private Organisationen ohne Erwerbszweck (z.B. Kirchen oder Stiftungen),
- private und öffentliche bzw. sich im staatlichen Besitz befindliche Unternehmen,
- den Staat als Gebietskörperschaft (Bund, Länder, Gemeinden und Kreise) sowie die Sozialversicherungsträger und dem
- Ausland als die Gesamtheit aller dauerhaft nicht im Inland lebenden Wirtschaftseinheiten.

Private Haushalte erzielen Erwerbs- und Vermögenseinkommen und erhalten Transfers. Sie haben sich nach der Steuerzahlung zu entscheiden, welchen Anteil des verfügbaren Einkommens sie konsumieren bzw. sparen. Eine positive Ersparnis bedeutet dabei eine Geldvermögensbildung (Sparquote = Ersparnis/Einkommen und Konsumquote = Konsum/Einkommen).

Währenddessen setzen die Unternehmen Produktionsfaktoren (Arbeit, Sachkapital, Umwelt) zur Güterherstellung ein, behalten Teile des erzielten Gewinnes ein und bilden durch ihre Investitionen das Sachvermögen.

Der Staat stellt so genannte öffentliche Güter bereit. Im „Produktionsprozess" setzt er u.a. Personal, Vorleistungen und Sachkapital (Gebäude, Ausrüstungen) ein. Die Vorleistungen erwirbt der Staat i.d.R. von Unternehmen, wie die Investitionsgüter (Brücken, Gebäude, Straßen).

Ferner übernimmt der Staat eine Umverteilungsfunktion. Sie zeichnet sich dadurch aus, dass die durch Marktaktivitäten erzielte Primärverteilung durch staatliche Transfers und einem momentan noch gültigen progressiven Steuersystem in eine eher den Gerechtigkeitsvorstellungen der Gesellschaft entsprechende Sekundärverteilung umgestaltet wird. Im Rahmen der Stabilisierungsfunktion strebt der Staat eine geringe Inflations- und Arbeitslosenrate an.

Nachfolgende Tabelle verdeutlicht noch einmal die Aktivitäten der Wirtschaftssubjekte:

DIE AKTIVITÄTEN DER WIRTSCHAFTSSUBJEKTE:

Wirtschaftssubjekte	Aktivitäten
Haushalte	Einkommenserzielung, Konsum, Ersparnis, Steuerzahlung
Unternehmen	Produktion, Investition, Steuerzahlung
Staat	Bereitstellung öffentlicher Güter, Umverteilungsfunktion, Stabilisierungsfunktion
Ausland	Transaktionen mit Inländern

Die Darstellung der Wirtschaftsobjekte erfolgt im Nachfolgenden anhand der Güter.

Grundsätzlich können folgende Güterkategorien unterschieden werden:

- öffentliche, private und meritorische Güter,
- wirtschaftliche und freie Güter und
- Konsum- und Produktionsgüter.

Öffentliche, private und meritorische Güter

Entscheidend für die Einteilung in die obigen Segmente ist die Frage, ob das Ausschlussprinzip und/oder das Rivalitätsprinzip erfüllt oder nicht erfüllt werden.

> Das Ausschlussprinzip wird erfüllt, wenn jeder Nachfrager einen Preis für das gewünschte Gut zu zahlen hat. Wer nicht in der Lage oder nicht bereit ist, den geforderten Preis zu entrichten, der wird vom Ge- oder Verbrauch des Gutes ausgeschlossen.

BEISPIELE:

Um ins Kino zu gehen, ist eine Eintrittskarte notwendig. Wer ein Stück Brot oder eine Flasche Wein kaufen möchte, muss an der Kasse das Entgelt bezahlen.

Bei öffentlichen Gütern wird das Ausschlussprinzip nicht angewandt. Die Inanspruchnahme ist ohne Zahlung eines Preises möglich.

BEISPIELE:

Sicherheit sowie Rechtsprechung sind hierfür sehr gute Beispiele. Jeder Bürger steht unter dem Schutz der Polizei bzw. der Bundeswehr. Niemand braucht Geld zu entrichten, wenn die Polizei oder der Rechtsschutz Leistungen für ihn erbringt.

> Das Rivalitätsprinzip wird erfüllt, wenn der Ge- oder Verbrauch eines Gutes zu einem bestimmten Zeitpunkt andere Konsumenten von dem Ge- oder Verbrauch dieses Gutes ausschließt bzw. den Ge- oder Verbrauch beeinträchtigt.

BEISPIELE:

Wenn ein Konsument eine Flasche Wasser trinkt, dann kann diese Flasche nicht von einem Anderen benutzt werden. In einem vollen Fußballstadion gibt es keine freien Plätze mehr, da die Zuschauer darum konkurrieren.

Bei öffentlichen Gütern wird das Rivalitätsprinzip nicht erfüllt.

BEISPIELE:

Die Bundeswehr gewährt für alle über 80 Millionen Bundesbürger Schutz (äußere Sicherheit). Der Schutz einzelner Bürger wird nicht vermindert, wenn andere Bürger hinzukommen. Die Rechtsprechung ist ein weiteres Beispiel für ein Gut, bei dem das Rivalitätsprinzip keine Anwendung findet.

Wenn sowohl das Ausschluss- als auch das Rivalitätsprinzip erfüllt werden, lässt sich für ein Gut ein Preis am Markt feststellen, den die Konsumenten bereit sind zu zahlen. Diese privaten Güter werden am Markt von Unternehmen angeboten, die nach dem erwerbswirtschaftlichen Prinzip arbeiten und somit ihren Gewinn maximieren möchten.

> Bei Gütern, bei denen weder das Ausschluss- noch das Rivalitätsprinzip erfüllt sind, gibt es kein privates Angebot. Denn die Unternehmen sind nicht bereit, Güter kostenlos am Markt anzubieten.

Für öffentliche Güter wird der Marktmechanismus durch den Wahlmechanismus in einer Demokratie ersetzt. Die Politiker, die Wahlen gewinnen möchten, bieten öffentliche Güter in der Art und dem Umfang an, die den vermeintlichen Wählerpräferenzen entsprechen. Die Wähler stimmen somit über das Angebot öffentlicher Güter ab, die durch allgemeine Steuereinnahmen des Staates finanziert werden. Eine Zurechnung der von den Bürgern gezahlten Steuern zu den beanspruchten öffentlichen Gütern macht wenig Sinn, da Steuern laut Abgabenordnung Leistungen der Bürger sind, die der Staat aufgrund seiner Hoheitsmacht einfordern kann, ohne dass hierfür eine spezielle Gegenleistung zu erbringen ist.

1.1 Wirtschaftssubjekte und Wirtschaftsobjekte

ÖFFENTLICHE UND PRIVATE GÜTER:

	Rivalitätsprinzip gilt	Rivalitätsprinzip gilt nicht
Ausschlussprinzip gilt	**Private Güter** (z.B. Nahrungsmittel und Haushaltswaren)	Mischgut mit der Tendenz zur Unterversorgung (z.B. Telefonleitungen, Netzwerke)
Ausschlussprinzip gilt nicht	Mischgut mit der Tendenz zur Übernutzung (z.B. Weideflächen)	**Öffentliche Güter** (z.B. Rechtsprechung, innere und äußere Sicherheit)

Bei Gütern, wie einer Weidefläche, die der Rivalität unterliegen, führt die Nichtanwendung des Ausschlussprinzips dazu, dass das Weideland überbeansprucht wird und schließlich unnutzbar wird.

Gilt hingegen das Ausschluss- nicht jedoch das Rivalitätsprinzip, dann ergibt sich eine Unterversorgung, wie bei Telefonleitungen (oder anderen Netzwerken wie Eisenbahnschienen). Um angeschlossen zu werden, ist eine Grundgebühr zu zahlen. Da im Allgemeinen keine Konkurrenz im Netz besteht, werden zu wenige Anschlüsse gelegt.

> **Meritorische Güter** liegen vor, wenn bei grundsätzlich privaten Gütern auf die Anwendung des Ausschlussprinzips verzichtet wird.

BEISPIELE:

Öffentliche Universitäten in Deutschland wurden grundsätzlich ohne Studiengebühren betrieben. Man erklärte dieses Vorgehen mit sozialpolitischen Überlegungen, um auch Kindern ärmerer Familien Zugang zu einer Hochschulbildung zu verschaffen.

Ein anderes Beispiel stellt die Schutzimpfung dar. Um Epidemien zu bekämpfen, ist es erforderlich, dass möglichst alle Einwohner unabhängig von ihrer Zahlungsfähigkeit und Zahlungsbereitschaft geimpft werden. Die so genannten negativen Effekte der nicht geimpften Einwohner auf andere Mitglieder der Gesellschaft sind soziale Kosten, die durch eine allgemeine Impfung vermieden werden können.

Wirtschaftliche und freie Güter

> Wirtschaftliche Güter sind knapp. Sie stehen nicht jederzeit, überall und in der gewünschten Qualität unbegrenzt zur Verfügung. Diese Güter müssen produziert werden (Ge- und Verbrauchsgüter) oder urbar gemacht werden (z.B. Öl als Rohstoff). Die Produktion verursacht Kosten – ebenfalls stehen die Produktionsfaktoren nicht unbegrenzt zur Verfügung.

> Freie Güter hingegen sind nicht knapp, sondern grundsätzlich im Überfluss vorhanden. Zeitlich vor der auftretenden Umweltproblematik sind viele Umweltgüter, wie sauberes Wasser oder frische Luft, als freie Güter bezeichnet worden.

Bei knappen Gütern ist das Wirtschaften nach dem ökonomischen Prinzip (auch Rationalprinzip genannt) erforderlich.

- Das Maximalprinzip geht von einer Maximierung des Ertrags bei gegebenem Aufwand aus.
- Das Minimalprinzip verlangt eine Minimierung des Aufwands bei gegebenem Ertrag.

Um den effizienten bzw. wirtschaftlichen Einsatz der Produktionsfaktoren zu beurteilen, werden in der Volkswirtschaft verschiedene Maßzahlen dargestellt.

Es handelt sich hierbei um die Messzahlen

- Produktivität und
- Wirtschaftlichkeit bzw. Rendite.

Diese Messzahlen werden an dieser Stelle nur allgemein umschrieben, um das Thema anzuschneiden. Detailliert wird auf diesen Bereich in der Betriebswirtschaft eingegangen.

1.1 Wirtschaftssubjekte und Wirtschaftsobjekte

DIE ANGESPROCHENEN MESSZAHLEN WERDEN WIE FOLGT ERMITTELT:

Produktivität:

$$\frac{\text{Produktionsmenge (in Mengeneinheiten)}}{\text{Arbeitseinsatz (in Stunden oder Anzahl der Arbeiter)}}$$

Eine steigende Produktivität bedeutet, dass in einer Arbeitsstunde bzw. von einem Arbeiter eine größere Produktionsmenge hergestellt wird. Zu erklären ist ein Anstieg der Arbeitsproduktivität mit einer steigenden Automatisierung und mit zunehmendem Maschineneinsatz in der Produktion sowie mit besserer Qualifikation der Arbeitskräfte.

Wirtschaftlichkeit bzw. Rendite:

$$\frac{\text{Ertrag (in Geldeinheiten)}}{\text{Investitionssumme (in Geldeinheiten)}} \times 100$$

Eine zunehmende Wirtschaftlichkeit bedeutet, dass bei gegebener Investitionssumme der Ertrag zunimmt oder dass bei gegebenem Ertrag die Investitionssumme vermindert werden kann.

Die Unternehmen führen die Produktion von Gütern (Konsum- und Produktionsgüter) durch Kombination der Produktionsfaktoren

- Arbeit,
- Umwelt und
- (Sach-)Kapital durch.

Produktionsgüter werden hinsichtlich ihrer zeitlichen Nutzung eingeteilt in

- dauerhafte Produktionsgüter und
- nicht dauerhafte Produktionsgüter.

KONSUM- UND PRODUKTIONSGÜTER:

	Dauerhaft	Nicht dauerhaft
Konsumgüter	Gebrauchsgüter (z.B. privat genutzte Autos und Wohnungen, Fernseher)	Verbrauchsgüter (z.B. Nahrungsmittel, Medikamente)
Produktionsgüter	Sachanlagen (z.B. Bauten und Ausrüstungen, Betriebsmittel)	Vorleistungen (z.B. Rohstoffe, Betriebsstoffe, Hilfsstoffe)

Die erstellten Güter werden zum Verkauf an andere Wirtschaftssubjekte angeboten, zur Erhöhung der Lagerbestände verwandt oder als selbst erstellte Anlagen dauerhaft im Produktionsprozess eingesetzt.

Der Produktionsfaktor (Sach-)Kapital

Die Bildung des Produktivvermögens bzw. (Sach-)Kapitals erfolgt durch eine Investition.

Man unterscheidet verschiedene Investitionsbegriffe:
- Brutto- und Nettoinvestitionen,
- Erweiterungs-, Ersatz- und Rationalisierungsinvestitionen,
- Anlage- und Vorratsinvestitionen sowie
- Kapazitäts- und Nachfrageeffekte der Investitionen.

Bruttoinvestitionen stellen die Gesamtheit der getätigten Investitionen dar. Das können selbst erstellte Anlagen oder von anderen Unternehmen gekaufte Güter sein, die dauerhaft im Produktionsprozess eingesetzt werden und über ihre Nutzungsperiode entsprechende Zahlungsströme generieren.

Der durch die Produktionstätigkeit, aber auch durch außerordentliche Ereignisse (z.B. Explosionen) bedingte Werteverzehr dieser dauerhaften Produktionsgüter wird durch die Abschreibung erfasst. Eine Abschreibung entspricht einer Wertminderung des (Sach-)Kapitals.

Die Differenz zwischen dem Wert der Bruttoinvestition und dem Wert der Abschreibungen ergibt die Höhe der Nettoinvestition. Eine positive (negative) Nettoinvestition bedeutet einen Anstieg (eine Verminderung) der Produktionsmöglichkeiten bzw. -kapazitäten.

> **Mathematisch läßt sich der Sachverhalt wie folgt darstellen:**
> (1.) $I^b = I^n + D$
> (2.) $I^n = I^b - D$
>
> mit:
>
> D — Abschreibungen (engl.: depreciation)
> I^b — Bruttoinvestitionen
> I^n — Nettoinvestitionen

Eine Investition, die zur Erhöhung der Produktionsmöglichkeiten führt, wird als Erweiterungsinvestition bezeichnet. Dabei werden i.d.R. neue Anlagen angeschafft.

Ersetzen die im Laufe einer Periode erworbenen und selbst erstellten Anlagen nur die abgeschriebenen Anlagen, so stellen diese Ersatzinvestitionen dar. Dabei erfolgt keine Erhöhung der Produktionsmöglichkeiten.

Eine Rationalisierungsinvestition ist dann gegeben, wenn die menschliche Arbeitskraft durch Maschinen ersetzt wird bzw. leistungsfähigere Anlagen als Ersatz für alte Anlagen angeschafft werden. Man sagt in diesem Fall, die Kapitalintensität als Verhältnis zwischen Kapital- und Arbeitseinsatz nimmt zu. Im Allgemeinen ist damit auch ein Anstieg der Arbeitsproduktivität als Relation zwischen der Produktionsmenge und dem Arbeitseinsatz verbunden. Rationalisierungsinvestitionen finden dann statt, wenn der Produktionsfaktor Arbeit im Vergleich zu seiner Produktivität mehr kostet als der Produktionsfaktor (Sach-)Kapital.

Die Anlageinvestitionen werden unterteilt in Bauten (wie Gebäude und Fabrikhallen) sowie Ausrüstungen (wie Fahrzeuge, Computer und Maschinen). Auf Anlageinvestitionen, die in der Bilanz das Anlagevermögen erhöhen, werden Abschreibungen durchgeführt. Von daher wird auch der Begriff der Bruttoanlageinvestition benutzt. Vorratsinvestitionen betreffen die Lagerbestandsveränderungen an fertigen, halbfertigen und unfertigen Gütern. Eine Erhöhung des Lagerbestandes bedeutet eine positive Lagerinvestition, eine Verminderung der Lagervorräte eine negative.

> **Wichtig:**
> Eine positive Nettoinvestition bedeutet eine Erweiterung der Produktionsmöglichkeiten. Das zukünftige, das heißt nach einer Ausreifungszeit zur Verfügung stehende, Güterangebot nimmt dauerhaft zu (Kapazitätseffekt der Investition).

Der Nachfrageeffekt der Investitionen führt zu einer steigenden gesamtwirtschaftlichen Nachfrage.

DIES VERDEUTLICHT DIE NACHFOLGENDE ÜBERSICHT:

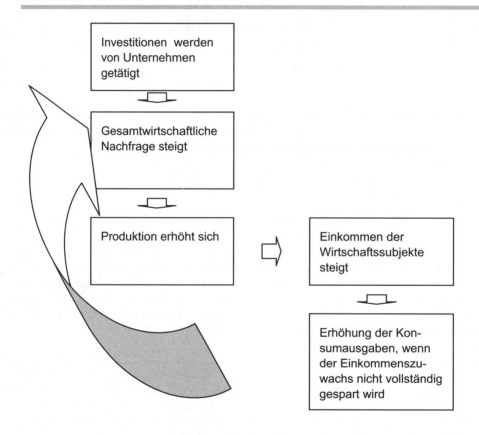

> **Wichtig:**
> Eine stetige und angemessene Entwicklung der Wirtschaft erfordert, dass sich die Kapazitäts- und die Nachfrageeffekte der Investitionstätigkeit einander entsprechen, um die wachsenden Produktionsmöglichkeiten auch in Zukunft auszulasten. Oder anders formuliert: Dem zusätzlichen Angebot (Kapazitätseffekt) steht eine zusätzliche Nachfrage (Nachfrageeffekt) in derselben Höhe gegenüber. Somit sollen Arbeitslosigkeit und ungenutzte Kapazitäten vermieden bzw. reduziert werden.

ABSCHLIEßENDE DARSTELLUNG DER INVESTITIONSBEGRIFFE:

Investitionsbegriffe	Ausprägungen
Kapazitätsveränderungen	Bruttoinvestitionen, Nettoinvestitionen, Abschreibungen
Auswirkungen auf das Angebot und die Nachfrage	Kapazitätseffekte, Nachfrageeffekte
Art der Investition	Anlageinvestition (Bauten, Ausrüstungen), Lagerinvestition (Werkstoffe, fertige, halbfertige und unfertige Produkte)
Anlass der Investition	Ersatzinvestition, Erweiterungsinvestition, Rationalisierungsinvestition

Der Produktionsfaktor Arbeit

Menschliche Arbeitsleistungen werden im Produktionsprozess in ausführende und am Objekt verrichtete Arbeit sowie dispositive Arbeit eingeteilt. Letztgenannte Arbeit umfasst die Managementleistungen. Hierzu zählen insbesondere die Planung, die Entscheidung, die Organisation und die Kontrolle der Betriebsprozesse.

Der Produktionsfaktor Umwelt

Umwelt wird im Produktionsprozess auf unterschiedliche Weise eingesetzt. Zum einen bietet der Boden den Standort für Fabriken und Unternehmen. Zudem werden Rohstoffe und andere natürliche Ressourcen aus dem Boden extrahiert, die so in der Produktion eingesetzt werden können. Die Medien der Umwelt (Luft, Boden und Wasser) werden weiterhin auch für die im Zuge des Produktionsprozesses entstehenden Abgase, Abfälle und Abwässer als Aufnahmemedien verwandt.

1.2 Wirtschaftssysteme und Wirtschaftsordnungen

> Wirtschaftssysteme sind idealtypische bzw. nur theoretisch vorstellbare Ausgestaltungen des Wirtschaftsgeschehens. Die in der Realität vorzufindenden Wirtschaftsordnungen weisen verschiedene Elemente der einzelnen Wirtschaftssysteme auf, entsprechen jedoch nicht den Idealtypen.

Idealtypische Unterscheidung der wirtschaftssysteme Marktwirtschaft und Planwirtschaft (auch Zentralverwaltungswirtschaft genannt).

BEISPIEL:

	Privateigentum an den Produktionsmitteln	Gesellschaftliches Eigentum an den Produktionsmitteln
Markt als Koordination	Kapitalistische Marktwirtschaft	Sozialistische Marktwirtschaft
Plan als Koordination	Kapitalistische Zentralverwaltungswirtschaft	Sozialistische Zentralverwaltungswirtschaft

Der Koordinationsmechanismus (Markt oder Plan) gibt Antwort auf folgende Fragen:

> **Allokation:** Welche Güter werden produziert? Wie werden die Produktionsfaktoren eingesetzt und welche Produktionsverfahren finden Anwendung? Wie groß ist der Staatsanteil bzw. das Verhältnis zwischen privaten und öffentlichen Gütern?

> **Distribution:** Wie wird das Volkseinkommen zwischen den Produktionsfaktoren (funktionelle Verteilung) und den Personen (personelle Verteilung) aufgeteilt? Welche Grundsätze werden dabei verwendet? *(Wir kennen das Leistungsprinzip, nachdem jeder ein Einkommen und Vermögen entsprechend seiner am Markt erbrachten Leistung erhält, sowie das Bedarfsprinzip, nach welchem jedes Wirtschaftssubjekt unabhängig von seinem Markteinkommen ein seinen Bedürfnissen angemessenes Einkommen und Vermögen erhält (mit seiner extremen Ausprägung der Gleichverteilung).*

> **Stabilisierung:** Wie wird sichergestellt, dass weder Inflation noch Arbeitslosigkeit auftreten und die wirtschaftliche Entwicklung stetig und mit angemessenen Wachstumsraten verläuft?

Koordination in der idealtypischen Marktwirtschaft

> In einer Marktwirtschaft erfolgt die Lösung der Koordinationsaufgabe durch den Markt.

Der Preismechanismus löst die Allokationsproblematik und die Frage der Distribution nach dem Grundsatz der Leistungsgerechtigkeit.

Der Staat greift, je nach Ausprägungsform der jeweilgen Wirtschaftsordnung, im Rahmen der Sozialpolitik und der Steuerpolitik in der Art ein, dass eine Umverteilung stattfindet, die der jeweiligen gesellschaftlichen Gerechtigkeitsvorstellung entspricht.

> Hierzu dienen in Deutschland neben dem progressiven Steuersystem auch Sozialtransfers, wie Wohn- und Kindergeld oder Bafög. Soziale Härten sollen so vermieden werden.

Die Wirtschaftssubjekte (Staat, Haushalte bzw. Unternehmen) stellen in einer Marktwirtschaft ihre Pläne, die den Nutzen bzw. den Gewinn maximieren, dezentral auf. Ferner treten sie als Marktteilnehmer am Markt auf. Auf dem Markt werden Verträge geschlossen, die Angebot und Nachfrage der Teilnehmer in Übereinstimmung bringen. Die Marktwirtschaft wird somit auch als (dezentrale) Vertragswirtschaft bezeichnet. Ungleichgewichte wie Angebots- bzw. Nachfrageüberschüsse auf einem Markt werden durch Preisveränderungen, wie Preissenkungen bzw. -erhöhungen, beseitigt.

> Der oben skizzierte Preismechanismus greift neben dem Gütermarkt auch auf allen anderen Märkten. So reagieren auf dem Arbeitsmarkt die Löhne, auf dem Wertpapiermarkt die Kurse sowie auf dem Geldmarkt die Zinsen entsprechend dem Preismechanismus bei Änderungen der Nachfrage und des Angebotes, so dass das Gleichgewicht auf dem Markt nach aufgetretenen Störungen wieder hergestellt wird.

Koordination in der Plan- bzw. Zentralverwaltungswirtschaft

In der Plan- bzw. Zentralverwaltungswirtschaft dient eine zentrale Planungsinstanz als Koordinationsinstrument. Diese stellt auf Basis der nachgelagerten Produktions- und Verbrauchseinheiten verbindliche volkswirtschaftliche Pläne auf. Somit löst die zentrale Planungsstelle die Allokations- und die Verteilungsaufgaben. Sie legt fest, wie die Produktionsfaktoren eingesetzt und entlohnt werden und wie die produzierten Güter verteilt werden.

> Die zentrale Planung hat dabei umfangreiche Informations-, Steuerungs- und Kontrollprobleme zu lösen.

Eigentum an Produktionsmitteln

Im Kapitalismus liegt das Eigentum an den Produktionsmitteln in privaten Händen (Privateigentum). Hiermit ist das Recht verbunden, das Eigentum zu verändern bzw. zu veräußern und sich die Erträge anzueignen.

Im Sozialismus gehören die Produktionsmittel dem Kollektiv, das heißt der Gesellschaft oder dem Staat. Der einzelne Bürger hat Eigentum als Mitglied der Gesellschaft.

Die kapitalistische Marktwirtschaft findet sich als Wirtschaftssystem in den USA oder in der Bundesrepublik Deutschland.

Sozialistische Zentralverwaltungswirtschaften waren im vormaligen Ostblock oder früher auch in China anzutreffen.

Die kapitalistische Plan- oder Zentralverwaltungswirtschaft ist hauptsächlich in Kriegswirtschaften, wie im ehemaligen Dritten Reich, zu finden. Weitgehende Eingriffe in die privaten Eigentumsrechte sind hier auszumachen.

Sozialistische Marktwirtschaften hat es früher in Jugoslawien oder Ungarn gegeben.

Die so genannte Arbeiterselbstverwaltung in Jugoslawien zeichnete sich dadurch aus, dass die zu Räten zusammengeschlossenen Arbeiter die Geschäftsführungsaufgaben der Betriebe übernommen hatten, was insbesondere bei der Verwendung und Verteilung des Gewinns zu Schwierigkeiten führte. Der Austausch zwischen den Betrieben erfolgte durch den Markt als Koordinationsmechanismus.

KRITISCHE BETRACHTUNG DER WIRTSCHAFTSSYSTEME

DIE BESONDERHEITEN DER WIRTSCHAFTSSYSTEME:

	Kapitalistische Marktwirtschaft	Sozialistische Zentralverwaltungswirtschaft
1. Freiheit/Unfreiheit	Dezentrale Entscheidung bei wirtschaftlicher Freiheit	Wirtschaftliche Unfreiheit
2. Informations- und Kontrollprobleme	Informationen zu Unternehmen, Haushalten und deren Beziehungen zur Außenwelt sind verfügbar	Informations- und Kontrollprobleme der zentralen Planung
3. Motivation und Antrieb	Gewinn- und Nutzenmaximierung, materielle Anreize	Prämienzahlung bei Planüberfüllung, immaterielle Anreize
4. Arbeitslosigkeit	Offen vorhanden, wenn z.B. die gesamtwirtschaftliche Nachfrage zu niedrig ist	"Recht auf Arbeit" versteckt vorhanden, da zu geringe Produktivität
5. Inflation	Offen möglich, wenn z.B. die gesamtwirtschaftliche Nachfrage zu hoch ist	Versteckt, da Warteschlangen und Schwarzmärkte vorhanden sind
6. Wettbewerb	Wettbewerbsprobleme: Kartelle, Monopole und Missbrauch von Marktmacht	Unternehmen stehen nicht im Wettbewerb: keine Innovation und kein technischer Fortschritt
7. Koordination von Angebot und Nachfrage	Preise werden als Knappheitsindikatoren angesehen	"Zwei-Kanal"-Preissysteme Planbilanzen mit Ausweis der Aufkommen und Verwendung
8. Soziale Frage	Schutz der Arbeitnehmer und der sozial Schwachen ist erforderlich	Soziale Preisfestsetzung z.B. im Wohnungsbau; Kinderversorgung ("Kita")
9. Umwelt	Umweltprobleme: externe Effekte	Umweltprobleme: Tonnenideologie

Erläuterung ausgewählter Besonderheiten der obigen Tabelle

1. Im Gegensatz zur kapitalistischen Marktwirtschaft, in der die wirtschaftliche Freiheit bei der Entscheidungsfindung der Unternehmen und der Haushalte berücksichtigt wird, steht die sozialistische Planwirtschaft im Zeichen der wirtschaftlichen und gesellschaftlichen Unfreiheit und Depression. Die Unternehmen bzw. Kombinate können nicht frei entscheiden, welche Güter sie unter

Einsetzung bestimmter Produktionsfaktoren zu welchen Zwecken produzieren möchten.

2. Zudem gibt es in sozialistischen Wirtschaften Informations- und Kontrollprobleme, da die zentrale Planung nicht in der Lage ist, alle volkswirtschaftlich relevanten Informationen hinsichtlich der betrieblichen Produktionsbedingungen und Produktionsverflechtungen zu berücksichtigen. Damit verbunden sind die Kontrollprobleme sowie die damit einhergehende Tendenz zu weichen, die Produktionsmöglichkeiten nicht auslastenden, Plänen.

3. In einer kapitalistischen Marktwirtschaft streben Unternehmen eine Maximierung ihres Gewinnes an. Die Haushalte dagegen wollen ihren Nutzen maximieren. Da sie die Konsequenzen ihrer Entscheidungen unmittelbar in Gewinn und Verlusten spüren, sind sie entsprechend bemüht und motiviert ein Optimum zu erreichen. Die Betriebe bzw. Kombinate in der sozialistischen Zentralverwaltungswirtschaft haben die Aufgabe ihre Planauflagen bzw. -vorgaben zu erfüllen und Informationen über Produktionsmöglichkeiten und -bedingungen an übergeordnete Planungsinstanzen zu liefern. Häufig ergeben sich Motivations- und Anreizprobleme, wenn die weitergegebenen Informationen zu schärferen Planvorgaben führen. Dadurch haben die Betriebe bzw. Kombinate entsprechende Anreize ihre Produktionsmöglichkeiten zu gering anzugeben. Die Folgen davon sind „weiche Pläne".

4. In der Marktwirtschaft kommt es zum Beispiel aufgrund einer schwankenden Nachfrage immer wieder zu Arbeitslosigkeit und offener Inflation. Die entsprechenden Zahlen werden monatlich von der Bundesanstalt für Arbeit veröffentlicht. In der Zentralverwaltungswirtschaft ist jeder Bürger Miteigentümer an allen Produktionsmitteln (Kollektiveigentum) und besitzt aus diesem Grunde ein so genanntes "Recht auf Arbeit". In der Realität zeigt sich die Entwicklung zur versteckten Arbeitslosigkeit, die sich in der geringen Produktivität (Ausbringungsmenge dividiert durch den Arbeitseinsatz) offenbart.

5. Ebenso gibt es in der Zentralverwaltungswirtschaft aufgrund der staatlich administrierten Preisfestsetzung keine offene Inflation. Dass trotzdem Nachfrageüberhänge auf einzelnen Märkten existieren, dokumentieren Warteschlangen bzw. lange Wartezeiten, wie zum Beispiel in der früheren DDR beim Kauf eines Trabants oder die Schwarzmärkte, auf denen die begehrten Waren gehandelt werden.

> Wettbewerb auf Anbieterseite ist der Versuch, qualitativ höherwertige oder preislich günstigere Produkte als die Konkurrenz zu verkaufen und somit besser als andere Anbieter zu sein.

1.2 Wirtschaftssysteme und Wirtschaftsordnungen

6. Eine Marktwirtschaft kann nur mit Wettbewerb funktionieren. Damit verbunden sind die Bemühungen, technische Neuerungen auf dem Markt einzuführen (Innovation) und den technischen Fortschritt zu fördern. In einer Marktwirtschaft treten immer wieder Tendenzen auf, zugunsten des eigenen Gewinns den Wettbewerb auszuschalten. So findet man häufig:
   - Kartelle, das sind vertragliche Absprachen zwischen den Marktteilnehmern einer Marktseite mit dem Ziel, den Wettbewerb auszuschalten,
   - Monopole, also eine Marktform mit nur einem Anbieter sowie
   - den sonstigen Mißbrauch von Marktmacht (Ausbeutungs- und Behinderungsmißbrauch).

   Das Bundeskartellamt bzw. die Europäische Kommission gehen gegen diese Vergehen vor.
   In der Zentralverwaltungswirtschaft ist der Wettbewerb ausgeschaltet. Damit entfallen jedoch auch die günstigen Funktionen, wie die des technologischen Fortschritts.

7. In einer Marktwirtschaft fungieren die Preise als Knappheitsindikatoren, welche die Dringlichkeit des Bedarfs aufzeigen. Steigt die Nachfrage nach einem Gut, dann erhöht sich der Marktpreis und die Unternehmer haben wegen der besseren Gewinnaussichten Motivation, mehr von dem Gut zu produzieren und anzubieten. In der sozialistischen Zentralverwaltungswirtschaft sind die Preise staatlich administrativ festgelegt. Es gibt das „Zwei-Kanal-Preissystem". Für Produzenten und Anbieter werden demnach andere Preise definiert als für Konsumenten. Durch zahlreiche Subventionen und Steuern gehen die Preise auseinander und können ihre Signalfunktion nicht erfüllen.

8. Von besonderer Bedeutung in der Marktwirtschaft ist die soziale Frage. Sozial Schwache, wie Arbeitnehmer oder Nicht-Vermögende, müssen durch staatliche Sozialpolitik geschützt werden. Neben der Umverteilungspolitik gehört hier das soziale Netz dazu. Viele sehen hier den Vorteil der Planwirtschaft mit ihren staatlich niedrig gesetzten Mieten oder der Kinderversorgung.

9. In der kapitalistischen Marktwirtschaft entstehen mikroökonomische Probleme, wie externe Effekte oder über die Bereitstellung öffentlicher Güter, wenn der Markt nicht zu den gesellschaftlich optimalen Ergebnissen führt. In einer Zentralverwaltungswirtschaft kann die zentrale Planung diese Schwierigkeiten bei der Planung der Preise und Produktionsmengen berücksichtigen, was in der Realität aber nicht geschieht, wie die Umweltprobleme und die Sanierung der Altlasten in den ehemaligen sozialistischen Staaten Osteuropas demonstrieren. Die Umwelt ist von der zentralen Planung in der Vergangenheit als freies und kostenloses Gut angesehen wurden. Die Produktion der Güter der Schwerindustrie (Tonnenideologie) hat eindeutig im Vordergrund gestanden. Zudem sind die oben angesprochenen Informations- und Kontrollprobleme evident.

Die Soziale Marktwirtschaft als real existierende Wirtschaftsordnung

Die Soziale Marktwirtschaft wurde 1948 von Ludwig Erhard eingeführt. Sie wird als Kombination zwischen der wirtschaftlichen Effizienz und Freiheit einer Marktwirtschaft verbunden mit sozialem Ausgleich verstanden und stellt die real vorkommende Wirtschaftsordnung in der Bundesrepublik Deutschland dar.

Von der Konzeption her dominiert die Ordnungspolitik, die einen funktionsfähigen Wettbewerb sichern und die Eigentumsrechte betonen soll. Basierend auf dem so genannten Ordoliberalismus (W. Eucken) und der christlichen Soziallehre ist eine Ordnung geschaffen worden, die im Rahmen des Subsidiaritätsprinzips (Selbsthilfe vor Fremdhilfe) eine Absicherung durch ein soziales Netz gewährleistet. Die antizyklische Fiskalpolitik sieht eine expansive (kontraktive) Fiskalpolitik in der Rezession (im Boom) vor.

In der Sozialen Marktwirtschaft werden vor allem die folgenden Ziele gesetzt:
- Gewährleistung individueller Freiheit durch Privateigentum an den Produktionsmitteln, Unternehmerfreiheit, freie Berufs- und Arbeitsplatzwahl.
- Wirtschaftswachstum, Vollbeschäftigung, Stabilität des Preisniveaus und ein liberaler Außenhandel haben Wohlstand und Eigentum für möglichst viele zu sichern.
- Eine gesellschaftlichen Gerechtigkeitsvorstellungen genügende Korrektur der am Markt erzielten Einkommens- und Vermögensverteilung hat soziale Sicherheit und Gerechtigkeit zu erreichen.

DIE SOZIALE MARKTWIRTSCHAFT:

Theorierichtung	Aspekte
Ordoliberalismus	Priorität der Ordnungspolitik
Christliche Soziallehre	Subsidiarität (Selbsthilfe vor Fremdhilfe); Solidarität (Einer für alle und alle für einen)
Freiheitlicher Sozialismus	Antizyklische Fiskalpolitik, Mitbestimmung der Arbeitnehmer
Freie Marktwirtschaft	Wettbewerb; Privateigentum

Ordnungspolitik: Schafft die Rahmenbedingungen für die Wirtschaft (z.B. Wettbewerbsrecht, Grundgesetz mit dem Schutz des Eigentums und der Freiheitsrechte).
Prozesspolitik: Eingriffe des Staates in den Wirtschaftsablauf zum Zwecke der Stabilisierung (z.B. antizyklische Fiskalpolitik, vgl. Kapitel Stabilisierungspolitik)

"Nachtwachterstaat"

2 Grundlagen der Haushaltstheorie

Lernziele
Ihnen werden die verschiedenen Ebenen der Bedürfnisse, die Konzepte der Nutzenfunktion sowie die Gossen'schen Gesetze vorgestellt. Sie werden die Bestimmungsgründe der individuellen und der gesamtwirtschaftlichen Nachfrage kennen lernen. Sie werden das Nachfragegesetz erläutern und die Ausnahmen von diesem Gesetz beschreiben können. Sie werden die Auswirkungen der Preis- und Einkommensveränderungen auf die gesamtwirtschaftliche Nachfrage erläutern können. Ihnen werden die Preis- und Einkommenselastizitäten der Nachfrage dargestellt.

2.1 Die Nutzenfunktion und die Gesetze von Gossen

Die Haushalte erzielen Einkommen aus Erwerbstätigkeit, Vermögen und erhalten Transfereinkommen. Sie verwenden das Einkommen nach Abzug der Steuerzahlung zum Konsum und zur Ersparnis. Die Ersparnis bedeutet eine Geldvermögensbildung und wird als Differenz zwischen dem verfügbaren Einkommen und den Konsumausgaben verstanden.

Das hier angenommene Ziel der Haushalte ist es, einen maximalen Nutzen bei gegebenem Einkommen bzw. Konsumausgaben und gegebener Präferenzenstruktur zu erreichen. Es handelt sich damit um ein so genanntes Maximierungsproblem unter Nebenbedingungen.

Somit ist neben dem Einkommen bzw. den Konsumausgaben die Nutzenfunktion von Relevanz, welche den verschiedenen Gütermengen einen Nutzenindex zuweist.

> Der Nutzen ist ein Maß der Glückseligkeit oder der Zufriedenheit des Konsumenten und hängt von der Präferenzenordnung bzw. den Bedürfnissen der Haushalte ab.

> Ein Bedürfnis stellt einen Mangelzustand des Wirtschaftssubjektes dar, welcher zu beseitigen ist, bevor das Wirtschaftssubjekt sein inneres Gleichgewicht wieder erreichen kann.

Verfügt der für alle anderen Haushalte repräsentative Haushalt über ausreichend Kaufkraft, werden die Bedürfnisse zum Bedarf nach bestimmten Gütern. Somit entsteht eine Nachfrage am Markt, die den Erwerb der Nutzen stiftenden Güter darstellt. Man unterscheidet verschiedene Bedürfnisse in Anlehnung an den amerikanischen Wissenschaftler Maslow, beginnend mit der höchsten Dringlichkeit.

BEISPIEL:

> **Physiologische Grundbedürfnisse** (z.B. Hunger, Durst und Schlaf)

> **Sicherheitsbedürfnisse** (Sicherstellung der Grundbedürfnisse auch in der Zukunft, wie sie durch einen adäquaten Arbeitsplatz und Vermögenswerte möglich sind)

> **Zugehörigkeits- oder Anerkennungsbedürfnisse** (Anerkennung durch bestimmte Referenzpersonen, denen man sich zugehörig fühlt)

> **Wertschätzungsbedürfnisse** (Die Wirtschaftssubjekte sind bestrebt, von den Mitgliedern ihrer Gruppe höher geschätzt zu werden)

> **Bedürfnis nach Selbstverwirklichung** (Das Individuum nimmt keine Rücksicht auf die Erwartungen der anderen. Es unternimmt nur etwas für sich selber, z.B. Universitätsabschluss oder Reisen)

Maslow vertritt die Meinung, dass die Individuen zunächst die unteren Bedürfnisse (beginnend mit den Grundbedürfnissen) zu erfüllen haben, um dann die höheren Bedürfnisse bis zur Selbstverwirklichung angehen zu können.

Neben den obigen Bedürfnissen unterscheidet die Volkswirtschaft noch zwischen individuellen und kollektiven Bedürfnissen. Individuelle Bedürfnisse werden befriedigt, indem die Haushalte private Güter auf dem Markt erwerben. Kollektive Bedürfnisse der Gesellschaft, wie Sicherheit und Rechtsprechung, werden durch die vom Staat bereitgestellten und durch die Steuern finanzierten öffentlichen Güter befriedigt.

2.1 Die Nutzenfunktion und die Gesetze von Gossen

Die Nutzenfunktion beschreibt, wie bereits erwähnt, den Zusammenhang zwischen der konsumierten Menge eines Gutes und dem gestifteten Nutzen. Es wird grundsätzlich angenommen, dass der Nutzen mit der konsumierten Menge eines Gutes steigt.

> Jedoch ist der Grenznutzen, also der Nutzen der letzten Verbrauchseinheit, umso geringer, je mehr bereits von einem Gut konsumiert worden ist (1. Gossen'sche Gesetz, Gesetz des abnehmenden Grenznutzens).

Bei vielen Nahrungsmitteln wird das 1. Gossen'sche Gesetz erfüllt, da man bei einer bestimmten Menge eine Sättigung erfährt. Die erste Flasche Wasser stiftet einen hohen Nutzen, die zweite einen weniger hohen bis bei einer bestimmten Menge eine zusätzliche Flasche keinen weiteren Nutzen mehr stiftet.

Es gibt Güter wie Wein, Bier oder Tabak, bei denen ab einer bestimmten Verbrauchsmenge ein negativer Grenznutzen entsteht. Die Sättigungsgrenze als die Menge, bei dem der Grenznutzen gleich Null ist, wird überschritten, wenn einem schlecht wird.

Bei anderen Gütern, wie einer Briefmarken- oder eine Münzensammlung ist der positive Grenznutzen abhängig von der bereits gesammelten Menge. Der Nutzen einer weiteren Münze in der Sammlung ist umso größer, je umfangreicher die Kollektion bereits ist.

NUTZENFUNKTION NACH DEM 1. GOSSEN'SCHEN GESETZ (AUSGEWÄHLTES BEISPIEL):

Menge	Grenznutzen	Gesamtnutzen
1	+ 10	10
2	+ 8	18
3	+ 6	24
4	+ 4	28
5	+ 2	30

Das erste Stück Brot stiftet einen Nutzen von 10. Das ist der **Grenznutzen** der ersten Einheit. Die zweite Einheit erbringt einen Nutzen von 8 Einheiten. Der Grenznutzen der zweiten Einheit ist somit gleich 8 Einheiten. Der **Gesamtnutzen** der 1. und 2. Einheit beläuft sich auf 10 + 8 = 18 Einheiten. Weitere Einheiten erbringen einen geringeren Grenznutzen als die 1. und die 2. Einheit.

Die Nutzenfunktion U (engl.: Utility) wird in der Literatur häufig in Abhängigkeit der verbrauchten Mengeneinheiten als $U(x)$ dargestellt. Die nachfolgende Abbildung verdeutlicht, dass die Steigung der Nutzenfunktion mit zunehmender Verbrauchsmenge abnimmt und die Nutzenfunktion folglich immer flacher verläuft.

Ökonomisch gesehen ist der Grenznutzen (GU) beim Verbrauch des Gutes X umso geringer, je höher die konsumierte Menge an X ist. Dieser Sachverhalt kann grafisch in der so genannten Grenznutzenfunktion dargestellt werden. Sie wird ab einer bestimmten Gütermenge – wenn die Nutzenfunktion ihren Scheitelpunkt erreicht und überschreitet – negativ.

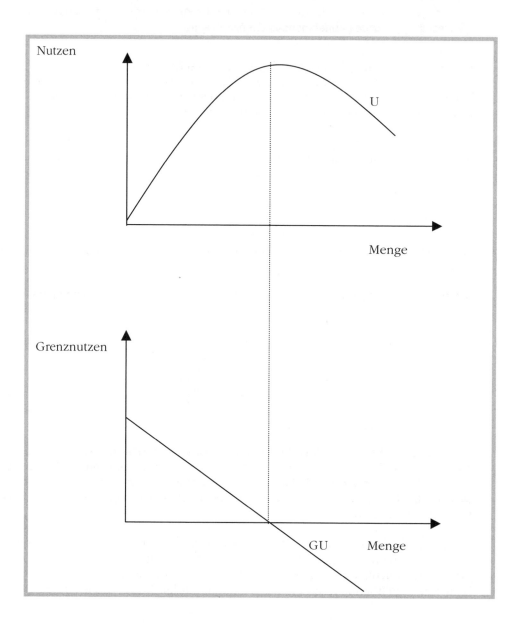

2.1 Die Nutzenfunktion und die Gesetze von Gossen

> Das zweite Gesetz von Gossen beschäftigt sich mit der Frage, wie der Haushalt sein Einkommen bei gegebenen Preisen so auf verschiedene Güter aufteilt, dass sein Nutzen maximal wird.

Es ergibt sich das so genannte Gesetz vom Ausgleich der Grenznutzen pro Geldeinheit. Dieses zweite Gossen'sche Gesetz belegt, dass im Nutzenmaximum der Grenznutzen pro Geldeinheit bei allen Gütern gleich hoch ist.

In der nachfolgenden Tabelle wird unterstellt, dass dem Haushalt 600 Euro im Monat zur Verfügung stehen, die er für die Güter Bildung, Reisen und Wohnung ausgeben kann. Die Tabelle ist so zu lesen, dass in der ersten Zeile die Nutzen der ersten Einheiten dieser Güter stehen. Vereinfacht wird angenommen, dass jede Einheit 100 Euro kostet.

BEISPIEL ZUM 2. GOSSEN'SCHEN GESETZ:

Einheit	Bildung	Reisen	Wohnung
1	200	180	160
2	180	160	140
3	160	140	120
4	140	120	100

Der Haushalt sieht, dass der Nutzen der ersten Einheit der Bildung mit 200 Nutzeneinheiten höher als bei den anderen Gütern ist, so dass er die ersten 100 Euro in Bildung investiert. Die nächsten 100 Euro gibt er beispielsweise wieder für Bildung aus, die dann folgenden 100 Euro für die erste Einheit Reisen. Den vierten 100 Euro-Schein investiert er in die dritte Einheit Bildung, um die dann verbleibenden zwei 100 Euro-Scheine in der zweiten Einheit Reisen und in der ersten Einheit Wohnung anzulegen. Er wird die 600 Euro so aufteilen, dass er drei Einheiten Bildung konsumiert, zwei Einheiten Reisen und 100 Euro in seine Wohnung investiert.

 Der Nutzen der letzten Verbrauchseinheit beträgt bei jedem Gut 160 Nutzeneinheiten.

Der Gesamtnutzen des Haushaltes beläuft sich dann auf 200 + 180 + 160 + 180 + 160 + 160 = 1 040 Nutzeneinheiten.

2.2 Die Nachfragefunktion

> Um die Nachfragefunktion des Marktes abzubilden, werden die bei verschiedenen Preisen von den Haushalten jeweils nachgefragten Mengen addiert.

Der individuelle Haushalt wird die erste Einheit eines Gutes nur dann kaufen, wenn der Nutzen dieser Einheit höher ist als der Preis. Das macht er auch mit den folgenden Einheiten. Den maximalen Nutzen erreicht er bei der Menge, bei welcher der Grenznutzen größer oder gleich dem Preis ist. Eine normal verlaufende Nachfragefunktion sieht wie folgt aus:

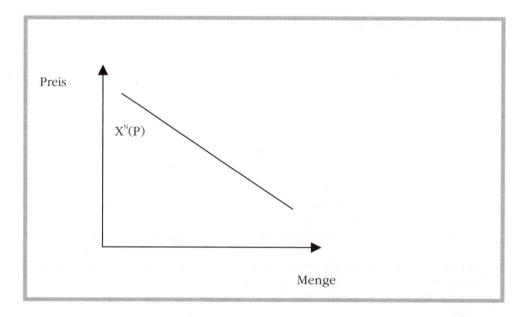

> Das Nachfragegesetz geht davon aus, dass die Nachfrage nach einem Gut mit einem steigenden Preis dieses Gutes fällt. Jedoch gibt es auch Ausnahmen, die nachfolgend skizziert werden.

Spekulation: Mit steigenden Aktienkursen nimmt die Bereitschaft der Anleger zu, weitere Wertpapiere zu kaufen, wenn mit weiteren Kurssteigerungen gerechnet wird. Erwarten die Konsumenten in Zukunft steigende Energiepreise, dann werden sie heute trotz leicht angestiegener Preise die Nachfrage nach Energiereserven erhöhen.

2.2 Die Nachfragefunktion

Giffen-Güter: Robert Giffen machte die empirische Beobachtung, dass die steigenden Brot- und Kartoffelpreise in Zeiten einer Hungersnot zu einer steigenden Nachfrage nach diesen Gütern führten. Durch die Belastung der Kaufkraft der Einkommen infolge des Brot- und Kartoffelpreisanstiegs waren die Haushalte nicht mehr in der Lage, das im Vergleich zu Brot und Kartoffeln viel teurere Fleisch zu erwerben. Um gleichwohl satt zu werden, ist der Bedarf an Brot und Kartoffeln gestiegen.

Snob-Effekt: Ein Snob oder Angeber ist jemand, der sich bewusst von der Masse der Bevölkerung abheben möchte. Wenn die Masse der Bevölkerung ihre Nachfrage nach einem Produkt bei steigendem Preis dieses Produktes senkt, dann wird der Snob seine Nachfrage steigern. Typische Beispiele hierfür sind teure Autos oder Armbanduhren.

Prestige-Konsum bzw. ***Demonstrativkonsum*** ("Veblen-Effekt"): Dabei handelt es sich um Güter, mit denen man Wohlstand und Reichtum zeigen kann. Man ist bestrebt, durch eine Referenzgruppe anerkannt zu werden und versucht das durch den Erwerb dieser teuren Produkte zu realisieren.

Lebensnotwendige Güter (z.B. Medikamente): Das sind Güter mit vollkommen preisunelastischer Nachfrage. Wenn jemand krank ist und der Medikamente bedarf, dann kann er nicht auf den Preis schauen.

> **Wichtig:**
> Während bei der Spekulation, bei den Giffen-Gütern, beim Snob-Effekt sowie beim Veblen-Effekt die Nachfragefunktion positiv geneigt ist, die nachgefragte Menge also mit steigendem Preis zunimmt, ist sie im Falle der lebensnotwendigen Güter eine vertikale Linie, da die nachgefragte Menge unabhängig vom Marktpreis ist.

Man unterscheidet Bewegungen auf der Nachfragefunktion, wenn sich der Preis des betreffenden Gutes verändert, und Verschiebungen der Nachfragefunktion, wenn es zu anderen Veränderungen kommt.

Eine Verlagerung der Nachfragefunktion nach rechts bedeutet, dass die nachgefragte Menge bei jedem beliebigen Marktpreis dieses Gutes gestiegen ist. Hieraus ergeben sich in Abhängigkeit des Angebotes Rückwirkungen auch auf den Marktpreis dieses Gutes.

DIE VERLAGERUNG DER NACHFRAGEFUNKTION:

$X^N(P)$ verlagert sich	nach rechts	nach links
Gründe	➢ Anzahl der Haushalte steigt ➢ Preis für Substitute steigt ➢ Preis für Komplementärgüter fällt ➢ Einkommen steigt bei normalen oder superioren Gütern ➢ Veränderung der Präferenzen zugunsten des Produktes	➢ Anzahl der Haushalte fällt ➢ Preis für Substitute fällt ➢ Preis für Komplementärgüter steigt ➢ Einkommen fällt bei normalen oder superioren Gütern ➢ Veränderung der Präferenzen zu Lasten des Produktes
Grafische Darstellung	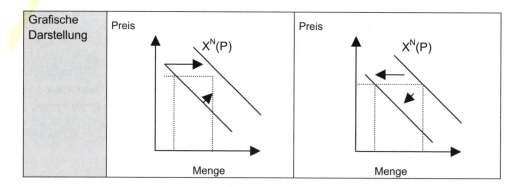	

2.3 Die Elastizitäten der Nachfrage

Die Elastizitäten der Nachfrage werden unterteilt in:

➢ direkte und indirekte Preiselastizität und
➢ Einkommenselastizität.

2.3 Die Elastizitäten der Nachfrage

> Die Preiselastizitäten werden berechnet als prozentuale Veränderung der Nachfragemenge dividiert durch die prozentuale Veränderung eines Preises.

Von einer direkten Preiselastizität spricht man, wenn der Preis des betrachteten Gutes sich verändert hat. Im Falle der Kreuzpreiselastizität (indirekte Preiselastizität) ist der Preis eines anderen Gutes verändert worden und man untersucht, wie sich dieser Aspekt auf die Nachfrage nach dem betrachteten Gut auswirkt.

> Die Einkommenselastizitäten werden bestimmt als prozentuale Veränderung der Nachfragemenge geteilt durch die prozentuale Veränderung des Einkommens, das stellvertretend für die Konsumausgabesumme der Wirtschaftssubjekte gilt.

Bei der direkten Preiselastizität der Nachfrage X_1 bezüglich des Preises P_1, das ist $\varepsilon_{X_1 P_1}$, unterscheidet man fünf Fälle.
Wenn das Nachfragegesetz erfüllt ist und die nachgefragte Menge somit mit steigendem Preis abnimmt, dann betrachtet man den Absolutwert bzw. den Betrag der direkten Preiselastizität, da diese dann grundsätzlich negativ ist.

BEREICHE DER DIREKTEN PREISELASTIZITÄT DER NACHFRAGE:

Fälle	Bezeichnung	Beispiele
$\varepsilon_{X_1 P_1}$ gleich unendlich	Vollkommen preiselastische Nachfrage	Mindestpreissysteme des Staates, Weltmarktangebot bei kleineren Ländern
$\varepsilon_{X_1 P_1}$ liegt zwischen Eins und unendlich	Preiselastische Nachfrage	Hinreichend gute Substitute werden angeboten, homogene Güter
$\varepsilon_{X_1 P_1}$ ist gleich Eins	Einselastische Nachfrage	Konstante Ausgaben
$\varepsilon_{X_1 P_1}$ liegt zwischen Null und Eins	Preisunelastische Nachfrage	Nahrungsmittel, Wohnung
$\varepsilon_{X_1 P_1}$ ist gleich Null	Vollkommen preisunelastische Nachfrage	Medikamente, Zigaretten

Ist die Nachfrage vollkommen preiselastisch, dann verläuft die Nachfragefunktion horizontal (s. Grafik). Die Nachfrage ist bei einem bestimmten Preis bis zu unendlich groß. Eine Erhöhung des Preises um 1% reduziert die Nachfrage auf Null.

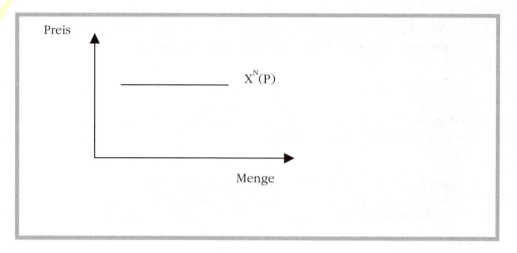

Eine preiselastische Nachfrage liegt vor, wenn eine Veränderung des Preises zu einer hierzu überproportionalen Veränderung der Nachfragemenge führt. Zu dem betrachteten Gut, wie Coca-Cola oder Sekt, gibt es hinreichend gute Substitute, wie Cola-Light oder Champagner. Im Falle der preisunelastischen Nachfrage ist die direkte Preiselastizität absolut größer als Null, jedoch kleiner als Eins. Viele Nahrungsmittel weisen eine eher preisunelastische Nachfrage auf, da die Haushalte darauf nicht unverzüglich verzichten können.

Einen Sonderfall stellt die Einselastische Nachfrage dar, bei der die prozentuale Veränderung der Nachfragemenge gleich der prozentualen Preisänderung ist. Die Ausgaben für diese Güter bleiben trotz Preisänderung gleich.

Die nachfolgende Abbildung verdeutlicht, dass die preiselastische Nachfrage eine flache Nachfragefunktion $X^N(P)$ aufweist, während die preisunelastische Nachfrage $X^{N'}(P)$ einen steilen Verlauf besitzt.

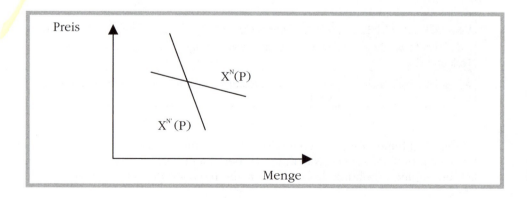

2.3 Die Elastizitäten der Nachfrage

> **Wichtig:**
> Ist die Nachfrage preiselastisch, dann ist die Mengenreaktion, verstanden als prozentuale Veränderung der Nachfragemenge, höher als die Preisreaktion im Sinne der prozentualen Preisveränderung. Bei einer preisunelastischen Nachfrage ist die Mengenreaktion dem Betrage nach schwächer als die Preisreaktion.

Im Extremfall der vollständig preisunelastischen Nachfrage ist die Nachfragefunktion vertikal. Das bedeutet, unabhängig vom geltenden Marktpreis wird immer dieselbe Menge nachgefragt. Grafisch ist die Nachfragefunktion in diesem Fall eine vertikale Linie, veranschaulicht mit Hilfe der nächsten Abbildung:

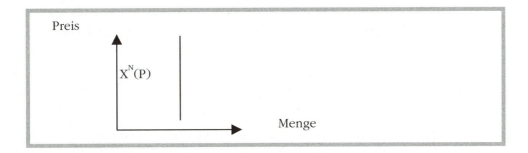

Typische Beispiele für Güter mit vollständig unelastischer Nachfrage sind Medikamente und andere lebensnotwendige Güter wie Brot, Wasser oder auch Salz. Bei vielen suchtkranken Menschen ist der Drogenverbrauch ebenfalls unabhängig von dem zu zahlenden Preis.

Bei der indirekten Preiselastizität der Nachfrage X_1 bezüglich des Preises P_2, das ist $\varepsilon_{X1\,P2}$, werden drei Fälle unterschieden.

BEZIEHUNGEN ZWISCHEN DEN GÜTERN – KREUZPREISELASTIZITÄT:

	Bezeichnung	Beispiele
$\varepsilon_{X1\,P2}$ ist positiv	Gut X1 ist ein Substitut zum Gut X2	Butter – Magarine Tee – Kaffee Cola – Fanta
$\varepsilon_{X1\,P2}$ ist gleich Null	Gut X1 ist in der Nachfrage unabhängig bzw. indifferent zu X2	Rasierklingen – Zigaretten Bücher – Kaugummi

$\varepsilon_{X_1 P_2}$ ist negativ	Gut X1 ist ein Komplement zum Gut X2	Kassetten – Recorder Filterpapier – Kaffee Zucker – Tee

BEISPIEL ZU DEN PREISELASTIZITÄTEN:

Ein Elektronikgeschäft verkauft Videorecorder (X_1), DVD-Player (X_2) und Fernseher (X_3). Es reduziert den Preis für DVD-Player (P_2) und vergleicht die dann eintretende neue Situation mit der Ausgangssituation, wobei sich die verkauften Mengeneinheiten (ME) verändert haben:

	X_1 (ME) Videorecorder	P_1 (Euro)	X_2 (ME) DVD-Player	P_2 (Euro)	X_3 (ME) Fernseher	P_3 (Euro)
Ausgang	10	150	8	200	10	300
Neue Situation	9	150	10	180	11	300

Die direkte Preiselastizität der Nachfrage nach DVD-Playern wird berechnet als prozentuale Veränderung der Nachfrage nach DVD-Playern geteilt durch die prozentuale Preisänderung der DVD-Player.
Die Tabelle verdeutlicht, dass die prozentuale Mengenveränderung gleich + 25% ist ((10 ME – 8 ME)/8 ME = 1/4 = 25%). Die prozentuale Preisänderung beträgt (180 Euro – 200 Euro) / 200 Euro = - 10%. Die direkte Preiselastizität der Nachfrage nach DVD-Playern ist somit gleich -2,5. Das Nachfragegesetz ist erfüllt und die Nachfrage ist preiselastisch.

Die indirekte Preiselastizität der Nachfrage nach Videorecordern in Bezug auf den Preis der DVD-Player wird bestimmt als prozentuale Veränderung der Nachfrage nach Videorecordern dividiert durch die prozentuale Veränderung des Preises für DVD-Player. Man berechnet somit (9 ME – 10 ME) / 10 ME = - 10% geteilt durch die prozentuale Veränderung des DVD-Player-Preises von – 10%. Die Kreuzpreiselastizität beträgt somit gleich +1. Videorecorder und DVD-Recorder sind demnach substituierbare Güter.

Die Kreuzpreiselastizität der Nachfrage nach Fernsehern bezüglich des Preises der DVD-Player wird berechnet als prozentuale Veränderung der Fernseher-Nachfrage geteilt durch die prozentuale Veränderung des Preises der DVD-Player.
Es wird somit berechnet: ((11 ME – 10 ME) / 10 ME =) + 10% Nachfragemengensteigerung nach Fernsehern geteilt durch die oben berechnete 10%-ige Preissenkung bei DVD-Playern. Es ergibt sich eine Kreuzpreiselastizität von -1. Die Güter Fernseher und DVD-Player sind Komplementärgüter. Eine steigende Nachfrage nach DVD-Playern führt auch zu einem Anstieg der Nachfrage nach Fernsehern.

2.3 Die Elastizitäten der Nachfrage

Bei der Einkommenselastizität der Nachfrage $\varepsilon_{x_1 E}$, welche die prozentuale Veränderung der Nachfragemenge dividiert durch die prozentuale Veränderung des Einkommens angibt, werden die folgenden Bereiche unterschieden:

DIE BEREICHE DER EINKOMMENSELASTIZITÄTEN:

Fall	Bezeichnung	Beispiele
$\varepsilon_{x_1 E}$ größer als Eins	Superiores Gut ("Luxusgut")	Reisen, Bücher
$\varepsilon_{x_1 E}$ zwischen Null und Eins	Normales Gut	Wohnung, normale Nahrungsmittel
$\varepsilon_{x_1 E}$ gleich Null	„Sättigungsgüter"	Fernseher, Kühlschrank
$\varepsilon_{x_1 E}$ negativ	Inferiores Gut	Güter minderer Qualität (River-Cola), Fischstäbchen

BEISPIEL ZU DEN EINKOMMENSELASTIZITÄTEN:

Ein Student verfügt über ein Monatseinkommen von 500 Euro. Er kauft sich dafür u.a. 5 Flaschen Bier und 2 Flaschen Sekt. Zudem konsumiert er 200 Gramm Filet. Nach seinem Studium steigt das Einkommen im Berufsleben auf 2.000 Euro pro Monat. Der ehemalige Student konsumiert jetzt 4 Flaschen Bier, 10 Flaschen Sekt und 400 Gramm Filet.

	Einkommen in Euro pro Monat	Menge Bier in Flaschen	Menge Sekt in Flaschen	Menge Filet in Gramm
Studium	500	5	2	200
Beruf	2 000	4	10	400
prozentuale Veränderung	+ 300%	- 20%	+ 400%	+ 100%

Die Einkommenselastizität der Nachfrage nach Bier wird berechnet, indem die prozentuale Veränderung der Biernachfrage von – 20% dividiert wird durch die prozentuale Veränderung des Einkommens von + 300 %. Die Einkommenselastizität ist gleich – 6,67% und das Bier ist für den Studenten ein inferiores Gut. Sekt weist eine Einkommenselastizität von +1,33 auf und ist somit ein Luxusgut. Filet hat eine Einkommenselastizität von 0,33 und ist für den Studenten ein normales Gut.

> **Wichtig:**
> Es hängt von dem betrachteten Haushalt ab, welche Beziehung zwischen zwei Gütern gegeben ist. Es ist nicht möglich zu sagen, dass Bier für alle Haushalte ein inferiores Gut und Sekt für alle Haushalte ein superiores Gut ist.

Mathematischer Exkurs

Die Berechnung von prozentualen Änderungsraten (=Wachstumsraten):

$$\varepsilon_{X_1 P_1} = \frac{\Delta X_1}{\Delta P_1} = \frac{(X_1^{neu} - X_1^{alt}) / X_1^{alt}}{(P_1^{neu} - P_1^{alt}) / P_1^{alt}}$$

$$\varepsilon = \frac{dX_1}{dP_1} \cdot \frac{P_1}{X_1}$$

3 Grundlagen der Unternehmenstheorie

Lernziele
Sie werden die Kosten- und Produktionsfunktion kennen lernen. Ihnen werden die Begriffe Grenzkosten, Grenzproduktivität und Grenzerlös dargestellt. Sie werden mit der Grenzkosten-Preis-Regel die optimale Produktionsentscheidung sowie mit der Wertgrenzprodukt-Regel die optimale Faktoreinsatzentscheidung erklären können.

3.1 Die Kostenfunktion

Die Kostenfunktion gibt die minimalen Kosten in Euro (Geldeinheiten) bei effizienter Produktion für eine bestimmte Produktionsmenge (x) an.

Grafisch weist die Kostenfunktion K(x) einen in der Regel mit der Produktionsmenge steigenden Verlauf auf. Die Gestalt der Kostenfunktion kann linear, progressiv oder degressiv steigend sein. Eine lineare Kostenfunktion liegt vor, wenn die variablen Kosten proportional zur Produktionsmenge steigen. Eine progressive bzw. degressive Kostenfunktion liegt dagegen vor, wenn die variablen Kosten überproportional bzw. unterproportional zur Produktionsmenge zunehmen. So führt eine Erhöhung der Produktionsmenge um 10% bei einer progressiven (degressiven) Kostenfunktion zu einem Anstieg der variablen Kosten um mehr (weniger) als 10%.

DIE KOSTENVERLÄUFE:

Produktionsmenge x	Linearer Kostenverlauf	Progressiver Kostenverlauf	Degressiver Kostenverlauf
0	100	100	100
1	120	110	130
2	140	130	150
3	160	160	160
4	180	200	165

Die grafische Darstellung der progressiven, linearen und degressiven Kostenfunktionen:

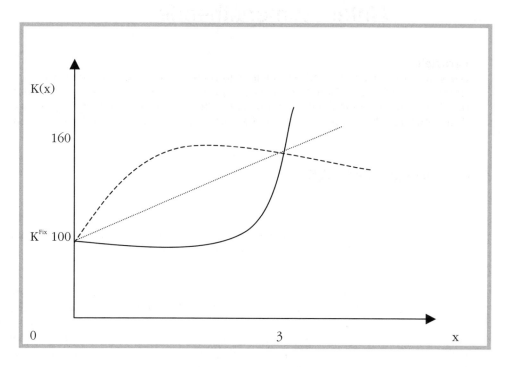

In der obigen Abbildung wird die lineare Kostenfunktion gepunktet dargestellt, während die progressiv verlaufende Kostenfunktion durchgezogen und die degressiv verlaufende Kostenfunktion gestrichelt dargestellt worden ist. Es wird deutlich, dass alle diese Kostenfunktionen auch bei einer Produktionsmenge x = 0 Fixkosten K^{Fix} aufweisen, die in diesem Beispiel als gleich hoch (100 Euro) betrachtet werden. Bei der gepunkteten linearen Kostenfunktion steigen die variablen Kosten proportional zur Produktionsmenge im Beispiel um 20 Euro pro ME. Die gestrichelt gezeigte degressive Kostenfunktion verdeutlicht die mit zunehmender Produktionsmenge unterproportional zunehmenden Kosten, während die durchgezogene progressive Kostenfunktion mit steigender Produktmenge überproportional steigende variable Kosten illustriert.

Die Kosten werden, wie auch in der Betriebswirtschaftslehre üblich, in Fixkosten und variablen Kosten unterschieden. Die Fixkosten sind die Kosten, die unabhängig von der Produktionsmenge zu tragen sind (z.B. Miete für Wohnräume, Versicherungsprämien, Zeitlohn). Variable Kosten sind abhängig von der Beschäftigung bzw. Produktionsmenge und nehmen in der Regel mit steigender Produktionsmenge x zu (z.B. Akkordlöhne, Materialverbrauch sowie Rohstoffe oder Hilfsstoffe). Im Beispiel der obigen Tabelle belaufen sich die Fixkosten bei allen Kostenfunktionen auf 100 Euro.

3.1 Die Kostenfunktion

Zudem ist die Trennung zwischen den Gesamtkosten, den durchschnittlichen Kosten und den Grenzkosten von besonderer Bedeutung. Berechnet man die durchschnittlichen Gesamtkosten, dann sind alle Kosten durch die Produktionsmenge zu dividieren. Bei der Bestimmung der durchschnittlichen variablen Kosten werden ausschließlich die variablen Kosten durch die Produktionsmenge geteilt.

Die Grenzkosten geben die Kosten der zuletzt hergestellten Produktionseinheit an. Es sind die Kosten, die entstehen, wenn die Produktionsmenge um eine Mengeneinheit erhöht wird.

Die gesamten Kosten sind, abgesehen von den Fixkosten, abhängig von der Produktionsmenge x. Diese Abhängigkeit von der Produktionsmenge wird sowohl in Klammern hinter den Gesamtkosten als auch hinter den variablen Kosten vermerkt.

1. $K(x) = K^{Fix} + K^{var}(x)$

Die gesamten Durchschnittskosten werden berechnet, indem man alle anfallenden Kosten durch die Produktionsmenge teilt:

2. $DK(x) = \dfrac{K(x)}{x}$

Die variablen Durchschnittskosten ergeben sich als Verhältnis zwischen den variablen Kosten, die abhängig von der Produktionsmenge x sind, und der Produktionsmenge x.

3. $DK^{var}(x) = \dfrac{K^{var}(x)}{x}$

Die Grenzkosten oder marginalen Kosten werden berechnet als Veränderung der Gesamtkosten geteilt durch die Veränderung der Produktionsmenge Δx. In der Regel ist $\Delta x = 1$, sodass die Produktionsmenge nur um 1 ME zunimmt:

4. $GK(x) = \dfrac{\Delta K(x)}{\Delta x}$

mit:

DK	Gesamte Durchschnittskosten in Euro
DK^{var}	Variable Durchschnittskosten in Euro
K	Kosten in Euro
x	Produktionsmenge

K^{Fix} Fixkosten in Euro
K^{var} Variable Kosten in Euro

DURCHSCHNITTS- UND GRENZKOSTEN BEI LINEAREN KOSTENFUNKTIONEN:

Produktionsmenge x	Gesamtkosten K(x)	Gesamte Stückkosten DK(x)	Variable Stückkosten $DK^{var}(x)$	Grenzkosten GK(x)
0	100 (K^{Fix})	-	-	-
1	120	120	20	20
2	140	70	20	20
3	160	53,33	20	20
4	180	45	20	20
5	200	40	20	20

Die Grenzkosten der ersten ME werden berechnet als Gesamtkosten für x = 1 abzüglich der Gesamtkosten für x = 0. Es sind die Kosten, die bei einer Steigerung der Produktionsmenge um 1 ME anfallen.

Merkmale linearer Kostenfunktionen:

> Mit der Produktionsmenge abnehmende gesamte Stückkosten. Die Fixkosten pro Stück von 100/x werden mit zunehmender Produktionsmenge immer kleiner und verlaufen gegen Null (Fixkostendepression).
> Die Grenzkosten innerhalb der Kapazitätsgrenzen sind gleich den variablen Stückkosten. Ist die Produktionsmenge so groß, dass zum Beispiel eine neue Anlage erforderlich ist, dann kommt es zu einem sprunghaften Anstieg der Grenzkosten.
> Die gesamten Stückkosten nähern sich innerhalb der Kapazitätsgrenzen mit steigender Ausbringungsmenge den Grenzkosten von oben an.

3.1 Die Kostenfunktion

DURCHSCHNITTS- UND GRENZKOSTEN BEI PROGRESSIVEN KOSTENVERLÄUFEN:

Produktionsmenge x	Progressiver Kostenverlauf K(x)	Gesamte Stückkosten DK(x)	Variable Stückkosten $DK^{var}(x)$	Grenzkosten GK(x)
0	100 (K^{Fix})	-	-	-
1	110	110	10	10
2	130	65	15	20
3	160	53,33	20	30
4	200	50	25	40
5	250	50	30	50
6	310	51,67	35	60

Die Merkmale progressiver Kostenfunktionen mit Fixkosten sind:

➢ Steigende Grenzkosten und zunehmende variable Stückkosten
➢ Die gesamten Stückkosten fallen bis zu einem Minimum bei x = 4 und x = 5 und steigen dann wieder.

Es wirken zwei entgegengesetzte Effekte auf die Stückkosten ein: die Fixkosten pro Stück fallen mit steigender Produktionsmenge. Man nennt diesen Effekt Fixkostendegression. Allerdings steigen die variablen Kosten pro Stück mit zunehmender Produktionsmenge. Zunächst dominiert bei den Stückkosten die Auswirkung der Fixkostendegression. Erst bei der Menge x = 4 sowie x = 5 überwiegen die Auswirkungen der steigenden variablen Kosten auf die Stückkosten. Die gesamten Stückkosten DK(x) steigen, sobald die Grenzkosten GK(x) höher sind als die gesamten Stückkosten DK(x)!

DURCHSCHNITTS- UND GRENZKOSTEN BEI DEGRESSIVEN KOSTENVERLÄUFEN:

Produktionsmenge x	Degressiver Kostenverlauf K(x)	Gesamte Stückkosten DK(x)	Variable Stückkosten $DK^{var}(x)$	Grenzkosten GK(x)
0	100	-	-	-
1	130	130	30	30
2	150	75	25	20
3	160	53,33	20	10
4	165	41,25	16,25	5
5	168	33,6	13,6	3

Die Merkmale degressiver Kostenfunktionen sind:

➢ Mit einer zunehmenden Produktionsmenge nehmen die gesamten Stückkosten, variable Stückkosten und Grenzkosten ab.
➢ Die Grenzkosten sind niedriger als die variablen Stückkosten.

Die gesamten Stückkosten fallen zum einen durch die vorhandene Fixkostendegression und zum anderen aufgrund des Rückgangs der variablen Stückkosten und Grenzkosten mit zunehmender Ausbringungsmenge. Die Grenzkosten liegen stets unterhalb der variablen Stückkosten.

3.2 Die Produktionsfunktion

> Die Produktionsfunktion beschreibt den Zusammenhang zwischen dem Faktoreinsatz (Input) und dem Produktionsergebnis (Output). Sie gibt den technisch effizienten Output für jede beliebige Kombination der Produktionsfaktoren an.

Die nachfolgende Tabelle zeigt die verschiedenen Formen der Produktionsfunktionen anhand von Beispielen auf:

3.2 Die Produktionsfunktion

DIE PRODUKTIONSFUNKTIONEN:

	Limitationale Produktionsfunktion	Substitutionale Produktionsfunktion
Austauschbarkeit der Faktoren	Nicht gegeben	Innerhalb bestimmter Grenzen möglich
Steigerung der Produktionsmenge bei Mehreinsatz eines Faktors	Nicht möglich	Begrenzt möglich
Beispiele	➢ Kuchen backen ➢ LKW und Fahrer	➢ Landwirtschaft ➢ Industrie

Die Produktion in der Landwirtschaft soll im Folgenden die substitutionale Produktionsfunktion erläutern. Die eingesetzten Faktoren lauten Boden, Arbeit, Saatgut und Düngemittel. Auf der Basis wissenschaftlicher Untersuchungen ist das Ertragsgesetz für die Landwirtschaft formuliert worden. Wenn bei konstanter Bodenfläche der Düngemitteleinsatz nach und nach gesteigert wird, dann steigt die Ernte zunächst überproportional, anschließend steigt sie proportional zum steigenden Düngemitteleinsatz, um schließlich unterproportional zur Erhöhung des Düngemitteleinsatzes zuzunehmen und mit zunehmende Düngemitteleinsatz abzunehmen.

DAS ERTRAGSGESETZ IN DER LANDWIRTSCHAFT (SELBSTGEWÄHLTES BEISPIEL):

Düngemittel in Gramm	Produktionsmenge in Zentner	Grenzprodukt der 100 Gramm in Zentner	Bereich der Grenzproduktivität
100	1	+ 1	Steigend
200	2,5	+ 1,5	Steigend
300	5	+ 2,5	Steigend
400	7,5	+ 2,5	Konstant
500	9	+ 1,5	Abnehmend
600	8,5	- 0,5	Negativ

Wichtige Definitionen:

> Die Grenzproduktivität eines Faktors gibt das Verhältnis zwischen der Steigerung der Produktionsmenge zu der Erhöhung des Einsatzes dieses Faktors an. Die (durchschnittliche) Produktivität, z.B. der Arbeit, errechnet sich, indem man die Produktionsmenge in Mengeneinheiten durch die insgesamt eingesetzten Arbeitsstunden dividiert.

> Das Grenzprodukt eines Faktors gibt die Veränderung, in der Regel die Zunahme der Produktionsmenge, an, wenn der Einsatz des betreffenden Produktionsfaktors um eine Mengeneinheit, wie z.B. eine Arbeitsstunde steigt.

> Die Skalenerträge beschreiben die Veränderung der Produktionsmenge, wenn der Einsatz aller Produktionsfaktoren bei gegebener Faktoreinsatzkombination erhöht wird. Wir unterscheiden zwischen zunehmenden, konstanten und abnehmenden Skalenerträgen. Zunehmende Skalenerträge liegen vor, wenn eine Erhöhung des Faktoreinsatzes um beispielsweise 1% zu einer Zunahme der Produktionsmenge von mehr als 1% führt. Die konstanten Skalenerträge sind gegeben, wenn eine Steigerung des Faktoreinsatzes um beispielsweise 1% zu einer Zunahme der Produktionsmenge von 1% führt. Abnehmende Skalenerträge sind gegeben, wenn eine Erhöhung des Faktoreinsatzes um zum Beispiel 1% zu einer Ausweitung der Produktion von weniger als 1% führt.

Die Kostenfunktion beschreibt, wie oben erläutert, die Minimalkosten für eine gegebene Produktionsmenge.

> Wenn die Produktionsfunktion steigende Skalenerträge aufweist, dann ist eine Verdopplung der Produktionsmenge bei weniger als einer Verdopplung aller Faktoren möglich.
> Bei konstanten Faktorpreisen bedeutet das, dass die Kostenfunktion degressiv verläuft; die Kosten steigen unterproportional zur Produktionsmenge.
> Ähnlich kann argumentiert werden, dass konstante Skalenerträge mit einem linearen und abnehmende Skalenerträge mit einer progressiven Kostenfunktion verbunden sind.

NACHFOLGENDE TABELLE FASST DIE OBEN SKIZZIERTEN SACHVERHALTE ZUSAMMEN:

Input	abnehmende	konstante	zunehmende
		Skalenerträge	
Arbeit = 100,00 Kapital = 200,00	x = 100,00	x = 100,00	x = 100,00
Arbeit = 200,00 Kapital = 400,00	x = 141,42	x = 200,00	x = 400,00

x = Produktionsmenge/Output in Abhängigkeit der Skalenerträge

3.3 Die Gewinnmaximierung

Die angenommene Zielsetzung des Unternehmens bei Wettbewerb ist die Maximierung des Periodengewinns. Der Gewinn wird hier wie folgt definiert:

Periodengewinn = Umsatzerlöse – Produktionskosten der Periode

Im Folgenden wird angenommen: $\pi = p \cdot x - C(x)$

> Es werden alle produzierten Güter verkauft, sodass auf die Problematik der Lagerbestandsveränderungen nicht einzugehen ist.
> Es wird von einem Modell der vollständigen Konkurrenz ausgegangen. Diese Annahme bedeutet, dass der Marktanteil des einzelnen Unternehmers und Anbieters zu gering ist, um Einfluss auf die Absatzpreise der Güter sowie auf die Faktorpreise zu nehmen. Sie verhalten sich als Mengenanpasser und suchen die Produktions- und Absatzmenge, die den Periodengewinn maximiert.

Viele Produktionsprozesse lassen sich durch lineare Kostenfunktionen charakterisieren.

> **Tipp:**
> Lesen Sie sich das Kapitel 3.1 noch einmal durch. Dort wurden die verschiedenen Kostenfunktionen ausführlich beschrieben.

BEISPIEL FÜR DIE LINEARE KOSTENFUNKTION (SELBSTGEWÄHLT):

Gegeben ist eine Kapazität von x = 5. Das heißt, es können maximal 5 Stück innerhalb einer Periode hergestellt werden. Die Kostenfunktion lautet: K(x) = 100 Euro + 20 x Euro. Der Verlauf der gesamten Kosten und der gesamten Stückkosten sowie der variablen Stückkosten, die gleich den Grenzkosten sind, wird in der folgenden Tabelle dargestellt.

Produktionsmenge x	Gesamte Kosten	Gesamte Stückkosten DK (x)	Variable Stückkosten $DK^{var}(x)$
0	100	-	-
1	120	120	20
2	140	70	20
3	160	53,33	20
4	180	45	20
5	200	40	20

Welchen Verkaufspreis sollte das Unternehmen bei dieser Kostenstruktur nun akzeptieren?

An dieser Stelle unterscheidet man zwischen der kurzfristigen und langfristigen Preisuntergrenze.

Bei der kurzfristigen Preisuntergrenze wird berücksichtigt, dass die Fixkosten unabhängig von der Produktionsmenge für einen kurzen Zeitraum zu tragen sind. Doch in welchem Umfang sollen die vorhandenen Kapazitäten genutzt werden?

> Offensichtlich führt jeder Preis, der höher ist als die konstanten variablen Stückkosten dazu, dass ein Teil der Fixkosten gedeckt wird (positiver Deckungsbeitrag, vgl. Deckungsbeitragsrechnung BWL). Die variablen Stückkosten bilden also die kurzfristige Preisuntergrenze.

Kurzfristig sollte also ein Preis P akzeptiert werden, der größer oder gleich 20 Euro ist. So wird bei einem Preis von 30 Euro pro Stück bei einer Vollauslastung der Kapazität 150 Euro Umsatzerlös erzielt. Die Gesamtkosten betragen 200 Euro. Die Deckung der Fixkosten gelingt also zu 50%. Der Verlust beträgt 50 Euro. Würde der Unternehmer bei einem Preis von 30 Euro pro Stück auf die Produktion verzichten, dann hätte er einen Verlust in Höhe der Fixkosten von 100 Euro zu tragen.

3.3 Die Gewinnmaximierung

Im Rahmen der Findung der langfristigen Preisuntergrenze ist über die Errichtung der Anlage und somit auch über die Fixkosten zu entscheiden. Die langfristige Preisuntergrenze sollte also den gesamten Stückkosten bei voller Auslastung der Kapazität entsprechen. Im obigen Beispiel betragen diese gesamten Stückkosten bei x = 5 Stück 40 Euro pro Stück. Bei jedem Preis, der höher als 40 Euro pro Stück ist, wird ein positiver Gewinn erwirtschaftet. So beläuft sich der Gewinn bei einem Preis von 60 Euro pro Stück bei einer Produktions- und Absatzmenge von x = 5 Stück auf genau 100 Euro.

Im Folgenden soll nun eine Kostenfunktion für eine Produktionsfunktion betrachtet werden, bei der ein variabler Faktor, der einem abnehmenden Grenzprodukt unterliegt sowie ein fixer Faktor berücksichtigt werden. In der nachfolgenden Tabelle wird diese Funktion anhand eines Beispiels dargestellt.

DIE GRENZKOSTEN-PREIS-REGEL (SELBSTGEWÄHLTES BEISPIEL):

Fixkosten = 1.000 €; eine Einheit des variablen Faktors kostet 100 €.

Produktionsmenge x in Stück	Einsatz des variablen Faktors	Gesamtkosten K (x)	GK	DK (x) = K(x) / x
0	-	1.000	0 nicht definiert (-)	0 nicht definiert (-)
1	1	1.100	+ 100	1.100
2	3	1.300	+ 200	650
3	6	1.600	+ 300	533,33
4	10	2.000	+ 400	500
5	15	2.500	+ 500	500
6	21	3.100	+ 600	516,67

Die Produktionsfunktion der obigen Tabelle ist substitutional. Ein steigender Einsatz des variablen Faktors führt bei Konstanz des fixen Faktors zu einer zunehmenden Produktionsmenge. Jedoch ist ein abnehmendes Grenzprodukt des variablen Faktors gegeben. Um x = 1 zu produzieren ist 1 Einheit dieses Faktors erforderlich. Eine Erhöhung der Produktionsmenge um 1 Einheit von 1 auf 2 Einheiten erfordert, dass 2 weitere Einheiten des variablen Faktors eingesetzt werden. Werden x = 3 Stück produziert, dann sind 6 Einheiten des variablen Faktors notwendig. Bei gegebenen Fixkosten von 1.000 Euro ist die Produktionsfunktion mit steigenden Grenzkosten verbunden.

Die Grenzkosten für die jeweiligen Produktionseinheiten lassen sich wie folgt ermitteln:

> Grenzkosten der 2. Produktionseinheit = K(x=2) - K(x=1) = 200 Euro
>
> Grenzkosten der 2. Produktionseinheit: Kosten für x = 2 - Kosten für x = 1 = 200 Euro

> Grenzkosten der 5. Produktionseinheit = K(x=5) - K(x=4) = 500 Euro
>
> Grenzkosten der 5. Produktionseinheit: Kosten für x = 5 – Kosten für x = 4 = 500 Euro

Aufgrund der Fixkostendegression in diesem Beispiel fallen die Durchschnittskosten zunächst. So sind die Durchschnittskosten für eine Produktionsmenge:

- x = 2 gleich 1.300 Euro / 2 Stück = 650 Euro pro Stück
- x = 4 gleich 2.000 Euro / 4 Stück = 500 Euro pro Stück

> Sobald jedoch die Grenzkosten höher sind als die Durchschnittskosten der bisherigen Menge (x=5), steigen die Durchschnittskosten mit zunehmender Ausbringungsmenge, wie das bei x = 6 der Fall ist.

Bei einem Marktpreis P = 600 Euro pro Stück sollte der Unternehmer 5 oder 6 Stück produzieren. In beiden Fällen macht er einen Periodengewinn von 500 Euro (= P*x – K(x) = 600 Euro * 5 – 2.500 Euro = 600 Euro * 6 – 3.100 Euro) (* = multiplikative Verknüpfung).

> Allgemein kann gesagt werden, dass die Produktion einer Einheit zu einer Steigerung des Periodengewinns beiträgt, wenn die Grenzkosten dieser Einheit geringer sind als der Preis. Die Produktion ist im Modell der vollständigen Konkurrenz bei zunehmenden Grenzkosten („Grenzkosten-Preis-Regel") bis zu der Menge auszudehnen, bei der die Grenzkosten gleich dem gegebenen Absatzpreis des Produktes sind.

Welche Menge sollte bei einem Preis von P = 400 Euro pro Stück hergestellt und verkauft werden?

Nach der beschriebenen Grenzkosten-Preis-Regel beträgt die den Periodengewinn maximierende Produktionsmenge x = 4 Stück. Allerdings ergibt sich dabei ein

3.3 Die Gewinnmaximierung

Verlust in Höhe von 400 Euro, da die Erlöse von 4 Stück * 400 Euro/Stück 1.600 Euro niedriger sind als die gezeigten Kosten in Höhe von 2.000 Euro. Somit ist die Grenzkosten-Preis-Regel so zu modifizieren, dass bei der so bestimmten Produktions- und Absatzmenge die Durchschnittskosten nicht höher sein dürfen als die Grenzkosten. Nur dann ergibt sich ein positiver Gewinn.

Definiert man den Gewinn G als Differenz zwischen den Umsatzerlösen und den Kosten, so dass $G = P*x - K(x)$ ist, dann erfordert ein positiver Gewinn $\Pi > 0$ (Π = Profit, engl. Gewinn), dass $P*x$ größer als $K(x)$ ist oder dass nach Division durch die Produktions- und Absatzmenge x der Preis P größer als die Durchschnittskosten $K(x)/x$ ist. Bei der Grenzkosten-Preis-Regel muss somit für einen positiven Gewinn definiert werden, dass die Grenzkosten höher als die Durchschnittskosten ($GK(x) > K(x)/x$) sind.

> **Zusammenfassung der Grenzkosten-Preis-Regel:**
> Der Periodengewinn im Modell der vollständigen Konkurrenz wird also bei der Produktions- und Absatzmenge x maximiert, bei der die Grenzkosten dem Verkaufspreis entsprechen und die Grenzkosten mindestens gleich den Durchschnittskosten sind. Die nachfolgende Grafik verdeutlicht diesen Zusammenhang.

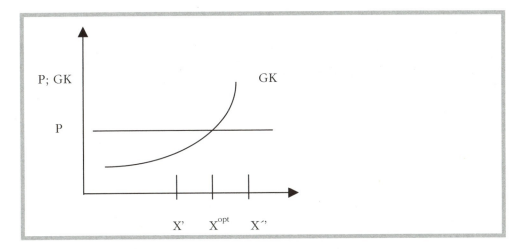

Bei Wettbewerb gilt der Preis für den einzelnen Anbieter als gegeben. Die Grenzkosten werden hier als eine mit der Produktionsmenge steigende Funktion dargestellt. Man kann annehmen, dass wir uns im Bereich der abnehmenden Grenzproduktivität der Faktoren befinden. Eine Erhöhung der Produktionsmenge ist mithin nur möglich, wenn immer mehr Faktoren zu gegebenen Faktorpreisen eingesetzt werden, was zu einer steigenden Grenzkostenfunktion führt.

Die Produktionsmenge x^{opt} ist die, welche den Periodengewinn maximiert. Wird zu wenig produziert, wie zum Beispiel x', dann lässt sich der Periodengewinn durch eine Steigerung der Produktions- und Absatzmenge auf x^{opt} erhöhen, da in diesem Bereich der Preis pro Stück, der im Wettbewerb konstant und unabhängig von der Produktions- und Absatzmenge ist, mehr als die Grenzkosten beträgt. Andererseits sind bei der Menge x'' die Grenzkosten höher als der Preis. Eine Senkung der Produktions- und Absatzmenge von x'' auf x^{opt} bedeutet eine Steigerung des Periodengewinns, da dann auf die Verluste für eine zu hohe Produktions- und Absatzmenge verzichtet wird.

	x'	$x^{opt.}$	x''
Tatsächliche Produktion	zu gering, da P > GK	optimal, da P = GK	zu hoch, da P < GK
Forderung	erhöhe die Produktmenge		reduziere die Produktmenge

4 Grundlagen der Markttheorie

Lernziele
Sie werden das Modell der vollständigen Konkurrenz und die sich daraus ergebende Marktpreisbildung kennen lernen. Die Bestimmung des Gleichgewichts ist Ihnen ebenso bekannt, wie die Auswirkungen exogener Angebots- und Nachfrageschocks auf den Preis und die Menge im Gleichgewicht. Sie sind in der Lage, staatliche Eingriffe durch Steuern, Höchst- und Mindestpreise zu analysieren und zu bewerten.

4.1 Das Modell der vollständigen Konkurrenz

DIE ANNAHMEN IM MODELL DER VOLLSTÄNDIGEN KONKURRENZ:

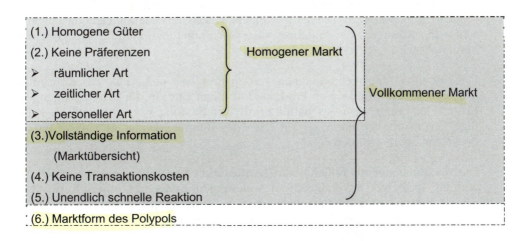

Homogene Güter liegen vor, wenn die Güter aus der Sicht der Konsumenten in ihren für die Kaufentscheidung relevanten Eigenschaften vollkommen gleichartig sind. Es bestehen keine Unterschiede hinsichtlich der Qualität, der Haltbarkeit, der Gebrauchssicherheit oder der Zuverlässigkeit. Die Güter sind damit vollständige Substitute, bei denen es demzufolge keinen Produkt- oder Qualitätswettbewerb geben kann.

Die Realität ist jedoch durch Markenbildung und die Existenz heterogener Güter geprägt. Ein homogener Markt geht zudem davon aus, dass keine Präferenzen vorliegen.

Räumliche Präferenzen lägen vor, wenn ein in Berlin wohnender Konsument es vorzieht, in Berlin-Mitte einzukaufen und nicht in Potsdam. In der Realität gibt es jedoch Kosten der Raumüberwindung (Pkw, Öffentliche Verkehrsmittel), sodass die Annahme (abgesehen vom Internet-Einkauf) nicht haltbar ist. Ebenso wenig sind in einem homogenen Markt Präferenzen zeitlicher Art zugelassen. Es darf somit keinen Unterschied machen, ob die Transaktion bzw. der Güterkauf morgens oder abends stattfindet. In der Realität gibt es mindestens mit den früher bedeutenden Ladenschlusszeiten Präferenzen in zeitlicher Hinsicht. Personelle Präferenzen sind zum Beispiel dann nicht vorhanden, wenn die Freundlichkeit oder das Aussehen des Verkäufers für die Kaufentscheidung des Käufers irrelevant sind. In der Realität wird diese Annahme besonders bei an die Person gebundenen Dienstleistungen (Friseur, Gaststätten, ...) nicht erfüllt. Lediglich beim elektronischen Einkauf sind keine personellen Präferenzen vorhanden, da es keine persönlichen Kontakte zwischen den Verkaufsparteien gibt.

Ein vollkommener Markt erfordert neben einem homogenen Markt die vollständige Information, die Abwesenheit von Transaktionskosten sowie eine unendlich schnelle Anpassung an Datenänderungen, sodass das Marktgleichgewicht im Anschluss an Störungen der Angebots- oder Nachfragefunktionen unverzüglich wieder hergestellt wird.

Die Annahme der vollkommenen Information bedeutet, dass die Konsumenten über alle Anbieter und deren Produkte informiert sind. In der Realität liegen jedoch Kosten der Informationsbeschaffung und -verarbeitung vor, sodass keine vollständige Information gegeben ist. Mit Hilfe des Internets lassen sich diese Informationskosten aber verringern.

Die Annahme der unendlich schnellen Reaktion bedeutet, dass sich die Anbieter wie die Nachfrager unverzüglich an Änderungen anpassen können. In der Realität gibt es aber gesetzliche (Patente, Verträge,...) und auch betriebliche Gründe (Maschinen, die nur zur Produktion bestimmter Güter eingesetzt werden können), die dieser Annahme widersprechen.

Das Modell der vollständigen Konkurrenz verlangt neben der Existenz eines vollkommenen Marktes die Marktform des Polypols. Diese Annahme des Polypols bedeutet, dass eine Marktform mit vielen kleinen Anbietern und Nachfragern gegeben ist. Es gibt keine Marktmacht einzelner Anbieter oder Nachfrager. Die Wettbewerbsintensität ist sehr hoch. In der Realität sind viele Märkte geprägt von monopolistischen Strukturen oder Kartellen, die zu einer Reduktion der Wettbewerbsintensität führen.

In Anlehnung an den Ökonomen von Stackelberg lassen sich die in der nachfolgenden Tabelle dargestellten Marktformen unterscheiden.

4.1 Das Modell der vollständigen Konkurrenz

DAS MARKTFORMENSCHEMA:

	Ein Nachfrager	Wenige Nachfrager	Viele Nachfrager
Ein Anbieter	Bilaterales Monopol	Beschränktes Monopol	Monopol
Wenige Anbieter	Beschränktes Monopson	Bilaterales Oligopol	Oligopol
Viele Anbieter	Monopson	Oligopson	Polypol

Preisbildung im Modell der vollständigen Konkurrenz

Im Modell der vollständigen Konkurrenz wird ein Marktgleichgewicht bei einem Preis P* so bestimmt, dass die Nachfragemenge X* bei P* gleich der Angebotsmenge bei P* ist, wie in der nachfolgenden Abbildung dargestellt wird. Dieses Gleichgewicht stellt einen gesellschaftlichen Optimalzustand dar. Zunächst ist das Gleichgewicht eine Situation, in der es keine Tendenz zu einer Veränderung gibt und somit eine stabile Situation. Zudem sind alle zufrieden: die Nachfrager erhalten alle zum Preis P* nachgefragten Güter und die Anbieter sind in der Lage, alle zum Preis P* produzierten Güter auch abzusetzen.

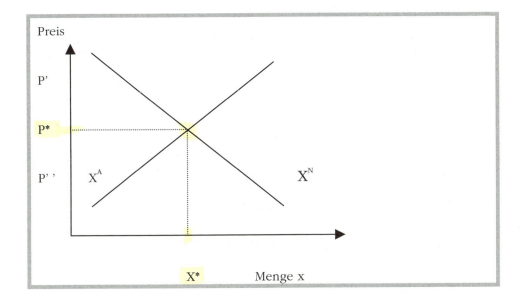

LEGENDE:

ME	Mengeneinheiten in Stück, Liter
P*	Gleichgewichtspreis
P'	Marktpreis, der zum Überschussangebot führt
P''	Marktpreis, der zur Überschussnachfrage führt
X^A	Angebotskurve bzw. Angebotsfunktion
X^N	Nachfragekurve bzw. Nachfragefunktion
X*	Produktions- und Absatzmenge im Gleichgewicht

Was passiert in einer Situation außerhalb des Gleichgewichts?

Beim Preis P', der höher als der Gleichgewichtspreis P* ist, kommt es zu einem Angebotsüberschuss oder -überhang bzw. Überschussangebot. Der Wettbewerb zwischen den Anbietern führt im Modell der vollständigen Konkurrenz dazu, dass der geforderte Preis fällt. Hiermit gehen zwei Effekte einher:

➢ zum einen scheiden Anbieter aus dem Markt aus und das Marktangebot wird gesenkt und
➢ zum anderen steigt durch den fallenden Preis die Nachfrage am Markt.

Dieser Prozess geht (theoretisch unendlich schnell) solange, bis dass das Gleichgewicht mit P* und X* wieder erreicht wird.

Entsprechend führt ein Preis P'', der geringer als der Gleichgewichtspreis P* ist, zu einem Nachfrageüberschuss oder -überhang bzw. zu einer Überschussnachfrage. Da die Nachfrage höher als das Marktangebot ist, sind die Nachfrager bereit, einen höheren Preis zu zahlen. Der Preisanstieg führt zu zwei Wirkungen:

➢ erstens geht die Marktnachfrage zurück und
➢ zweitens wird das Marktangebot ausgedehnt.

Dieser Prozess ist beendet, wenn (theoretisch wieder unendlich schnell) das Gleichgewicht mit P* und X* erreicht ist.

BEISPIEL ZUR BERECHNUNG DES MARKTGLEICHGEWICHTS:

Gegeben sind die Nachfrage und die Angebotsfunktion mit:

(1.) X^N = 2.000 - 10 P
(2.) X^A = 1.600 + 30 P

a. Berechnen Sie den Marktpreis P* und die Menge X* im Marktgleichgewicht.
b. Berechnen Sie das Überschussangebot bei einem Preis P' = 20 €.
c. Berechnen Sie die Überschussnachfrage bei einem Preis P'' = 5 €.

Lösungshinweise:

a. Im Marktgleichgewicht ist die Nachfragemenge gleich der Angebotsmenge. Somit ist: $X^N = X^A$. Setzt man die gegebenen Funktionen ein, so ergibt sich: $2.000 - 10\,P = 1.600 + 30\,P$. Nach P aufgelöst folgt: $P^* = 10$ €. Wird der Gleichgewichtspreis $P^* = 10$ € in die Nachfrage- oder Angebotsfunktion eingesetzt, dann wird die Gleichgewichtsmenge X^* bestimmt zu: $X^* = 1.900$ ME.

b. Das Überschussangebot ist definiert als Differenz zwischen der Angebots- und Nachfragemenge: $X^A - X^N = 1.600 + 30\,P - 2.000 + 10\,P$ bzw. $X^A - X^N = 40\,P - 400$. Bei einem Preis von $P' = 20$ ergibt sich somit für das Überschussangebot: $X^A - X^N = 800 - 400 = 400$ ME.

c. Die Überschussnachfrage ist definiert als Differenz zwischen der Nachfrage- und der Angebotsmenge: $X^N - X^A = 2.000 - 10\,P - 1.600 - 30\,P$ bzw. $X^N - X^A = 400 - 40P$. Bei einem Preis von $P'' = 5$ ergibt sich somit für die Überschussnachfrage: $X^N - X^A = 400 - 200 = 200$ ME.

4.2 Veränderungen des Gleichgewichts

Zu Veränderungen des Marktgleichgewichts kommt es, wenn sich Störungen der Nachfrage oder des Angebotes ergeben. Diese Störungen führen zu Verschiebungen der Nachfrage- bzw. der Angebotsfunktion. In der nachfolgenden Tabelle werden die geläufigen Ursachen für eine Verschiebung dieser Funktionen nach rechts und nach links vorgestellt.

VERÄNDERUNGEN DES MARKTGLEICHGEWICHTS:

Verschiebung der	nach rechts	nach links
Nachfragefunktion	➢ Anzahl der Haushalte steigt ➢ Preis für Substitute steigt ➢ Preis für Komplemente fällt ➢ Einkommen steigt bei normalen oder superioren Gütern ➢ Veränderung der Präferenzen zugunsten des Produktes	➢ Anzahl der Haushalte fällt ➢ Preis für Substitute fällt ➢ Preis für Komplemente steigt ➢ Einkommen fällt bei normalen oder superioren Gütern ➢ Veränderung der Präferenzen zu Lasten des Produktes

Angebotsfunktion	➢ Anzahl der Produzenten steigt (z.B. Globalisierung) ➢ Steigende Produktivität der Produktionsfaktoren ➢ Faktorkosten und Faktorpreise fallen ➢ Steuerbelastung fällt ➢ Subventionierung durch Staat oder die EU steigt	➢ Anzahl der Produzenten fällt (z.B. Handelsschranken) ➢ Fallende Produktivität der Produktionsfaktoren ➢ Faktorkosten und Faktorpreise steigen ➢ Steuerbelastung steigt ➢ Subventionierung durch den Staat oder die EU nimmt ab

Veränderung der Nachfragefunktion

Eine Verlagerung der Nachfragefunktion nach rechts bedeutet, dass die Nachfragemenge bei jedem gegebenen Marktpreis dieses Produktes gestiegen ist.

Ist die Angebotsfunktion normal, das heißt weder horizontal noch vertikal, dann ergibt sich infolge dieser Nachfragestörung eine Erhöhung des Marktpreises und der Absatzmenge im neuen Gleichgewicht, illustriert in der nachfolgenden Abbildung.

GRAFISCHE DARSTELLUNG DER VERÄNDERUNG DER NACHFRAGEFUNKTION:

Rechtsverlagerung der Nachfragefunktion			
Fall	Angebotskurve	Grafik	Preis/Menge
A	normal	(Grafik mit P_1^*, P_0^*, X^A, X^N, X^{N1}, X_0^*, X_1^*)	➢ Preis steigt ➢ Menge steigt

4.2 Veränderungen des Gleichgewichts

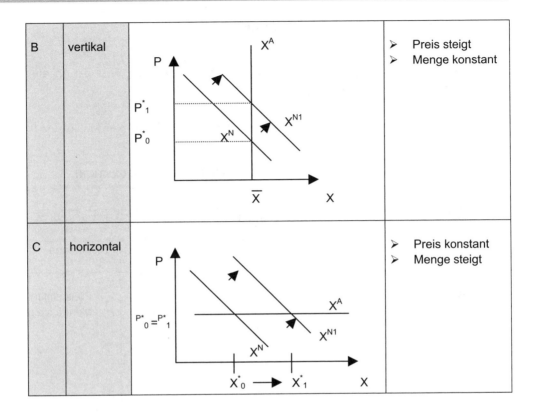

Beim vormaligen Gleichgewichtspreis P^*_0 kommt es zu einem Nachfrageüberhang mit der sich daraus ergebenden und oben beschriebenen Konsequenz eines steigenden Preises und einer Ausweitung der Produktions- und Absatzmenge. Verläuft die Angebotskurve vertikal, das Angebot ist dann vollkommen preisunabhängig wie bei der Ernte, dann ergibt sich durch die Verschiebung der Nachfragefunktion nach rechts ausschließlich eine Erhöhung des Marktpreises, während die Menge konstant bleibt. Ist die Angebotsfunktion eine horizontale Linie, was dem Fall eines intensiven Anbieterwettbewerbs und die Annahme des Mengenanpassers der Anbieter entspricht, dann verändert sich der Marktpreis nicht. Die Gleichgewichtsmenge steigt im Ausmaß der Nachfragesteigerung, was in der untersten Zeile der obigen Abbildung verdeutlicht wird.

Veränderungen der Angebotsfunktion:

Eine Verschiebung der Angebotskurve nach rechts bedeutet, dass die Angebotsmenge bei jedem beliebigem Marktpreis gestiegen ist.

Die Auswirkungen einer Verlagerung der Angebotsfunktion werden in der folgenden Abbildung dargestellt.

GRAFISCHE DARSTELLUNG DER VERÄNDERUNG DER ANGEBOTSFUNKTION:

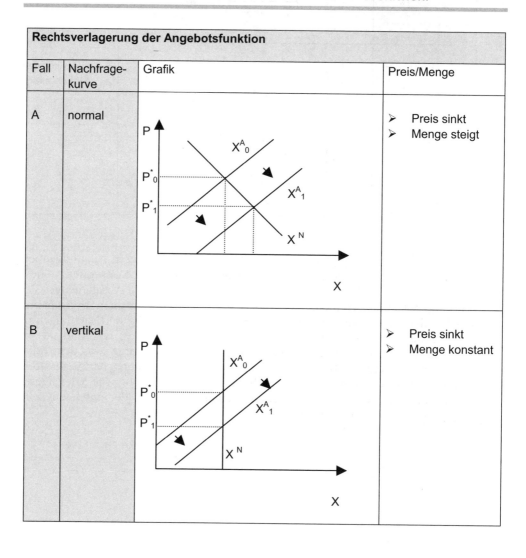

4.2 Veränderungen des Gleichgewichts

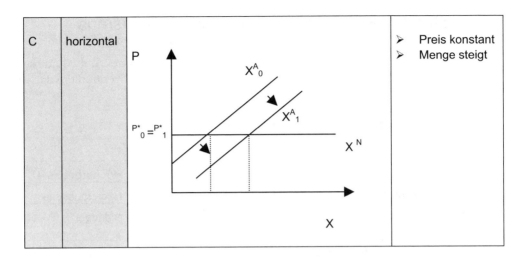

Die Auswirkungen auf den Preis und die Menge im Marktgleichgewicht sind u.a. von der Elastizität der Nachfragefunktion abhängig. Im Normalfall kommt es bei einer Rechtsverlagerung der Angebotsfunktion zu einem Rückgang des Marktpreises und zu einem Anstieg der Menge. Ist die Nachfrageelastizität absolut größer als eins, dann ist die prozentuale Nachfragemengenreaktion stärker als die prozentuale Preisveränderung. Eine Senkung des Marktpreises führt dann zu einem Anstieg des Verkaufserlöses, der sich als Marktpreis multipliziert mit der Absatzmenge ergibt. Eine Preissteigerung führt dann zu einem zunehmenden Erlös, wenn die Nachfrage unelastisch reagiert. Verläuft die Nachfragekurve vertikal, dann ist die Nachfrageelastizität gleich Null, wie bereits diskutiert worden ist. Beispiele für vollkommen preisunelastische Nachfrage sind lebensnotwendige Güter. In dieser Situation führt eine Ausweitung des Angebotes nur zu einem Preisrückgang, während die Menge im Gleichgewicht unverändert bleibt. Eine waagerechte Nachfragefunktion liegt vor, wenn die Nachfrageelastizität gleich unendlich ist. Eine Preisänderung führt zu einer extrem starken Mengenreaktion der Nachfrage. Das ist dann der Fall, wenn die Güter aus Sicht der Konsumenten vollkommene Substitute darstellen. In dieser Situation führt eine Rechtsverlagerung der Angebotsfunktion zu einer Erhöhung der Produktions- und Absatzmenge, während der Marktpreis konstant bleibt.

4.3 Staatliche Eingriffe in den Preismechanismus

Der Staat greift häufig in den Preismechanismus des Marktes mit Mindest- und Höchstpreisen ein. Zudem erhebt der Staat Steuern und subventioniert die Unternehmen mit Zuschüssen.

ÜBERSICHT ZU MINDEST- UND HÖCHSTPREISEN:

	Mindestpreise P^{min}	Höchstpreise P^{max}
Wer ist zu schützen?	Angebotsseite	Nachfrageseite
Wie im Vergleich zum Gleichgewichtspreis ?	Höher	Niedriger
Welche Folgen treten ein?	Angebotsüberschuss	Nachfrageüberschuss
Welche Grenze für den Marktpreis ?	Untergrenze	Obergrenze
Beispiele	Arbeitsmärkte; Agrarmärkte in der EU	Sozialer Wohnungsbau

Mindestpreis:

Auf dem Arbeitsmarkt ist die Anbieterseite die Arbeitskraft der anbietenden Haushalte, auf dem Agrarmarkt der Europäischen Union (EU) die Produzenten und Anbieter landwirtschaftlicher Erzeugnisse.

Der Mindestpreis muss in der nachfolgenden Abbildung oberhalb des Gleichgewichtspreises P* liegen, um wirksam zu sein. Läge er unter P*, dann wäre er wirkungslos, da es im Bereich eines Nachfrageüberhangs immer zu Preissteigerungen kommt. Der Mindestpreis oberhalb des Gleichgewichtspreises führt zu einem Angebotsüberhang. Der Staat bzw. die EU müssen diesen Angebotsüberschuss aufkaufen und lagern. Es entstehen die Milchseen bzw. die Butterberge.

4.3 Staatliche Eingriffe in den Preismechanismus

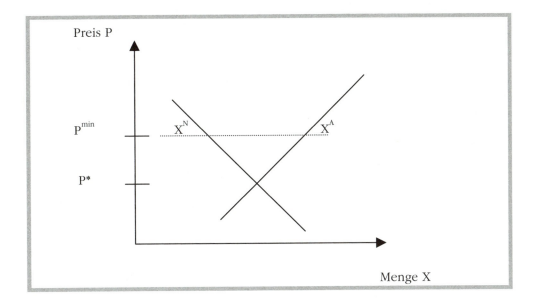

Wichtig:
Der wirksame Mindestpreis liegt oberhalb des Gleichgewichtspreises und stellt eine Untergrenze für den Marktpreis dar. Es ergibt sich ein Angebotsüberhang, der vom Staat bzw. der EU aufzukaufen ist. Anders formuliert ist die Nachfragefunktion bei dem Mindestpreis vollkommen preiselastisch und verläuft waagerecht, was in der obigen Abbildung in der gestrichelten Linie zum Ausdruck kommt.

Höchstpreis:

Bekanntes Beispiel ist der soziale Wohnungsbau, bei dem der Staat Höchstmieten garantiert hatte. Der Höchstpreis muss in der nachfolgenden Abbildung unterhalb des Gleichgewichtspreises P^* liegen, um wirksam zu sein. Läge er über P^*, dann wäre er wirkungslos, da es im Bereich eines Angebotsüberhangs immer zu Preissenkungen kommt. Der Höchstpreis führt zu einem Nachfrageüberhang. Der Staat hat diesen Nachfrageüberschuss zu bedienen und entsprechend Wohnungen zu bauen und anzubieten. Es wird deutlich, dass der Höchstpreis P^{max} niedriger ist als der Gleichgewichtspreis, der sich ohne staatliche Eingriffe in den Preismechanismus ergeben würde.

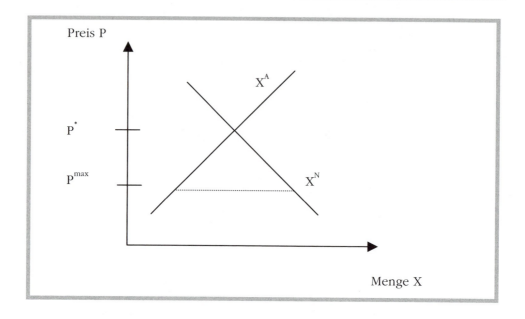

> **Wichtig:**
> Der Höchstpreis liegt unterhalb des Gleichgewichtspreises und stellt eine Obergrenze für den Marktpreis dar. Er führt zu einem Nachfrageüberhang, den der Staat zu bedienen hat. Anders formuliert ist die Angebotskurve bei diesem Höchstpreis horizontal, was einem vollkommen preiselastischen Angebot entspricht und in der obigen Abbildung in der gestrichelten waagerechten Linie bei P^{max} ausgedrückt wird.

Steuern und Subventionen:

Der Staat greift auch in die Preisbildung des Marktes ein, indem er Steuern, Zölle oder Abgaben zum Beispiel von den Unternehmen verlangt oder die Unternehmen subventioniert.

Eine Erhöhung der Abgabenlast der Unternehmen erhöht deren Kosten und führt zu einer Linksverschiebung der Angebotsfunktion. Im Allgemeinen ergibt sich ein Anstieg der Marktpreise, da die Unternehmen versuchen werden, diese zusätzliche Belastung an die Nachfrager zu überwälzen. Entsprechend führt eine Subventionierung der Unternehmen durch den Staat zu einer Rechtsverlagerung der Angebotsfunktion. Im Normalfall folgt hieraus eine Senkung der Marktpreise, sodass die Subvention mindestens zum Teil an die Nachfrager weitergegeben wird.

4.3 Staatliche Eingriffe in den Preismechanismus

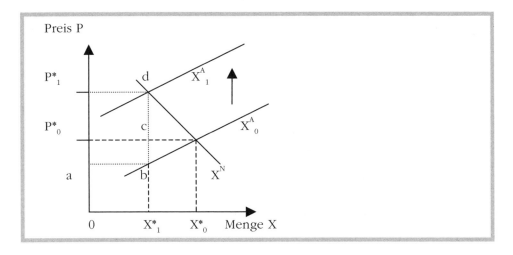

Der Staat erhebt zum Beispiel eine Ökosteuer mit dem Satz t. Die Angebotsfunktion verlagert sich im Ausmaß dieses Steuersatzes nach links oben. Der Steuersatz t entspricht in der obigen Abbildung der Strecke zwischen den Punkten b und d. Die Anbieter versuchen, diese Belastung an die Nachfrager zu überwälzen. Der Marktpreis steigt von P^*_0 auf P^*_1. Das Ausmaß dieses Preisanstiegs ist geringer als der Steuersatz. Die Strecke zwischen den Punkten P^*_0 und P^*_1 ist kürzer als die zwischen den Punkten b und d.

Das gesamte Steueraufkommen entspricht der Absatzmenge im neuen Gleichgewicht X^*_1 multipliziert mit dem Steuersatz, der in der Strecke zwischen den Punkten b und d ausgedrückt wird. Die Absatzmenge kommt in der Strecke zwischen den Punkten 0 und X^*_1 zum Ausdruck. Diese Strecke ist genauso lang wie die zwischen den Punkten a und b. Das gesamte Steueraufkommen entspricht der Fläche des Rechtecks a b d P^*_1.

Wer trägt nun die Steuerlast? Der Nachfrager, in der Regel also der Konsument, hat die Preissteigerung zu tragen. Die auf ihn bzw. sie entfallende Steuerlast ist gleich der Fläche des Rechtecks P^*_0 c d P^*_1, die Anbieter bleiben auf der Belastung in Höhe der Fläche des Rechtecks a b c P^*_0 sitzen.

Die Überwälzung der Steuer gelingt also nur partiell.

Das Ausmaß der Überwälzung hängt entscheidend von der Nachfrageelastizität im relevanten Bereich ab. Die folgende Abbildung geht von einer vollkommen preisunelastischen Nachfrage und somit von einer vertikalen Nachfragefunktion aus. Der Anstieg des Marktpreises von P^*_0 auf P^*_1 entspricht exakt der vertikalen Verschiebung der Angebotsfunktion aufgrund der Besteuerung. In diesem Falle ändert sich die Gleichgewichtsmenge nicht und die Überwälzung ist vollkommen.

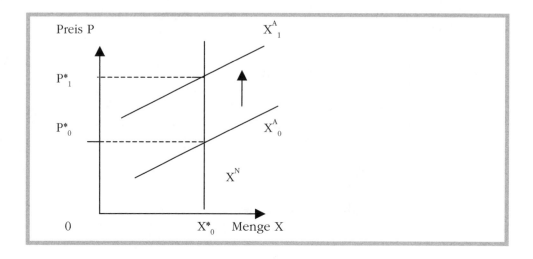

Wenn die Nachfrage vollkommen preisunelastisch ist, dann bestehen keine Ausweichmöglichkeiten für die Konsumenten. Sie sind auf die Menge X^*_0 angewiesen und kaufen diese auch, wenn der Preis wegen der Steuerlast der Unternehmen zunimmt. Die Überwälzung ist total. Anders verhält es sich, wenn die Nachfrage vollkommen preiselastisch ist und somit vollkommene Substitute zu dem besteuerten Gut gegeben sind (siehe nächste Abbildung). In diesem Fall führt die Besteuerung der Unternehmen ausschließlich zu einer Reduktion der Produktions- und Absatzmenge. Der Gleichgewichtspreis bleibt konstant. Es gibt also keine Überwälzungsmöglichkeiten für die Anbieter. Sie müssen die gesamte Steuerlast in Höhe der Fläche des Rechtecks a b (= 0 X^*_1) c P^*_0 tragen.

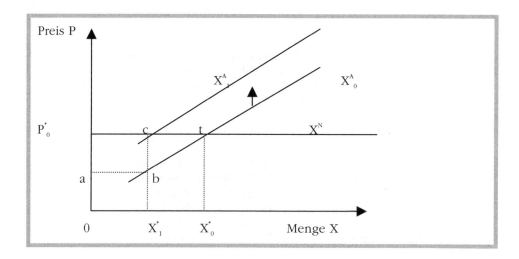

4.3 Staatliche Eingriffe in den Preismechanismus

Die Ergebnisse zur Besteuerung der Unternehmen werden in der folgenden Tabelle für die unterschiedlichen Elastizitäten der Nachfrage zusammengefasst.

BESTEUERUNG BEI ALTERNATIVEN NACHFRAGEFUNKTIONEN:

	Nachfrage vollkommen preisunelastisch	Normalfall	Nachfrage vollkommen preiselastisch
Preisänderung	Preis steigt stark	Preis steigt	Null
Mengenänderung	null	Menge fällt	Menge fällt stark
Steuerlast	Totale Überwälzung	Partielle Überwälzung	Keine Überwälzung
Beispiele	Lebensnotwendige Güter	Fast alle anderen Güter	Vollständige Substitute

Wichtig:
Je unelastischer die Nachfrage ist, umso mehr gelingt die Überwälzung.

5 Kurz- und Wiederholungsaufgaben

5.1 Grundlagen der Volkswirtschaftslehre

1. Ordnen Sie die folgenden Aktivitäten bzw. Wirtschaftssubjekte den bekannten Sektoren zu:
   - Bundesversicherungsanstalt für Angestellte
   - Deutsche Post AG
   - Die private Nutzung von Betriebsfahrzeugen
   - Das Bundesland Berlin
   - Ausländische Transportunternehmen
   - Katholische Kirche
   - Italienische Gastarbeiter mit Wohnsitz in Deutschland
   - Deutsche Staatsbürger mit ständigem Arbeitsplatz in Belgien

2. Erläutern Sie, wie sich Konsum- und Produktionsgüter unterscheiden.

3. Ein Möbelfabrikant kauft während einer Periode Maschinen im Wert von 100.000 Euro. Während desselben Zeitraums werden Abschreibungen in Höhe von 20.000 Euro vorgenommen.

   (a) Bestimmen Sie die Werte der Bruttoinvestition und der Nettoinvestition.
   (b) Bestimmen Sie die Werte der Erweiterungs- und der Ersatzinvestition.

4. Ordnen Sie die folgenden Güter den bekannten Kategorien zu:
   - Private Universitäten
   - Polizei und Bundeswehr
   - Möbel und Haushaltseinrichtungen
   - Frischluft und sauberes Wasser
   - Öffentliche Parks und Weideflächen
   - Rohölimporte für die industrielle Fertigung

5. Erläutern Sie fünf ökonomische Argumente, die zum Zusammenbruch des Sozialismus in Osteuropa geführt haben.

6. Gegeben sind die folgenden Zahlen einer Volkswirtschaftlichen Gesamtrechnung (VGR):

Ausrüstungen	1.000
Bauten	600
Vorratsveränderungen	+ 20
Abschreibungen auf das Anlagevermögen	300

   Berechnen Sie:

   1. die Bruttoanlageinvestitionen
   2. die Veränderung des Anlagevermögens
   3. die Nettoinvestitionen

7. Bearbeiten Sie die folgenden Aufgaben zur Wirtschaftsordnung:

   (a) Welche Wirtschaftssubjekte planen die Produktion und die Faktoreinsätze?
   (b) Welche Informationen sind für die planenden Einheiten erforderlich?
   (c) Welche Motivationsmechanismen gibt es in der Marktwirtschaft und in der Planwirtschaft?
   (d) In welcher Wirtschaftsordnung gibt es die Probleme der Stabilisierung der Inflation und der Arbeitslosigkeit?
   (e) Wie werden die Einkommen und Vermögen in den bekannten Wirtschaftsordnungen verteilt?
   (f) Welche sind die wesentlichen Merkmale einer kapitalistischen Marktwirtschaft?
   (g) Beschreiben Sie mögliche Vorteile der sozialistischen Planwirtschaften.

8. Beschreiben Sie den Unterschied zwischen der Sozialen Marktwirtschaft und der kapitalistischen Marktwirtschaft.

9. Beschreiben Sie die Grenzen einer zu umfangreichen Politik der sozialen Sicherung in einer Marktwirtschaft.

10. Erläutern Sie die Funktionen des Privateigentums an den Produktionsmitteln in einer Marktwirtschaft.

5.2 Grundlagen der Haushaltstheorie

1. Erläutern Sie anhand des Schokoladenkonsums, ob das 1. Gossen'sche Gesetz erfüllt ist und ob gegebenenfalls eine Sättigungsgrenze erreicht wird.

2. Wir untersuchen das 2. Gossen'sche Gesetz und nehmen einen Haushalt an, der über eine Konsumausgabensumme von 600 Euro verfügt. Die Nutzenfunktionen der drei Güter sind in der folgenden Tabelle gegeben, wobei jede Einheit eines Gutes 100 Euro kostet. Der Nutzen ist bei einem gegebenem Budget von 600 Euro zu optimieren.

Einheit	Theater	Museum	Kino
1.	100	90	80
2.	90	80	70
3.	80	70	60
4.	70	60	50

(a) Bestimmen Sie die den Nutzen maximierende Aufteilung der Konsumausgabensumme auf die drei Güter Theater, Museum und Kino.

(b) Berechnen Sie den Nutzen des Haushaltes, wenn dieser 400 Euro für Theater und 200 Euro für das Museum ausgibt und vergleichen Sie mit der Lösung zur Aufgabe 2a.

3. Wir betrachten den Markt für Kaffee einer Sorte A und gehen von der Gültigkeit des Nachfragegesetzes aus. Beschreiben Sie, wie sich die folgenden Veränderungen auf die Nachfragefunktion auswirken:
    - ein Anstieg des Kaffeepreises
    - eine steigende Anzahl der Haushalte im Zuge der Migration
    - ein steigender Preis für Kaffeemaschinen
    - ein steigender Preis für Tee

4. Ein Haushalt konsumiert Kaffee (X1), Tee (X2) und Wasser (X3). Der Kaffeepreis steigt um 5% von 3 Euro pro Packung auf 3,15 Euro pro Packung.

	X1 (ME)	P1 (Euro)	X2 (ME)	P2 (Euro)	X3 (ME)	P3 (Euro)
Ausgang	2	3	2	1	1	0,2
Neue Situation	1,8	3,15	3	1	0,9	0,2

(a) Berechnen Sie die Werte für die direkten und die indirekten Preiselastizitäten.
(b) Erläutern Sie, in welchem Bereich die direkte Preiselastizität für Kaffee liegt.
(c) Beschreiben Sie, in welchem Verhältnis Kaffee und Tee einerseits sowie Kaffee und Wasser andererseits stehen.

5. Zinselastizitäten

Die Deutschlandbank AG vergibt Baudarlehen in Höxter und Berlin. In Reaktion auf eine Erhöhung der Leitzinsen durch die EZB sieht sich die Bank gezwungen, den Darlehenszinssatz um 1%-Punkt auf 9% p.a. zu erhöhen. In Berlin fallen die Darlehensanträge um 20% auf 90 Stück im Monat August. Im selben Zeitraum sinkt in Höxter die Zahl der Darlehensanträge um 5 auf 45.

(a) Berechnen Sie für Berlin und Höxter die Zinselastizitäten.
(b) Erläutern Sie, in welche Bereiche die Elastizität jeweils fällt.
(c) Erklären Sie die Unterschiede der Ergebnisse in (b).

5.3 Grundlagen der Unternehmenstheorie

1. Wir betrachten die folgende Kostenfunktion $K(x) = 1.000$ Euro $+ 10$ Euro x und unterstellen eine Kapazität von 200 Stück in einer Periode.
   Bestimmen Sie:

   (a) Die Gesamtkosten für eine Produktionsmenge $x = 100$ Stück
   (b) Die durchschnittlichen Gesamtkosten für eine Produktionsmenge $x = 100$ Stück und $x = 200$ Stück. Welchen Verlauf hat die Durchschnittskostenfunktion?
   (c) Die Grenzkosten für die 200. Produktionseinheit

2. Beschreiben Sie den Zusammenhang zwischen der Kostenfunktion und der Produktionsfunktion jeweils für die Fälle einer linearen (proportionalen) Kostenfunktion, einer progressiven und einer degressiven Kostenfunktion.

3. Wir betrachten eine Produktionsfunktion. Um Schutt zur Müllhalden zu bringen, sind Lkw und Fahrer erforderlich. Ein Lkw und ein Fahrer können am Tage 2 Ladungen Schutt transportieren. Bearbeiten Sie die folgenden Aufgaben:

   (a) Welche Art der Produktionsfunktion ist gegeben?
   (b) Besteht die Möglichkeit einer Substitution der Produktionsfaktoren?
   (c) Bestimmen Sie jeweils die Grenzproduktivität des Faktors Lkw und des Faktors Fahrer.

5.3 Grundlagen der Unternehmenstheorie

4. Gegeben ist die folgende Produktionsfunktion:

Input	Output	Grenzprodukt	Durchschnittliche Produktivität
1	10		
2	18		
3	24		
4	28		
5	30		

Bestimmen Sie die fehlenden Werte der Tabelle und tragen Sie diese ein.

5. Wir betrachten die lineare Kostenfunktion K(x) = 1.000 Euro + 100 x Euro mit x als Produktionsmenge. Diese Kostenfunktion ist gültig für eine Kapazität von 10 Stück pro Monat.

   (a) Berechnen Sie die kurzfristige Preisuntergrenze.
   (b) Berechnen Sie die langfristige Preisuntergrenze.

6. Gegeben ist die folgende Produktionsfunktion sowie Kostenfunktion:

Produktionsmenge x in Stück	Einsatz des variablen Faktors	Gesamtkosten bei Fixkosten = 500 Euro	GK Grenzkosten	DK Durchschnittskosten
0	-		-	-
1	1			
2	3			
3	6			
4	10			
5	15			
6	21			

Es sind Fixkosten in Höhe von 500 Euro vorhanden. Eine Einheit des variablen Faktors kostet 50 Euro pro Stück.

(a) Berechnen Sie die Gesamtkosten, die Grenzkosten (GK) sowie die Durchschnittskosten und tragen Sie die richtigen Werte in die gegebene Tabelle ein.
(b) Bestimmen Sie jeweils die optimale Produktionsmenge bei einem Preis von P = 300 sowie bei einem Preis von P = 200.

5.4 Grundlagen der Markttheorie

1. Erläutern Sie, inwieweit bei den folgenden Märkten die Annahmen des Modells der vollständigen Konkurrenz erfüllt sind:

    - Wertpapierhandel an der Börse
    - Wochenmarkt in Berlin Mitte
    - Rohölmarkt der Welt
    - Strommarkt in Deutschland

2. Beschreiben Sie grafisch und verbal, wie sich die folgenden Datenänderungen auf den Preis und die Menge im Marktgleichgewicht auswirken:

    (a) eine steigende Anzahl der Anbieter durch Globalisierung
    (b) ein Anstieg der Preise für Komplemente
    (c) eine Erhöhung der Lohnkosten, die über den Anstieg der Arbeitsproduktivität hinausgeht
    (d) Eine Reduktion der Anzahl der Haushalte durch Geburtenrückgänge

3. Erläutern Sie, durch welche anderen Maßnahmen der Staat oder die EU die Ziele einer Mindestpreispolitik (Schutz der Anbieter; Stabilisierung der Verkaufserlöse und Einkommen) und die Ziele einer Höchstpreispolitik (Schutz der Nachfrager vor zu hohen Preisen) realisieren können.

4. Beschreiben Sie grafisch und verbal:

    - die Erhöhung der Mineralölsteuer
    - die Reduktion der Tabaksteuer
    - die Steigerung der Zuzahlungen zu Medikamenten
    - die Besteuerung des Tourismus und Reiseverkehrs

5. Beschreiben Sie, wie sich die folgenden Veränderungen der Angebotsfunktion auf den Marktpreis und die Menge im Gleichgewicht auswirken, wenn Sie:

    - eine vollkommen preisunelastische Nachfrage,
    - eine vollkommene preiselastische Nachfrage,
    - eine preiselastische Nachfrage und
    - eine preisunelastische Nachfrage annehmen.

    (a) eine Erhöhung der Anbieterzahl durch die Integration der Weltmärkte
    (b) steigende Lohnstückkosten wegen einer über die Fortschritte der Arbeitsproduktivität hinausgehenden Lohnsteigerung
    (c) eine die Unternehmen entlastende Reform der Körperschaftssteuer

6. Beschreiben Sie, wie sich die folgenden Veränderungen der Nachfragefunktion auf den Marktpreis und die Menge im Gleichgewicht auswirken, wenn Sie

- ein vollkommen preisunelastische Angebot,
- ein vollkommen preiselastisches Angebot,
- ein preiselastisches Angebot und
- ein preisunelastisches Angebot annehmen.

(a) steigende Preise für Komplemente
(b) Einkommenssteigerung bei inferioren Gütern
(c) Erhöhung der Anzahl der Konsumenten durch Einwanderung

MAKROÖKONOMIE

6 Grundlagen der Volkswirtschaftlichen Gesamtrechnung (VGR)

Lernziele
Sie werden in die Lage versetzt, die wirtschaftlichen Transaktionen der Wirtschaftssubjekte in Kontenform darzustellen und verschiedene volkswirtschaftliche Größen zu bestimmen. Ihnen wird dargestellt, welche Kritikpunkte an der VGR vorliegen. Ferner werden Sie das Rechenwerk des Europäischen Systems der Volkswirtschaftlichen Gesamtrechnung (ESVG) erläutern können.

6.1 Die Produktionskonten der VGR

Zu Beginn der nachfolgenden Ausführungen wird zunächst das Produktionskonto eines Unternehmens dargestellt. Es stellt die Basis für die zukünftige Aggregation zum gesamtwirtschaftlichen Produktionskonto dar.

PRODUKTIONSKONTO EINES UNTERNEHMENS:

Aufwand	Ertrag
Vorleistungen aus dem In- und Ausland	Umsatzerlöse durch Verkauf an andere Unternehmen, an den Staat, an die Konsumenten und das Ausland
Nettoproduktionsabgaben	Lagerbestandserhöhungen an fertigen und unfertigen Erzeugnissen
Abschreibungen	Selbsterstellte Anlagen
Erwerbs- und Vermögenseinkommen an die In- und Ausländer	
Einbehaltener Gewinn (Saldo)	
= Bruttoproduktionswert zu Marktpreisen	

Auf dem Produktionskonto eines Unternehmens werden auf der linken Seite alle Aufwendungen aufgeführt. So wird der Einsatz der Vorleistungen aus dem In- und Ausland (z.B. Rohstoffe, Werkstoffe, Hilfsstoffe) sowie für die Arbeitskräfte und andere Faktoren als Aufwand berücksichtigt.

Ferner werden die so genannten Produktions- und Importabgaben, wie die Mehrwertsteuer oder die Kfz-Steuer erfasst, die an den Staat zu zahlen bzw. abzuführen sind. Diese bilden abzüglich der Subventionen an die Unternehmen die so genannten Nettoproduktionsabgaben. Zudem werden Abschreibungen für den Einsatz der Anlagen (Ausrüstungen und Bauten) erfasst. Auf der rechten Seite werden die Erträge erfasst. Diese bestehen aus den Verkäufen des Unternehmens an andere Unternehmen, an den Staat, an die Konsumenten und an das Ausland. Zudem werden die Lagerbestandserhöhungen wie auch die selbsterstellten Anlagen erfasst.

> **Wichtige Definitionen:**
>
> ➢ Die Nettowertschöpfung eines Unternehmens, bewertet zu Faktor- oder zu Herstellungskosten (= NWS_F), stellt das Erwerbs- und Vermögenseinkommen, welches das Unternehmen an andere Wirtschaftssubjekte zahlt sowie die einbehaltenen Gewinne dar.
>
> ➢ Die Bruttowertschöpfung eines Unternehmens, bewertet zu Faktor- oder zu Herstellungskosten (= BWS_F), entspricht der um die Abschreibungen erweiterte Nettowertschöpfung zu Faktor- oder zu Herstellungskosten.
>
> ➢ Die Bruttowertschöpfung eines Unternehmens, bewertet zu Marktpreisen (= BWS_M) enthält zusätzlich zum BWS_F die Nettoproduktionsabgaben an den Staat. Eine Bewertung zu Marktpreisen bedeutet auch, dass die Mehrwertsteuern im Preis berücksichtigt werden. Wird seitens des Staates der Mehrwertsteuersatz erhöht, so führt dies unter sonst gleichen Umständen zu einer Erhöhung des Marktpreises. Subventionen versetzen das Unternehmen in die Lage, die Marktpreise zu senken, um mehr Güter zu verkaufen.
>
> ➢ **Nettoproduktionsabgaben = Produktions- und Importabgaben - Subventionen**

Das gesamtwirtschaftliche Produktionskonto enthält die Produktionsaktivitäten aller im Inland produzierenden Unternehmen sowie des Staates. Die staatlichen Produktionsaktivitäten bestehen in der Zurverfügungstellung der öffentlichen Güter.

DAS PRODUKTIONSKONTO DES STAATES:

Aufwand	Ertrag
Vorleistungskäufe	**Staatsverbrauch**
Erwerbseinkommen an Beamte	
Vermögenseinkommen an die Besitzer der Staatsanleihen	
Abschreibungen	

6.1 Die Produktionskonten der VGR

Der Staat stellt öffentliche Güter bereit, die überwiegend mit Steuern finanziert werden. Als Beispiel sei hier die innere Sicherheit genannt. Es werden Polizeibeamte eingestellt, die ein Erwerbseinkommen erhalten. Zudem werden Vorleistungen von privaten und öffentlichen Unternehmen benötigt, wie Schreibmaterial, Strom oder Nahrungsmittel für die Kantine, die in der Periode, in der diese vom Staat bei den Unternehmen gekauft worden sind auch im staatlichen Produktionsprozess verbraucht werden. Schließlich besitzt auch der Staat Anlagegüter wie Gebäude, Geschäftsausstattungen und einen Fuhrpark, die über ihre Nutzungszeit abgeschrieben werden.

> Bemerkenswert beim Produktionskonto des Staates ist, dass der Staatsverbrauch zu Herstellungskosten zu bewerten ist, da die öffentlichen Güter kostenlos zur Verfügung gestellt werden.

Hieraus ergibt sich weiterhin, dass der Staat keinen Gewinn erzielen kann. Zudem erbringt der Staat nur Dienstleistungen, die nicht gelagert werden können, insofern fallen auch keine Lagerbestände an.

Im Rahmen der Aggregation aller Produktionskonten der produzierenden Einheiten zum gesamtwirtschaftlichen Produktionskonto werden die Vorleistungsbeziehungen herausgenommen bzw. konsolidiert um eine Doppelerfassung zu vermeiden.

DAS PRODUKTIONSKONTO DER GESAMTEN WIRTSCHAFT:

income approach — *expenditure approach*

Gesamtwirtschaftliches Produktionskonto	
Nettoproduktionsabgaben	Außenbeitrag zum BIP (= Export – Import)
Gesamtwirtschaftliche Abschreibungen	Privater Konsum
Erwerbs- und Vermögenseinkommen der Haushalte von Unternehmen und Staat	Staatskonsum
Erwerbs- und Vermögenseinkommen der Unternehmen an die Ausländer	Gesamtwirtschaftliche Bruttoinvestitionen
Einbehaltene Gewinne	
BIP bewertet zu Marktpreisen (BIP$_M$)	**BIP bewertet zu Marktpreisen (BIP$_M$)**

Anhand des gesamtwirtschaftlichen Produktionskontos wird das Bruttoinlandsprodukt zu Marktpreisen (BIP$_M$) berechnet.

> Das BIP $_M$ entspricht dem Wert der Güter und Dienstleistungen, der im Inland im Laufe eines Jahres hergestellt worden ist.

> **Wichtig:**
> Findet die Produktion im Inland statt, dann wird vom Inlandsprodukt gesprochen. Die Importe stellen entweder importierte Vorprodukte oder aber importierte Konsum- oder Investitionsgüter dar und sind deshalb vom Produktionswert abzuziehen, um mit dem BIP$_M$ ein Maß für die Wertschöpfung im Inland zu erhalten. Der Außenbeitrag zum BIP ist die Differenz zwischen Exporten und Importen!

Die rechte Seite des gesamtwirtschaftlichen Produktionskontos stellt die Verwendungsrechnung dar und gibt an, wie die im Inland in der abgelaufenen Periode hergestellten Güter und Dienstleistungen verwandt werden.

Neben dem Außenbeitrag kann das Inlandsprodukt zum privaten und staatlichen Verbrauch sowie zur gesamtwirtschaftlichen Bruttoinvestition benutzt werden.

6.2 Die Einkommenskonten der VGR

Auf dem Einkommenskonto eines Wirtschaftssubjektes werden die Einkommenserzielung (rechte Seite) und die Einkommensverwendung (linke Seite) dargestellt. In der Regel sind die Einkommen der Wirtschaftssubjekte größer als die Ausgaben. Es liegt in diesem Fall eine positive Ersparnis vor. Im anderen Fall handelt es sich um eine negative Ersparnis, bei der Geldvermögen abgebaut wird – also entspart wird.

GRUNDAUFBAU DES EINKOMMENSKONTOS:

Einkommenskonto	
Einkommensverwendung	Einkommensentstehung
Positive Ersparnis	Negative Ersparnis

Die privaten Haushalte erzielen Erwerbseinkommen aus unselbstständiger Tätigkeit sowie ein Vermögenseinkommen aus Aktienbesitz oder dem Besitz festverzinslicher Anleihen, aus Mieten und Verpachtung. Zudem erhalten die privaten Haushalte ein Transfereinkommen wie z.B. Renten, Arbeitslosengeld, Wohn- und Kindergeld und andere Sozialleistungen vom Staat. Ferner haben die privaten Haushalte direkte Steuern, wie die Einkommens- oder Kapitalertragssteuern, zu zahlen.

6.2 Die Einkommenskonten der VGR

Nach Abzug der oben genannten Ausgaben vom Bruttoeinkommen verbleibt den Haushalten ein verfügbares Einkommen, welches wie folgt verwendet werden kann:

- Sparen,
- Konsum oder
- Übertragung an andere Wirtschaftssubjekte.

Das Einkommen der Unternehmen besteht aus den nicht ausgeschütteten Gewinnanteilen. Diese thesaurierten Mittel stehen, nachdem die Gewinnsteuern, wie Körperschaftssteuer bei Kapitalgesellschaften oder Einkommenssteuer bei Personengesellschaften, entrichtet worden sind, zur Finanzierung von Investitionen zur Verfügung.

Der Staat erzielt Einkommen aus direkten und indirekten Steuern sowie aus den Sozialversicherungsbeiträgen. Bei direkten Steuern handelt es sich u.a. um die Einkommens- und Körperschaftsteuer. Beispiele für indirekte Steuern sind Mehrwert- oder Umsatzsteuer sowie spezielle Verbrauchssteuern, wie Mineralöl- und Tabaksteuer. Gelegentlich erhält der Staat ein Gewinneinkommen aus Beteiligungen an Unternehmen. Der Staat verbraucht den Großteil seiner Einnahmen zur Finanzierung des Staatskonsums.

Zudem hat der Staat:

- Transferzahlungen an Haushalte,
- Übertragungen an ausländische Wirtschaftssubjekte sowie
- Subventionen an Unternehmen zu leisten.

Sind die Einnahmen größer als die Summe der Konsumausgaben und Übertragungen an andere Wirtschaftssubjekte, dann weist das Einkommenskonto des Staates eine positive Ersparnis auf. Es liegt ein so genannter Primärüberschuss vor.

Auf dem gesamtwirtschaftlichen Einkommenskonto werden die Einkommenskonten aller inländischen Wirtschaftseinheiten aggregiert.

GESAMTWIRTSCHAFTLICHES EINKOMMENSKONTO:

Privater Konsum	Nettoproduktionsabgaben
Staatskonsum	Erwerbs- und Vermögenseinkommen der Unternehmen und des Staates an die Haushalte

Laufende Übertragungen der Haushalte und des Staates an die Ausländer	Erwerbs- und Vermögenseinkommen der Ausländer an die Haushalte
Gesamtwirtschaftliche Ersparnis	Einbehaltene Gewinne
NSP zu Marktpreisen	**NSP zu Marktpreisen**

Im Rahmen der Aggregation der Einkommenskonten werden nachfolgende Transaktionen bzw. Vorgänge konsolidiert:

- direkte Steuerzahlungen und
- Transferzahlungen des Staates an die Haushalte.

Nicht konsolidiert hingegen werden:

- indirekte Steuern abzüglich Subventionen (Nettoproduktionsabgaben), da diese auf dem Produktionskonto erfasst werden und
- die Übertragungen der inländischen Wirtschaftssubjekte an ausländische Einheiten.

Das gesamtwirtschaftliche Einkommenskonto dient zur Berechnung des Nettosozialproduktes (NSP). Werden die Nettoproduktionsabgaben mit berücksichtigt, dann ergibt sich das Nettosozialprodukt zu Marktpreisen (NSP_M) als Summe des gesamtwirtschaftlichen Einkommenskontos. Diese Größe misst das Einkommen der Inländer und gilt seit 1995 als Nationaleinkommen bzw. als Primäreinkommen der Inländer.

> **Wichtig:**
>
> Als Inländer bezeichnet man grundsätzlich die Wirtschaftssubjekte, die unabhängig von ihrer Staatsangehörigkeit im Inland leben und beim Einwohnermeldeamt gemeldet sind. Ausnahmen hiervon sind die Angehörigen ausländischer Botschaften, Streitkräfte sowie die ausländischen Studenten. Diese gelten, obwohl sie längere Zeit in Deutschland leben, als Ausländer.

> **Das NSP_M kann ferner auch wie folgt berechnet werden:**
>
> - BIP_M – Abschreibungen + Saldo der Erwerbs- und Vermögenseinkommen zwischen In- und Ausländern (SE). Wobei SE = Erwerbs- und Vermögenseinkommen der Inländer im Ausland – Erwerbs- und Vermögenseinkommen der Ausländer im Inland.

$$GDP + BPI = GNP$$
$$GNP + BSI = GNDI$$
$$GDP - Depreciation = NDP$$

6.3 Die Vermögensveränderungskonten der VGR

Die Wirtschaftssubjekte in einer Volkswirtschaft sparen und investieren. Sie bilden somit Geldvermögen und Sachvermögen, wie Bauten und Ausrüstungen. Diese Vorgänge werden bei Unternehmen in einer Bilanz dargestellt. Eine Bilanz zeigt die Mittelverwendung auf der Aktivaseite sowie die Mittelherkunft auf der Passivseite zu einem bestimmten Zeitpunkt.

GESETZLICHER BILANZAUFBAU:

Aktiva	Passiva
Anlagevermögen: Bauten und Ausrüstungen	Eigenkapital
Umlaufvermögen: Lagerbestände Forderungen	Fremdkapital
Mittelverwendung	Mittelherkunft

Das Eigenkapital, das auch als Reinvermögen bezeichnet wird, stellt die positive Differenz zwischen den Vermögenswerten und dem Fremdkapital dar. Das Fremdkapital besteht aus Verbindlichkeiten und Rückstellungen. Während die Verbindlichkeiten der Höhe und der Fälligkeit nach feststehen, handelt es sich bei Rückstellungen für Garantieleistungen oder Forderungsausfälle um so genannte ungewisse Verbindlichkeiten, deren konkreter Zeitpunkt des Entstehens sowie deren genaue Höhe noch nicht feststeht.

Das Vermögenskonto ähnelt der Bilanz und wird in der nachfolgenden Tabelle dargestellt. Anders als in der Bilanz wird im Vermögenskonto das Sachvermögen als die Summe des Anlagevermögens und der Lagerbestände zu einem bestimmten Zeitpunkt definiert. Zudem wird das Geldvermögen als Differenz zwischen Forderungen und Fremdkapital erfasst.

DAS VERMÖGENSKONTO:

Zusammensetzung des Vermögens	Höhe des Vermögens
Sachvermögen (Anlagevermögen + Lagerbestände)	Reinvermögen (Nettovermögen = Eigenkapital)
Geldvermögen (Forderungen – Fremdkapital)	

Veränderungen im Vermögenskonto werden anhand des Vermögensveränderungskontos dargestellt.

DER GRUNDAUFBAU DES VERMÖGENSVERÄNDERUNGSKONTOS:

Veränderung der Zusammensetzung des Vermögens	Veränderung der Höhe des Vermögens
Veränderung des Sachvermögens: (Nettoinvestition) I^n *I*	Veränderung des Reinvermögens (Veränderung des Nettovermögens): Ersparnis S (engl. savings) *S*
CA Veränderung des Geldvermögens (Veränderung des Saldos Forderungen – Verbindlichkeiten) $\Delta F - \Delta V$	

In der nachfolgenden Tabelle wird das gesamtwirtschaftliche Vermögensveränderungskonto gezeigt. Im Unterschied zum Grundaufbau des Vermögensveränderungskontos werden die (Netto-)Vermögensübertragungen der Haushalte und des Staates an die Ausländer berücksichtigt. Dabei handelt es sich um grundsätzlich einmalige Vorgänge, die die Vermögenspositionen der Wirtschaftssubjekte verändern.

$$S_{Priv} = Y - T + GT - C + BPI + BSI$$

$$S_{Gov} = T - GT - G$$

$$S = Y + BPI + BPS - C - G$$

$$Y = C + I + G + TB$$

$$S = I + \underbrace{TB + BPI + BSI}_{CA}$$

DAS VERMÖGENSVERÄNDERUNGSKONTO DER GESAMTEN WIRTSCHAFT:

Gesamtwirtschaftliches Vermögensveränderungskonto	
Gesamtwirtschaftliche Nettoinvestitionen	Gesamtwirtschaftliche Ersparnis
Vermögensübertragungen der Haushalte und des Staates an das Ausland	
Anstieg des Geldvermögens der Inländer	
Sach- und Geldvermögensbildung	Veränderung des Reinvermögens

Das Geldvermögen der Inländer nimmt zu, wenn die Forderungen der Inländer gegen die Ausländer steigen und/oder die Verbindlichkeiten der Inländer gegenüber den Ausländern abnehmen.

Der Finanzierungssaldo ist gleich der Veränderung des Geldvermögens der Inländer. Er ergibt sich gesamtwirtschaftlich als Ersparnis minus Nettoinvestitionen minus Vermögensübertragungen an die Ausländer.

6.4 Das Auslandskonto der VGR

Im Auslandskonto werden die wirtschaftlichen Transaktionen zwischen den In- und den Ausländern zusammengefasst.

DAS AUSLANDSKONTO: *Current Account*

Auslandskonto	
Außenbeitrag zum BIP (= Export − Import)	Erwerbs- und Vermögenseinkommen der Unternehmen an die Ausländer
Erwerbs- und Vermögenseinkommen der Ausländer an die Haushalte	Laufende Nettoübertragungen der Haushalte und des Staates an die Ausländer
	Nettovermögensübertragungen der Haushalte und des Staates an die Ausländer
	Anstieg des Geldvermögens der Inländer

Bei einem positiven Saldo der Leistungsbilanz des Inlandes, bestehend aus

TB ➤ dem Außenbeitrag zum BIP (Export–Import; vgl. Handels- und Dienstleistungsbilanz,

BPI ➤ dem Saldo der Erwerbs- und Vermögenseinkommen zwischen In- und Ausländern (Einkommensbilanz) und

BSI ➤ den laufenden (Netto-)Übertragungen der Inländer an die Ausländer (Bilanz der laufenden Übertragungen)

ergibt sich in der Regel ein Kapitalexport der Inländer. Dieser Aspekt ist gleichbedeutend mit einem Anstieg der Geldvermögen der Inländer, die durch die Kreditvergabe an die Ausländer oder den Erwerb ausländischer Wertpapiere zusätzliche Forderungen haben.

Ein Kapitalimport des Inlandes und somit eine Abnahme des Geldvermögens der Inländer liegt vor, wenn der Saldo aus der Leistungsbilanz und der Bilanz der Vermögensübertragungen der Inländer negativ ist. Die Inländer haben sich dann in der laufenden Periode im Ausland verschuldet.

Es besteht ein innerer Zusammenhang zwischen dem gesamtwirtschaftlichen Vermögensveränderungskonto und dem Auslandskonto.

Im Falle eines Kapitalexportes der Inländer steigt deren Geldvermögen. Die Nettoauslandsposition der Inländer verbessert sich. In dieser Situation reicht die Ersparnis der Inländer aus, um die Nettoinvestitionen der Wirtschaft sowie die Vermögensübertragungen an Ausländer zu finanzieren und um den Ausländern Kredite zu gewähren.

Im Falle eines Kapitalexportes der Ausländer in das Inland nimmt das Geldvermögen der Inländer ab und die Nettoauslandsposition der Inländer verschlechtert sich. In diesem Falle reicht die gesamtwirtschaftliche Ersparnis nicht zur Finanzierung der Sachkapitalbildung sowie der Vermögensübertragungen an die Ausländer aus. Es müssen Kredite bei Ausländern aufgenommen werden.

ZUSAMMENHANG - AUSLANDSKONTO UND VERMÖGENSVERÄNDERUNGSKONTO:

Geldvermögen der Inländer	Kapitalbilanz	Ersparnis, Nettoinvestition, Vermögensübertragung
Steigt	Kapitalexport	Ersparnis ist höher als die Summe aus Nettoinvestition und Vermögensübertragungen an die Ausländer
Fällt	Kapitalimport	Ersparnis ist niedriger als die Summe aus Nettoinvestition und Vermögensübertragungen an die Ausländer

6.5 Die Erweiterungen und die Kritik der VGR

Im Rahmen der Gesamtrechnung unterscheidet die Volkswirtschaftslehre die Entstehungs-, die Verwendungs- und die Verteilungsrechnung.

Entstehungsrechnung

Gegenstand der Entstehungsrechnung ist die Bruttowertschöpfung (BWS) der einzelnen Wirtschaftsbereiche oder -sektoren. Die BWS zu Marktpreisen ergibt sich aus den entstandenen Einkommen aus unselbstständiger Tätigkeit, Unternehmertätigkeit sowie Vermögen zuzüglich der Abschreibungen und der Nettoproduktionsabgaben an den Staat. Von Interesse ist bei dieser Betrachtung, in welchem Ausmaß die einzelnen Bereiche oder Sektoren zu der Entstehung des Bruttoinlandsproduktes beigetragen haben.

Verwendungsrechnung

Im Mittelpunkt der Verwendungsrechnung steht die Frage, zu welchen Zwecken die im Inland hergestellten Güter und Dienstleistungen verwendet worden sind. Man unterscheidet zwischen dem Außenbeitrag zum BIP, verstanden als Export minus Import, dem privaten Verbrauch, dem Staatskonsum sowie den Bruttoinvestitionen.

Verteilungsrechnung

Die Verteilungsrechnung beantwortet die Frage, wie das Einkommen der Inländer, auch Nationaleinkommen genannt, auf die Einkommen aus Arbeitnehmertätigkeit sowie auf die Einkommen aus Unternehmertätigkeit und Vermögen aufgeteilt wird. Von Interesse ist hier die funktionelle (Arbeit und Kapital), nicht jedoch die personelle Einkommensverteilung. So wird ein Aktien besitzender Arbeitnehmer Einkommen aus beiden Bereichen erhalten. Zudem ist die Gruppe der Empfänger von Einkommen aus Arbeitnehmertätigkeit wesentlich größer als die der Empfänger von Einkommen aus Unternehmertätigkeit und Vermögen.

Das Europäische System der Volkswirtschaftlichen Gesamtrechnung (ESVG)

Das ESVG folgt dem Standardsystem der VGR der Vereinten Nationen (UN) aus dem Jahre 1993. Von Interesse sind die Einteilung der Sektoren sowie die Definition einer Maßzahl für das Volkseinkommen.

Das ESVG unterscheidet folgende Sektoren:

- Unternehmen,
- Staat,
- Private Haushalte und Organisationen ohne Erwerbszweck und
- übrige Welt (Ausland).

Unternehmen

Bei dieser Betrachtung und Zuordnung wird zwischen den nicht finanziellen Kapitalgesellschaften, deren Schwerpunkt bei der Produktion von Sachgütern und Dienstleistungen liegt, und den finanziell angesiedelten Kapitalgesellschaften, bei denen die Kredit- und Versicherungswirtschaft dominieren, unterschieden. Erfasst werden die Kapitalgesellschaften wie die Aktiengesellschaften (AG) oder die Gesellschaften mit beschränkter Haftung (GmbH). Zudem werden die so genannten Quasi-Kapitalgesellschaften in der Form von Personengesellschaften berücksichtigt.

Staat

Hier werden die Gebietskörperschaften wie zum Beispiel der Bund, die Länder, die Gemeinden und Kreise sowie die Sozialversicherungsträger als Einrichtungen der sozialen Sicherung erfasst.

Private Haushalte und Organisationen ohne Erwerbszweck

Zu dieser Gruppe werden die konsumierenden Haushalte aber auch die Einzelunternehmen gerechnet. Private Organisationen ohne Erwerbszweck sind zum Beispiel Kirchen, politische Parteien und Gewerkschaften. Es handelt sich dabei um Vereinigungen mit gemeinsamer, nicht auf Gewinnerzielung ausgerichteter Zielsetzung wie die Erfüllung kirchlicher oder gesellschaftlicher Aufträge. Diese Vereinigungen haben zudem das Recht, Beitragszahlungen von den Mitgliedern zu erheben.

Übrige Welt (Ausland)

Hier werden alle Wirtschaftseinheiten berücksichtigt, die keine Inländereigenschaft besitzen. Es sind die Subjekte, die im Wesentlichen nicht dauerhaft im Inland wohnen oder produzieren.

6.5 Die Erweiterungen und die Kritik der VGR

NATIONALES PRODUKTIONSKONTO NACH DEM ESVG:

	Bestandteil
(1.)	Im Inland entstandene Arbeitnehmerentgelte
+ (2.)	Im Inland entstandene Gewinn- und Vermögenseinkommen
+ (3.)	Nettoproduktionsabgaben an den Staat und die EU
= (4.)	Inlandsprimäreinkommen

Auf dem nationalen (gesamtwirtschaftlichen) Produktionskonto wird das Inlandsprimäreinkommen berechnet. Es handelt sich dabei um das oben angesprochene Nettoinlandsprodukt zu Marktpreisen (NIP_M) erweitert um die Nettoproduktionsabgaben an die EU.

DIE NETTOPRODUKTIONSABGABEN NACH DEM ESVG:

	Bestandteil
(5.)	Produktions- und Importabgaben des Inlandes an den Staat und an die EU (Beispiel: Mehrwertsteuer, Kfz-Steuer, Importzölle)
- (6.)	Subventionen vom Staat und den Institutionen der EU (Beispiele: Kohlesubventionen, Investitionshilfen)
= (3.)	Nettoproduktionsabgaben an den Staat und die EU

DAS NATIONALEINKOMMEN NACH DEM ESVG:

	Bestandteil
(4.)	Inlandsprimäreinkommen
+ (7.)	Saldo der Primäreinkommen zwischen Inland und Ausland
= (8.)	Nationaleinkommen (Primäreinkommen der Inländer)

Auf dem nationalen Einkommenskonto wird das Nationaleinkommen bzw. das Primäreinkommen der Inländer bestimmt. Es entspricht dem Nettosozialprodukt zu Marktpreisen.
Der Saldo der Primäreinkommen zwischen dem In- und Ausland enthält dabei den Saldo der Erwerbs- und Vermögenseinkommen zwischen dem In- und dem Ausland vermindert um die Nettoproduktionsabgaben an die EU.

Die Kritik an der ESVG:

Verschiedene Punkte werden an der traditionellen, aber auch an der neuen VGR bemängelt:

- Nichterfassung der Schattenwirtschaft. Hierzu zählt man Heimwerkertätigkeiten und die so genannten Hausfrauenarbeiten. Diese Aktivitäten werden in der Regel selber ausgeführt und nicht durch Markttransaktionen.

- Zur Schattenwirtschaft rechnet man auch die Schwarzmarktaktivitäten. In der Natur dieser Sache liegt es, dass Bargeld gezahlt wird, das nicht nachzuweisen ist. Eine Bewertung dieser Aktivitäten ist sehr schwierig, wie Untersuchungen ergeben haben.

- Unterschiedliche Bewertungsmaßstäbe: Während der Staatsverbrauch und die selbsterstellten Anlagen nach den Herstellungskosten bewertet werden, werden die Verkäufe der Unternehmen auf dem Markt zu Marktpreisen, also z.B. inklusive der Mehrwertsteuer, bewertet.

- Unzureichende Erfassung des Umweltverbrauchs: Verschiedene Güter, wie insbesondere die Medien der Umwelt, haben keinen Preis. Ihr Verbrauch wird somit nicht erfasst. Man benötigt eine Umweltberichterstattung bzw. eine Art Ökoinlandsprodukt, um den Umweltverbrauch zu bewerten. Das Ökoinlandsprodukt kann dann als Inlandsprodukt verstanden werden, das als dauerhaft im Sinne von umweltverträglich verstanden wird.

- Viele für den Wohlstand wichtige Faktoren bleiben im Zahlenwerk der VGR unberücksichtigt. So werden die Ärztedichte, die Arbeitsbedingungen und Freizeitmöglichkeiten nicht erfasst. Aus diesem Grunde hat die Organisation für wirtschaftliche Zusammenarbeit und Entwicklung (OECD, engl. Organization for Economic Cooperation and Development)) ein System der sozialen Indikatoren erstellt, um den Wohlstand einer Nation zu belegen.

- Am BIP pro Kopf als Maß für den Wohlstand einer Nation wird bemängelt, dass diese Maßzahl keine Aussagen über die Verteilung des so verstandenen Wohlstandes trifft.

- Im BIP werden keine Aussagen über die Art und Qualität der produzierten Güter gemacht. Es ist für die Wohlfahrt von Bedeutung, ob Rüstungsgüter oder Krankenhäuser erstellt werden.

7 Der Gütermarkt

Lernziele
Ihnen wird die Notwendigkeit der Modellbildung, insbesondere das Multiplikatormodell, dargestellt. Sie werden in die Lage versetzt, auf der Basis der absoluten Einkommenshypothese die Konsum- und Sparfunktion in kurzfristiger und in langfristiger Sicht zu unterscheiden. Ihnen wird dargestellt, wie mit Hilfe eines gegebenen Zahlenmaterials das Gleichgewicht berechnet und Veränderungen des Gleichgewichts dargestellt werden. Sie können den Multiplikatorprozess beschreiben, den Wert des Multiplikators berechnen sowie dessen Bestimmungsgründe und die Kritikpunkte erläutern.

7.1 Das Modell des Multiplikators

Im Rahmen der Makroökonomie werden alle Märkte einer Volkswirtschaft analysiert. Diese sind der Arbeits-, der Güter-, der Geld- und der Wertpapiermarkt. Es werden verschiedene Modelle gebildet, die ein vereinfachtes Abbild der Realität sind und sich auf die für das Erklärungsinteresse wesentlichen Zusammenhänge beschränken.

Wir beschränken unsere Betrachtungen auf das einfache Multiplikatormodell einer geschlossenen Wirtschaft.

Modellannahmen im Ansatz des einfachen Multiplikatormodells

Arbeitsmarkt: Konjunkturelle Arbeitslosigkeit, da die gesamtwirtschaftliche Nachfrage zu gering ist. Die Produktionsmöglichkeiten werden nicht ausgelastet.

Gütermarkt: Das Güterangebot passt sich der Güternachfrage an. Es liegen freie Kapazitäten vor, sodass die Unternehmen die Produktion steigern, wenn die Nachfrage zuvor gestiegen ist. Die gesamtwirtschaftliche Nachfrage besteht in einem Modell der geschlossenen Wirtschaft aus der vom laufenden Einkommen abhängigen Konsumnachfrage der Haushalte, der vom Zinssatz abhängigen Investitionsgüternachfrage der Unternehmen und der politisch bestimmten Staatsnachfrage.

Geldmarkt: Auf dem Geldmarkt ist die Zentralbank in der Lage, die Geldmenge zu steuern. Sie passt die Geldmenge so an die Veränderungen der Geldnachfrage an, dass der Zinssatz und damit die Investitionsnachfrage konstant bleiben. Von einem Geschäftsbankensystem wird abgesehen.

Wertpapiermarkt: Hier werden Wertpapiere gehandelt. Auf dem Primärmarkt geben die Unternehmen zur Finanzierung ihrer Investitionen und der Staat zur Finanzierung eines Budgetdefizits Wertpapiere aus, die die Haushalte und die Zentralbank nachfragen. Auf dem Sekundärmarkt werden die Wertpapiere zwischen der Zentralbank und den Haushalten gehandelt. Um die Geldmenge zu erhöhen bzw. zu reduzieren, muss die Zentralbank Wertpapiere kaufen bzw. verkaufen.

Das Modell des Multiplikators geht von konstanten Preisen und Löhnen aus. Bei einer Steigerung der Güternachfrage kommt es zu Mengenreaktionen (hier: steigende Produktion und Beschäftigung – fallende Arbeitslosigkeit) auf dem Güter- und Arbeitsmarkt, sodass das Güterangebot und die Arbeitsnachfrage der Unternehmen zunehmen.

Das **Multiplikatormodell** kann mit Hilfe der folgenden Gleichungen dargestellt und erläutert werden:

Schwaches Modell

(7.1) $C_t = C^{auto} + c_y Y^A_t$

(7.2) $I_t = I(i)$

(7.3) $G_t = G^{auto}$

(7.4) $Y^N_t = C_t + I_t + G_t$

(7.5) $Y^A_t = Y^N_t = Y^*$

mit:

C_t	Konsum in der laufenden Periode t
C^{auto}	Autonomer, vom Einkommen unabhängiger, Konsum
c_y	Marginale Konsumquote
G_t	Staatsnachfrage der laufenden Periode t
G^{auto}	Autonome Staatsnachfrage
i	Zinssatz
I_t	Investitionsnachfrage in der laufenden Periode t
Y^*	Produktion und Einkommen im Gleichgewicht
Y^A_t	Produktion und Einkommen in der laufenden Periode t
Y^N_t	Güternachfrage in der laufenden Periode t

Jedes Modell besteht aus Verhaltensgleichungen, die das Verhalten der Wirtschaftssubjekte beschreiben. So wird zum Beispiel in Gleichung (7.1) angenommen, dass die Konsumnachfrage vom laufenden Einkommen (Produktion) abhängig ist, in Gleichung (7.2) wird unterstellt, dass die Investitionsnachfrage vom Zinssatz abhängig ist.

7.1 Das Modell des Multiplikators

Die Staatsnachfrage (7.3) wird aus politischen Überlegungen bestimmt und ist exogen. Endogene Größen sind durch das Modell bestimmte Variablen, wie der Zinssatz und das Einkommen.

Zudem werden Definitionsgleichungen aufgestellt, die zum Beispiel die gesamtwirtschaftliche Güternachfrage als Summe der Konsumnachfrage der Haushalte, der Investitionsnachfrage der Unternehmen und der Staatsnachfrage definieren (siehe Gleichung 7.4).

Die Gleichgewichtsbedingungen beschreiben schließlich die Modelllösung. Im einfachen Modell des Multiplikators wird nur die Gleichgewichtsbedingung des Gütermarktes (7.5) berücksichtigt.

EIN BEISPIEL ZUR KONSUMNACHFRAGE UND ZUR ERSPARNIS:

$$(7.6)\ C_t = 100 + 0{,}8\ Y^A_t$$

$$(7.7)\ Y^A_t = C_t + S_t$$

$$(7.8)\ S_t = Y^A_t - C_t$$
$$= Y^A_t - 100 - 0{,}8\ Y^A_t$$
$$= -100 + 0{,}2\ Y^A_t$$

Mit Hilfe des Beispiels wird eine Konsumnachfrage vorgestellt, die vom aktuellen Einkommen abhängig ist. Die geplante Ersparnis lässt sich bestimmen, indem man vom verfügbaren Einkommen die geplanten Konsumausgaben subtrahiert (7.8).

In der nachfolgenden Tabelle wird dargestellt, wie sich die Konsumausgaben und die Ersparnis mit dem laufenden Einkommen verändern. Bei einem Einkommen von 0 wird trotzdem konsumiert. Diesen Sachverhalt bezeichnet man als autonomen und die Existenz sichernden Konsum. Finanziert wird dieser durch den Abbau der Geldvermögenswerte und/oder durch eine Verschuldung. Eine solche Situation mit negativer Ersparnis ist nur kurzfristig möglich und findet ihren Grenzen in der Kreditwürdigkeit.

In einer geschlossenen Wirtschaft gilt zudem, dass die Ersparnis gleich der Nettoinvestition ist. Die Nettoinvestition ist nach unten durch Abschreibungen und durch Lagerbestandsverminderungen begrenzt. Somit kann die Geld- und Sachvermögensreduktion einer geschlossenen Volkswirtschaft nicht höher sein als der Absolutbetrag der Abschreibungen und der negativen Bestandsveränderungen in den Lagern ($S = I^n$; $I^n = I^b - D$; $I^n = -D$).

EIN BEISPIEL ZUR KONSUM- UND SPARFUNKTION:

Anmerkung: Die laufenden Konsumausgaben werden berechnet, indem die jeweiligen Werte für das Einkommen in die Konsumfunktion eingesetzt werden.

Y^A_t (Produkt / Einkommen)	$C_t = 100 + 0{,}8\, Y^A_t$	$S_t = -100 + 0{,}2\, Y^A_t$	C_t / Y_t (Durchschnittliche Konsumquote)	c_y (Marginale Konsumquote)
0	100	-100	-	-
100	180	-80	1,80	0,8
200	260	-60	1,30	0,8
300	340	-40	1,13	0,8
400	420	-20	1,05	0,8
500	500	0	1,00	0,8
600	580	20	0,97	0,8
700	660	40	0,94	0,8
800	740	60	0,93	0,8

Im Folgenden werden zentrale Begriffe im Multiplikatormodell vorgestellt

ABSOLUTE EINKOMMENSHYPOTHESE:

Es wird die so genannte absolute Einkommenshypothese der Konsumnachfrage angenommen. Die Konsumnachfrage der laufenden Periode ist vom Einkommen in dieser Periode abhängig und die marginale Konsumquote liegt zwischen 0 und 1. In dem Beispiel ist $c_y = 0{,}8$. Eine Erhöhung des laufenden Einkommens um 1 Geldeinheit führt somit zur Steigerung der Konsumnachfrage um 0,8 Geldeinheiten.

AUTONOMER KONSUM:

Dieser kann als Existenzminimum der Konsumenten verstanden und somit als unabhängig vom laufenden Einkommen angesehen werden. So kann es sein, dass der Konsum einer Volkswirtschaft höher ist als das Einkommen. In diesem Falle liegt eine negative Ersparnis vor, da sich der Konsum und die Ersparnis zum verfügbaren Einkommen bzw., wenn von den Steuerzahlungen abgesehen wird, zum Einkommen ergänzen. Eine negative Ersparnis bedeutet, dass Vermögenswerte, die durch Ersparnisse in der Vergangenheit aufgebaut worden sind, aufgelöst werden müssen. Eine Alternative für eine offene Wirtschaft besteht in der steigenden Verschuldung des Inlandes im Ausland. In dem Beispiel der Gleichung (7.6) beträgt der autonome Konsum $C^{auto} = 100$.

7.1 Das Modell des Multiplikators

MARGINALE KONSUMQUOTE:

Sie gibt an, um wieviel Geldeinheiten die Konsumnachfrage steigt, wenn das laufende Einkommen um 1 Geldeinheit zunimmt. Die marginale Konsumquote liegt zwischen den Werten 0 und 1. Ein Teil des steigenden Einkommens wird zur zusätzlichen Konsumnachfrage der aktuellen Periode verwandt. In Beispiel der Gleichung (7.6) ist c_y = 0,8.

MARGINALE SPARQUOTE:

Sie gibt an, um welchen Geldbetrag die Ersparnis steigt, wenn das laufende Einkommen um 1 Geldeinheit zunimmt. Da jede Einheit des Einkommensanstieges entweder zur Konsumsteigerung oder zur zusätzlichen Ersparnis verwandt wird, ist die Summe aus der marginalen Konsum- und Sparquote gleich Eins. Anders formuliert, wird die marginale Sparquote als $1 - c_y$ bestimmt. In dem Beispiel ist s_y = 0,2, wie die Gleichung (7.8) zeigt.

DURCHSCHNITTLICHE KONSUMQUOTE:

Sie gibt das Verhältnis zwischen den Konsumausgaben einer Periode und dem Einkommen dieser Periode und somit den prozentualen Anteil des Konsums am Einkommen an. Wird eine Konsumfunktion ohne autonomen Konsum angenommen, eine so genannte langfristige Konsumfunktion, dann ist die marginale gleich der durchschnittlichen Konsumquote.

DURCHSCHNITTLICHE SPARQUOTE:

Sie gibt den prozentualen Anteil der Ersparnis am laufenden Einkommen an und ergibt zusammen mit der durchschnittlichen Konsumquote den Wert Eins. Im Falle der langfristigen Konsumfunktion ohne autonomen Konsum ist die marginale gleich der durchschnittlichen Sparquote.

7.2 Das Gleichgewicht und der Multiplikatorprozess

Ein Gleichgewicht des Gütermarktes verlangt, dass die produzierte und angebotene Gütermenge gleich der nachgefragten Gütermenge ist.

Im Gleichgewicht gilt somit:

(7.9) $\quad Y^A = Y^N = Y^*$

(7.10) $\quad Y^N = C^* + I + G$
(7.11) $\quad Y^A = C^* + S^* + T$
(7.12) $\quad S^* = I + G - T$

Die Gleichung (7.9) ist die bekannte Gleichgewichtsbedingung im Multiplikatormodell. Ein Gleichgewicht liegt vor, wenn das Güterangebot gleich der Güternachfrage ist. Die Nachfrage besteht aus der Konsumnachfrage, der Investitionsnachfrage und der Staatsnachfrage, wie es die Gleichung (7.10) beschreibt. In Höhe der Produktion entsteht ein Einkommen, das an die Haushalte gezahlt wird. Die Haushalte verwenden, wenn die Steuerzahlungen T berücksichtigt werden, das verfügbare Einkommen zum Konsum und zur Ersparnis. Aus den beiden Gleichungen (7.10) und (7.11) ergibt sich, da $Y^N = Y^A$ im Gleichgewicht gilt, der Ausdruck (7.12).

> Ein Gleichgewicht liegt also vor, wenn die Ersparnis gleich der Investitions- und Staatsnachfrage abzüglich der Steuereinnahmen des Staates T ist.

Wie ist diese Bedingung für das Gleichgewicht in (7.12) zu verstehen?

Aus der Sicht des Gütermarktes bedeutet die Ersparnis, dass Teile des im Zuge der Produktion entstandenen Einkommens nicht zur Konsumnachfrage verwandt werden. Dieser Verlust aus dem Einkommenskreislauf wird im Gleichgewicht durch die Investitionsnachfrage der Unternehmen und durch die Staatsnachfrage abzüglich der Steuerzahlung genau ausgeglichen.

Aus der Sicht des Wertpapiermarktes kann die Ersparnis als eine Nachfrage nach Wertpapieren durch die Haushalte verstanden werden. Das Angebot an Wertpapieren stammt von den Unternehmen zur Finanzierung der Investitionen und vom Staat zur Finanzierung des Budgetdefizits bzw. der Staatsausgaben vermindert um die Steuereinnahmen. Die Gleichung (7.12) beschreibt aus dieser Sicht auch ein Gleichgewicht des Wertpapiermarktes.

7.2 Das Gleichgewicht und der Multiplikatorprozess

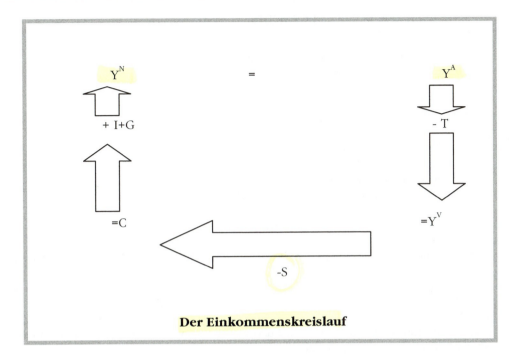

Der Einkommenskreislauf

Die obige Abbildung verdeutlicht das Modell des Einkommenskreislaufs unter Berücksichtigung der Steuern T für eine geschlossene Wirtschaft. Es wird deutlich, dass das Einkommen, welches im Zuge der Produktion an die Haushalte gezahlt wird, zunächst versteuert wird. Diese Steuerzahlungen reduzieren das Bruttoeinkommen auf das verfügbare Einkommen Y^v. Von dem verfügbaren Einkommen wird ein Teil zur Ersparnis benutzt. Den anderen Teil stellt die Konsumnachfrage dar, ein Bestandteil der gesamtwirtschaftlichen Nachfrage. Damit alle produzierten Güter auch verkauft werden können, sind Injektionen in Form von I+G in den Wirtschaftskreislauf erforderlich. Die gesamtwirtschaftliche Nachfrage bestimmt das Angebot.

DIE BERECHNUNG DES GLEICHGEWICHTS:

Zu diesem Zweck wird das Multiplikatormodell benutzt:

(7.1) $\quad C_t = C^{auto} + c_y Y^A_t$

(7.2) $\quad I_t = I(i)$

(7.3) $\quad G_t = G^{auto}$

(7.4) $\quad Y^N_t = C_t + I_t + G_t$

(7.5) $\quad Y^A_t = Y^N_t = Y^*$

Die gesamtwirtschaftliche Nachfrage kann unter Berücksichtigung der Gleichungen (7.1), (7.2) und (7.3) und bei Annahme eines konstanten Zinssatzes formuliert werden als:

(7.13) $\quad Y^N_t = C^{auto} + c_y Y^A_t + I_t + G^{auto}$

Im Gleichgewicht gilt somit wegen der Gleichungen (7.5) und (7.13) für die Produktion bzw. für das Einkommen:

(7.14) $\quad Y^* = C^{auto} + c_y Y^* + I + G^{auto}$

Die Gleichung (7.14) kann als Gleichung (7.15) geschrieben werden, wenn man die Produktion auf die linke Seite bringt:

(7.15) $\quad (1 - c_y) Y^* = C^{auto} + I + G^{auto}$

Nach Division durch $(1 - c_y)$ folgt für die Produktion bzw. für das Einkommen im Gleichgewicht:

(7.16) $\quad Y^* = \dfrac{C^{auto} + I + G^{auto}}{1 - c_y}$

> Die Produktion und damit auch die Beschäftigung sind im Gleichgewicht um so höher, je
> - höher die marginale Konsumquote (c_y) ist,
> - niedriger die marginale Sparquote ($1 - c_y$) ist,
> - niedriger die marginale Importquote ist (bei einer offenen Wirtschaft),
> - höher der autonome Konsum (C^{auto}) ist,
> - höher die Investitionen (I) sind und/oder
> - höher die Staatsnachfrage (G^{auto}) ist.

Die marginale Importquote gibt in einer offenen Wirtschaft an, um wie viel Geldeinheiten der Import bei einer gegebenen Erhöhung des (verfügbaren) Einkom-

7.2 Das Gleichgewicht und der Multiplikatorprozess

mens um 1 Einheit zunimmt. Die Haushalte teilen den Mehrkonsum im Falle einer Einkommenssteigerung in den Konsum heimischer und importierter Güter auf. Je höher die marginale Importquote ist, umso größer ist der Anteil der Einkommenssteigerung, der nicht im Inland nachfragewirksam wird.

BEISPIEL ZUR BERECHNUNG DES GLEICHGEWICHTS:

Nehmen wir die folgenden Funktionen bzw. Werte für die Nachfrage an:
(7.17) $\quad C_t = 100 + 0{,}8\, Y^A_t$
(7.18) $\quad I + G = 200$

Im Gleichgewicht ergibt sich dann:

(7.19) $\quad Y^A = Y^N = Y^*$

(7.20) $\quad Y^* = 100 + 0{,}8\, Y^* + 200$
(7.21) $\quad 0{,}2\, Y^* = 300$
(7.22) $\quad Y^* = 1.500$
(7.23) $\quad C^* = 100 + 0{,}8 \times 1.500 = 1.300$
(7.24) $\quad S^* = I+G = 200$

Anmerkung: Im Gleichgewicht ist das Güterangebot gleich der Güternachfrage von 1.500. Die Nachfrage setzt sich einerseits aus der Investitions- und Staatsnachfrage in Höhe von 200 und andererseits aus der Konsumnachfrage in Höhe von 1.300 zusammen. Die Ersparnis in Höhe von 200 reicht aus, um die Staats- und Investitionsgüternachfrage zu finanzieren.

Der Multiplikator in diesem Modell:

> Übersetzt bedeutet dieser Begriff der Vervielfältiger. Er beschreibt das Verhältnis zwischen der Veränderung der Produktion im Gleichgewicht und einer dauerhaften Veränderung einer autonomen Nachfragegröße. Es wird zwischen dem Investitions- und den Staatsausgabenmultiplikator unterschieden in Abhängigkeit davon, welche dieser autonomen Nachfragegrößen sich permanent erhöhen.

Zurückgreifend auf die Gleichung (7.16) schauen wir, welche Änderungen der Produktion im Gleichgewicht sich ergeben, wenn zum Beispiel die Staatsnachfrage steigt. Man erhält den Ausdruck (7.25)

(7.25) $\quad \Delta Y^* = \dfrac{\Delta G^{auto}}{1 - c_y}$

bzw. nach Division durch ΔG^{auto}

(7.26) $\quad \dfrac{\Delta Y^*}{\Delta G^{auto}} = \boxed{\dfrac{1}{1-c_y}} > 1 \; (0 < c_y < 1)$

Der Multiplikator in (7.26) ist umso größer,
- je höher die marginale Konsumquote (c_y) ist,
- je niedriger die marginale Sparquote ($1 - c_y$) ist,
- je niedriger der Einkommenssteuersatz ist und/oder
- je niedriger die marginale Importquote ist.

NACHFOLGENDES BEISPIEL ERLÄUTERT DIE OBEN SKIZZIERTEN AUSFÜHRUNGEN:

Wir führen das Beispiel fort und nehmen an, dass die Summe aus der Investitions- und Staatsnachfrage um 100 steigt. Welche Anpassungsprozesse ergeben sich dann hin zum neuen Gleichgewicht. Wir illustrieren den Anpassungsprozess mit Hilfe der nachfolgenden Tabelle:

Periode	Y^A	Y^N	C	I+G	S
0	1.500	1.500	1.300	200	200
1	1.500	1.600	1.300	300	200
2	1.600	1.680	1.380	300	220
3	1.680	1.744	1.444	300	236
...	...	...	...	...	...
Neues GG	2.000	2.000	1.700	300	300

Ausgehend vom alten Gleichgewicht in der Periode 0 erhöht zum Beispiel der Staat seine Nachfrage dauerhaft um 100. Wenn die Anbieter damit nicht gerechnet haben, dann bleibt in der Periode 1 die Produktion und das Einkommen bei 1.500 ($Y^A = 1.500$). Die gesamtwirtschaftliche Nachfrage (Y^N) ist aber auf 1.600 gestiegen, so dass es zu einem Abbau der Lagerbestände in Höhe von 100 kommt. In der Periode 2 passen sich die Produzenten der Nachfrage der Periode 1 an und erhöhen

7.2 Das Gleichgewicht und der Multiplikatorprozess

die Produktion auf 1.600. Da damit auch die Einkommen der Haushalte steigen, nimmt die Konsumnachfrage in der Periode 2 um (0,8 (marginale Konsumquote) x 100 =) 80 auf 1.380 zu ($C_{t=2}$ = 1.380).

Die Folge ist, dass die gesamtwirtschaftliche Nachfrage der Periode 2 auf 1.680 (Y^N_{t+2} = 1.680) steigt und somit wieder, aber in einem geringeren Ausmaß als in Periode 1, höher als die Produktion ist.

Die Lagerbestände der Periode 2 fallen um 80 (= Y^A_{t+2} - Y^N_{t+2}). Die Ersparnis steigt um (0,2 x 100 =) 20 auf 220 in der Periode 2.

Die Produktion in Periode 3 passt sich der Nachfrage der Periode 2 an und steigt auf 1.680. Die Konsumnachfrage erhöht sich in der Periode 3 auf 1.444. Der Zuwachs des Konsums wird berechnet als 0,8 x 80 = 64. Die Ersparnis steigt in der Periode 3 um weitere 16 Einheiten. Da die Produzenten in Periode 3 eine Produktion und ein Angebot in Höhe von 1.680 haben und die Nachfrage 1.744 ist, ergibt sich ein zusätzlicher Abbau der Lager in Höhe von 64.

Dieser Prozess wird als der Multiplikatorprozess verstanden und dauert theoretisch unendlich lange, bis das neue Gleichgewicht erreicht ist. Im neuen Gleichgewicht ist die Angebotsmenge mit 2.000 gleich der Nachfragemenge bzw. ist die Ersparnis mit 300 gleich der Summe aus der Investitions- und Staatsnachfrage.

> Wir stellen fest, dass ein dauerhafter Anstieg der Staatsnachfrage um 100 zu einem Anstieg der Produktion im neuen Gleichgewicht um 500 führt. Der Multiplikator nimmt somit einen Wert von $\Delta Y^*/\Delta G$ = 5 an. Er ist gleich dem Werte Eins geteilt durch die marginale Sparquote (1/0,2).

AUSGEWÄHLTE KRITIKPUNKTE AM OBIGEN MULTIPLIKATORMODELL:

1. Die absolute Einkommenshypothese

Die Konsumnachfrage steigt, wenn das laufende Einkommen zunimmt. Nimmt man eine andere Konsumhypothese an, dann steigt der Konsum eventuell nicht und der Anstieg der Produktion ist gleich dem Anstieg der Staatsnachfrage. Zum Beispiel nimmt die permanente Einkommenshypothese an, dass die Haushalte ihre Konsumausgaben nach einem langfristigen Durchschnittseinkommen anpassen. Erwarten die Haushalte keinen dauerhaften Anstieg des Einkommens, dann ist spätestens in der 2. Periode ein neues Gleichgewicht erreicht.

2. Keine Preis- und Lohnreaktionen

Das Modell nimmt an, dass die Unternehmer ausschließlich mit Mengenanpassung reagieren und die Produktion bei gleich bleibenden Preisen erhöhen. Ein Preisanstieg könnte auch zum Abbau des Nachfrageüberschusses beitragen. Ähnlich wird ein konstanter Lohnsatz angenommen. Vorstellbar ist aufgrund der zunehmenden Arbeitsnachfrage der Unternehmen ein Anstieg der Lohnsätze. Damit würde der Beschäftigungsanstieg dann geringer ausfallen. Welche Auswirkungen sich dann insgesamt auf das Einkommen ergeben, hängt u.a. von den Elastizitäten der entsprechenden Funktionen ab.

3. Keine Zinssteigerungen

Der Staat kann seine zusätzliche Nachfrage nur finanzieren, wenn er zusätzliche Wertpapiere anbietet. Damit ist ein Rückgang des Kurswertes der Papiere und somit ein Zinsanstieg verbunden. Der Zinsanstieg seinerseits könnte bei zinselastischen Investitionen zu einer Verdrängung der Investitionsnachfrage führen, wenn die Zentralbank nicht entsprechend eingreift (z.B. durch eine expansive Geldpolitik).

7.3. Die Investitionsnachfrage

Im einfachen Multiplikatormodell wurde angenommen, dass die Investitionsnachfrage konstant ist. Das ist entweder mit einer vollkommen zinsunabhängigen Investitionsnachfrage oder mit einer Geldpolitik, die den Zinssatz konstant hält, zu erklären. Neben dem Zinssatz sind die erwartete Nachfrage bzw. Kapazitätsausnutzung für die Investitionen von Bedeutung.

I. Die Zinsabhängigkeit der Investitionen

GRUNDSÄTZLICHE ANNAHMEN:

Die Zinsabhängigkeit der Investitionen kann mit den so genannten dynamischen Verfahren der Investitionsrechnung erläutert werden. Die Annahmen der dynamischen Verfahren sind:

- ➢ Ein- und Auszahlungen werden während der gesamten Nutzungsdauer exakt erfasst.
- ➢ Zinseszinsrechnung: Die zu verschiedenen Zeitpunkten anfallenden Ein- und Auszahlungen werden durch Auf- oder Abzinsung (Diskontierung) auf einen einheitlichen Zeitpunkt (Vergleichs- oder Bezugszeitpunkt) vergleichbar gemacht.
- ➢ Es werden Prämissen eines vollkommenen Kapitalmarktes zu Grunde gelegt.

7.3 Die Investitionsnachfrage

Insbesondere wird angenommen, dass Kapital ein homogenes Gut ist. So wird nicht zwischen Eigen- und Fremdkapital unterschieden. Es wird mit einem einheitlichen Zinssatz gearbeitet. Zudem kann Kapital jederzeit in unbegrenztem Umfang beschafft und angelegt werden. Es herrscht vollkommene Markttransparenz, jedes Wirtschaftssubjekt ist vollkommen informiert.

Nachfolgend werden die Kapitalwertmethode und die Methode des internen Zinsfußes überschlägig erläutert.

Die Kapitalwertmethode

Schritt 1:	Ermittlung aller Ein- und Auszahlungen sowie der erwarteten betrieblichen Nutzungsdauer von der Anschaffungsfinanzierung in t = 0 bis zur Periode n
Schritt 2:	Festlegung und Bestimmung des Kalkulationszinssatzes. Orientierung in dieser einfachen volkswirtschaftlichen Betrachtungsweise anhand des Zinssatzes am vollkommenen Kapitalmarkt
Schritt 3:	Ermittlung des Kapitalwertes (engl.: net present value) durch Abzinsung aller Ein- und Auszahlungen der Zahlungsreihe auf den Bezugszeitpunkt t_0
Schritt 4:	Entscheidung, die Investition bei positivem Kapitalwert durchzuführen bzw. beim Auswahlproblem die Investition mit dem höchsten, positiven Kapitalwert zu tätigen

Die Formel zur Berechnung des Kapitalwertes bei einer erwarteten Nutzungsperiode von n Perioden mit einem Liquidationserlös von L_n und einem Kalkulationszinssatz i lautet, wenn E_t die erwarteten Einzahlungen und A_t die erwarteten Auszahlungen der Periode t sind:

Aus der Finanzen I Vorlesung

$$KW_0 = \sum_{t=0}^{n} (E_t - A_t)(1+i)^{-t} + L_n(1+i)^{-n}$$

A = Auszahlung

Zur Interpretation eines positiven Kapitalwertes:

- Die effektive Verzinsung der Investition ist höher als der Kalkulationszinsfuß.
- Die Investition erwirtschaftet einen über die Anschaffungsauszahlung und die Verzinsung hinausgehenden Zahlungsüberschuss in Höhe des Barwertes.
- Im positiven Kapitalwert spiegelt sich der Reinvermögenszuwachs zum Bezugszeitpunkt t_0.

Beurteilung der Kapitalwertmethode:

- Fehlprognosen bei der Aufstellung der Zahlungsreihen sind möglich.
- Die Diskontierung berücksichtigt, dass die Rückflüsse bzw. Einzahlungsüberschüsse zu unterschiedlichen Zeitpunkten stattfinden.
- Es wird angenommen, dass ein vollkommener Kapitalmarkt ohne gespaltenen Zinssatz vorliegt.
- Der Kalkulationszinsfuß ist meistens subjektiv zu bestimmen.
- Es wird angenommen, dass alle Einzahlungsüberschüsse zum Kalkulationszinsfuß angelegt werden können.

Die Methode des internen Zinsfußes:

Schritt 1: Ermittlung aller künftigen Ein- und Auszahlungen und der erwarteten Nutzungsdauer

Schritt 2: Berechnung des internen Zinsfußes, bei dem der Kapitalwert gleich Null ist

Schritt 3: Die Investition mit der höchsten internen Rendite (Verzinsung des in der Investition gebundenen Kapitals) wird realisiert. Ferner sollte die Rendite höher als der Marktzinssatz bzw. die geforderte Mindestverzinsung (i) sein.

Die Formel zur Berechnung der internen Rendite r lautet bei einer Investition mit einer Laufzeit von n Perioden, erwarteten Ein- und Auszahlungen sowie einem Liquidationserlös von L_n nach Ablauf der n Perioden wie folgt:

$$0 = \sum_{t=0}^{n} (E_t - A_t)(1+r)^{-t} + L_n(1+r)^{-n}$$

$$NPV = \sum_{t=0}^{T} C_t \cdot (1+r)^{-t}$$

7.3 Die Investitionsnachfrage

Beurteilung der Methode des internen Zinsfußes: *Veraltet und Irreführend*

- Nur bei Zahlungsreihen mit einem Vorzeichenwechsel, Auszahlungsüberschuss in der ersten Periode und Einzahlungsüberschüssen in allen Folgeperioden kann genau ein positiver interner Zinsfuß berechnet werden.
- Bei Zahlungsreihen mit mehreren Vorzeichenwechseln kann es aber mehrere oder keine brauchbaren Lösungen geben.
- Der interne Zinsfuß kann nur als Vergleichsmaß zum Kalkulationszinsfuß verwandt werden.
- Es wird angenommen, dass alle Einzahlungsüberschüsse zum jeweiligen internen Zinssatz r wieder angelegt werden.
- Es liegt eine Unsicherheit der erwarteten Zahlungsreihen vor.
- Es wird berücksichtigt, dass die Rückflüsse zu unterschiedlichen Zeitpunkten anfallen.

> **Veränderungen im Zinsniveau wirken sich also direkt auf die Investitionsentscheidungen und somit auf die Investitionstätigkeit aus.**

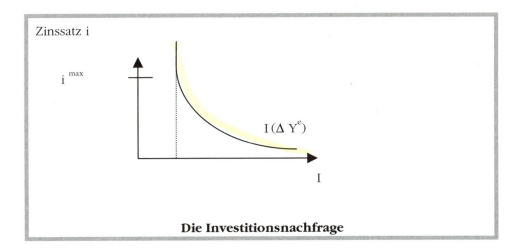

Die Investitionsnachfrage

Die obige Abbildung beschreibt das zinsabhängige Verhalten der Investoren. Mit steigendem Marktzinssatz gibt es immer weniger lohnende Investitionsprojekte mit einer internen Rendite, die höher als der Marktzinssatz ist. Wenn der Marktzinssatz sehr hoch bei i^{max} ist, dann lohnen sich keine Erweiterungs- oder Nettoinvestitionen mehr. Aber es gibt noch autonome, weil vom Zinssatz unabhängige Investitionen. Man kann hier die Rationalisierungs- und Ersatzinvestitionen nennen, die den abgeschriebenen Teil des Sachkapitals ersetzen.

II. Die Abhängigkeit der Investitionen von der erwarteten Nachfrage

Die Investoren berücksichtigen neben der Verzinsung bzw. der Rentabilität auch die Auslastung der Kapazität. Sie sind bereit zu investieren, wenn sie mit einem entsprechenden Anstieg der Nachfrage rechnen. Man spricht vom Akzeleratorprinzip. Danach ist die Kapazitätsveränderung bzw. die Nettoinvestition gleich dem erwarteten Anstieg der Nachfrage geteilt durch die konstante Kapitalproduktivität.

Annahmen im Modell:

- Die Investoren sind Unternehmen, die eine Normalauslastung der vorhandenen Kapazitäten anstreben und mit einer limitationalen Produktionsfunktion arbeiten.

- Der Produktionsfaktor Arbeit ist im Modell hinreichend vorhanden, nur der Bestand an Sachkapital bestimmt die Produktions- und Absatzmenge. Diese ist abhängig von der erwarteten Nachfrage.

$$R_0 = a \, Y_0$$

$$R_t - R_0 = a \, (Y^e_t - Y_0) \quad \text{mit } a = \Delta R / \Delta Y^e$$

$$\Delta R = R_t - R_0 = I^n$$

I^n Nettoinvestition

R Realkapitalbestand

a Akzelerator (Kehrwert der Kapitalproduktivität)

Y Produktion, die gleich der Nachfrage ist

Im Unterschied zur Kapitalproduktivität, definiert als Y/R, ist der Akzelerator a keine technische, sondern eher eine psychologische Größe. Er beschreibt das Verhalten der Investoren, die eine Normalauslastung des Sachkapitals anstreben und die mit einer bestimmten Nachfrageveränderung ΔY^e_t rechnen.

Beurteilung der Methode des Akzelerators:
- Unsicherheit der erwarteten Nachfrageentwicklung
- Einfluss der psychologischen Größen unbestimmt
- Annahme einer limitationalen Produktionsfunktion mit dem Sachkapital als Engpassfaktor ist unrealistisch
- Kosten der Investitionen werden vernachlässigt (z.B. Finanzierungskosten)
- Abhängigkeit der Nettoinvestition von der Bezugsperiode und der zugrunde liegenden Referenzperiode

Wichtig:
Ein Anstieg der erwarteten Nachfrage verlagert die Investitionsfunktion in der grafischen Darstellung nach rechts. Bei jedem gegebenen Marktzinssatz ist die Investitionsnachfrage gestiegen.

Wenn die Investitionsnachfrage vollkommen zinsunabhängig ist, der Keynesianismus nennt diese Situation die Investitionsfalle, dann führt eine Zinssenkung nicht zum Anstieg der Investitionen. Der Keynesianismus versucht die Investitionsnachfrage im Rahmen der antizyklischen Fiskalpolitik durch eine Stabilisierung der Nachfrageentwicklung zu verstetigen. Im Kapitel 14 zur Stabilisierungspolitik wird deutlich, dass die monetaristische Angebotspolitik dagegen mehr durch die Verbesserung der Angebotsbedingungen, wie die Maßnahmen der Deregulierung oder einer Begrenzung des Kostenanstiegs, die Investitionen als Grundlage des Wachstums einer Wirtschaft mobilisieren möchte.

8 Die Geld- und Kapitalmärkte

Lernziele:
Ihnen wird dargestellt, dass Geld als Zahlungsmittel, Tauschmittel, Recheneinheit dient sowie eine Wertaufbewahrungsfunktion ausübt. Sie werden die Geldnachfrage aus dem Vorsichts-, Spekulations- und Transaktionsmotiv erläutern können. Sie werden in die Lage versetzt, den Prozess der aktiven und passiven Geldschöpfung zu erläutern und verschiedene Geldmengenaggregate zu definieren.

8.1 Die Monetisierung der Volkswirtschaft

Unabhängig von der gesetzlichen bzw. legalen Definition wird als "Geld" das Medium akzeptiert, was die Geldfunktionen zu minimalen Kosten erfüllt. Im Vergleich zu einer Naturalwirtschaft mit ausschließlichem Tausch der Güter untereinander, sind mit der Monetisierung der Volkswirtschaft verschiedene Vorteile verbunden.

Geldfunktionen

ZAHLUNGS- ODER TAUSCHMITTELFUNKTION:

Mit einem Mittel oder Medium "Geld" können Schulden beglichen und Güter sowie Leistungen gekauft werden. Jeder, der das allgemein akzeptierte Tauschmittel besitzt, kann sicher sein, dass er oder sie die betreffenden Transaktionen durchführen kann, ohne dass er oder sie lange nach einem geeigneten Tauschpartner zu suchen hat.

Die in einer Naturalwirtschaft mit dem Tausch "Gut gegen Gut" so genannte doppelte Übereinstimmung der Wünsche ist nicht mehr notwendig.

In einer Geldwirtschaft werden die Informationskosten und Transaktionskosten minimiert. Gesetzlich vorgeschriebene Zahlungsmittel, wie die Banknoten, erfüllen die Zahlungsmittelfunktion. Die Tauschmittelfunktion ist unabhängig von der legalen Festlegung und hängt von der Akzeptanz der Gesellschaft ab, das Medium "Geld" zur Durchführung von Transaktionen zu verwenden. In Zeiten einer Hyperinflation verlieren die gesetzlichen Zahlungsmittel ihre Eigenschaft als Tauschmittel. An deren Stelle treten Ersatzwährungen wie Zigaretten oder Strumpfhosen.

DIE RECHENEINHEITSFUNKTION:

In einer Geldwirtschaft fungiert "Geld" als Anker des Systems. Alle Güterpreise werden in Geldeinheiten ausgedrückt. Anstelle der in der Naturalwirtschaft mit n Gütern zu berechnenden n(n-1)/2 relativen Preise sind in einer Geldwirtschaft nur Informationen über die n-Geldpreise erforderlich. Das Geld erhält dabei ex definitione einen Preis von 1. Die Recheneinheitsfunktion führt aus diesem Grunde zur Senkung der Informationskosten.

DIE WERTAUFBEWAHRUNGSFUNKTION:

Diese auch als Lagerhaltungsfunktion des Geldes bezeichnete Eigenschaft bedeutet, dass mit dem Mittel "Geld" gespart werden kann. Mit anderen Worten wird es ermöglicht, die Zeitpunkte der Einkommenserzielung und –verwendung zu trennen. Als Geld wird aber nur das Mittel akzeptiert, das die Wertaufbewahrungsfunktion zu geringsten Lagerhaltungskosten erfüllt.

> Damit Güter zu "Geld" werden können, müssen diese somit verschiedene Eigenschaften wie:
>
> ➢ die Teilbarkeit (Recheneinheitsfunktion),
>
> ➢ die Haltbarkeit und die Lagerfähigkeit (Wertaufbewahrungsfunktion),
>
> ➢ die Möglichkeit des Transportes bzw. die Transportierbarkeit (Tauschmittelfunktion) erfüllen.
>
> Die Seltenheit ist eine Eigenschaft, die die Erfüllung der Wertaufbewahrungs- und der Tauschmittelfunktion zu erfüllen hilft.

DIE GELDFUNKTIONEN IM ÜBERBLICK:

Funktion des Geldes	Kostenersparnisse	Anforderungen
Tauschmittel	Informationskosten	Transportierbarkeit
	Transaktionskosten	Teilbarkeit, Seltenheit
Recheneinheit	Informationskosten	Teilbarkeit
Wertaufbewahrung	Lagerhaltungskosten	Seltenheit, Haltbarkeit
		Lagerfähigkeit

Gelddefinitionen

DIE BERECHNUNG DER GELDMENGE M3 (STATISTIKEN DER EZB):

	Bargeldumlauf außerhalb des Eurobankensystems
+	Täglich fällige Einlagen
=	**Geldmenge M1**
	Geldmenge M1
+	Einlagen mit vereinbarter Laufzeit bis zu 2 Jahren
+	Einlagen mit vereinbarter Kündigungsfrist bis zu 3 Monaten
=	**Geldmenge M2**
	Geldmenge M2
+	Repogeschäfte
+	Bankschuldverschreibungen
+	Geldmarktfondsanteile und Geldmarktpapiere
=	**Geldmenge M3**

Im Allgemeinen wird zwischen dem Zentralbankgeld oder der Liquidität und dem Giralgeld, die auch als Sichteinlagen bezeichnet werden, unterschieden. Während nur die Zentralbank die Liquidität einer Volkswirtschaft schaffen kann und in einer geschlossenen Wirtschaft kein Liquiditätsproblem kennt, können die Geschäftsbanken und Finanzinstitute im Rahmen der multiplen Geldschöpfung Giralgeld schaffen.

Als monetäre Basis bzw. Geldbasis versteht man die Summe aus den umlaufenden Banknoten, ohne Kassenbestände der Kreditinstitute, sowie Einlagen der Kreditinstitute auf den Konten bei der Zentralbank. Diese Einlagen sind entweder Überschussreserven bzw. freie Liquiditätsreserven oder sie werden als Mindestreserven geführt.

Die bekannten Geldmengenaggregate enthalten sowohl Zentral- als auch Geschäftsbankengeld.

Repogeschäfte sind echte Pensionsgeschäfte mit den Kreditinstituten als Pensionsgeber und der Nichtbank im Euroland als Pensionsnehmer.

Die Kreditinstitute erhalten für die befristete Überlassung von Vermögenswerten an die Nichtbanken einen Liquiditätsbetrag zur Verfügung gestellt. In dieser Höhe müssen sie eine Verbindlichkeit gegenüber dem Pensionsnehmer ausweisen.

Während das Geldmengenaggregat M1 eher der Transaktionskasse dient, also direkt nachfragewirksam werden kann, enthalten die Geldmengenaggregate M2 und insbesondere M3 Teile der Vermögensanlage.

> Eine für die Geldpolitik wichtige Größe stellt die Geldmenge M3 dar, da hieraus weiteres nachfragewirksames Geldpotential abgeleitet werden kann (z.B. aus einer möglichen Liquidierung von Schuldverschreibungen).

Die Anleger legen ihr Vermögen dann in Bankschuldverschreibungen oder Geldmarktfondsanteilen und Geldmarktpapieren an, wenn sie an den Aktienmärkten geringe Renditen erwarten und auch die Geldkapitalbildung in Elementen aus der Geldmenge M1 und M2 nicht rentabel erscheint.

8.2 Die Geldnachfrage

> Die Volkswirtschaftslehre unterscheidet die Geldnachfrage aus dem Transaktions-, dem Vorsichts- und dem Spekulationsmotiv.

DIE GELDNACHFRAGE AUS DEM TRANSAKTIONSMOTIV:

Geld wird nachgefragt, um Transaktionen, wie Zahlungen von Löhnen und Gehältern und Güterkäufe, durchzuführen. Die klassische Quantitätsgleichung zeigt, von welchen Faktoren die Geldnachfrage aus dem Transaktionsmotiv abhängig ist. Die Quantitätsgleichung **(Fisher'sche Verkehrsgleichung, nach Irving Fisher)** beschreibt eine ex-post Identität zwischen der nachfragewirksamen Geldmenge (Nachfrage nach Gütern und Dienstleistungen) und dem zu Marktpreisen abgesetzten Güterangebot.

$$M \times v = P \times Y$$

mit:

M = Nominelle Geldnachfrage aus dem Transaktionsmotiv
P = Preisindex des Inlandsproduktes
v = Umlaufgeschwindigkeit (engl. velocity)
Y = Reales Inlandsprodukt

8.2 Die Geldnachfrage

Für eine abgelaufene Periode muss der Wert der verkauften, also nachgefragten, Güter (ausgedrückt in $P \times Y$) dem Wert der zum Kauf dieser Güter eingesetzten Geldmenge (nachfragewirksame Geldmenge, ausgedrückt in $M \times v$) entsprechen. Dabei ist zu beachten, dass die Geldmenge häufiger als einmal benutzt wird.

Das reale Inlandsprodukt wird als Annäherung für den realen Wert der durchgeführten Transaktionen benutzt. Die Umlaufgeschwindigkeit gibt an, wie häufig eine gegebene Geldmenge M innerhalb einer Periode zur Durchführung von Transaktionen verwendet wird. Die Umlaufgeschwindigkeit nimmt zu, wenn sich der Zahlungsrhythmus von einer monatlichen Lohnzahlung auf eine wöchentliche Lohnzahlung verkürzt. So wird bei monatlicher Zahlung in einem Jahr 12 mal Lohn- und Gehalt gezahlt. Die als Einkommen ausgezahlten Gelder werden zum Kauf der produzierten Güter benutzt und fließen zurück in den Unternehmenssektor. Die Umlaufgeschwindigkeit auf Jahresbasis ist somit gleich 12. Im Falle einer wöchentlichen Lohn- und Gehaltszahlung ist die Umlaufgeschwindigkeit auf Jahresbasis gleich 48, wenn unterstellt wird, dass ein Monat aus vier Wochen besteht. Beträgt das nominelle Inlandsprodukt im Jahr unabhängig von der Veränderung des Zahlungsrhythmus 2.400 Euro, dann ist bei monatlicher bzw. wöchentlicher Lohn- und Gehaltszahlung eine Geldmenge von 200 Euro bzw. 50 Euro erforderlich. Die nachfragewirksame Geldmenge insgesamt beträgt 2.400 Euro im Jahr.

> Die Quantitätsgleichung zeigt, dass die für die Abwicklung der Transaktionen erforderliche Geldmenge, somit die (nominelle) Geldnachfrage aus dem Transaktionsmotiv, steigt, wenn die Umlaufgeschwindigkeit fällt oder wenn das nominelle Inlandsprodukt zunimmt.

DIE GELDNACHFRAGE AUS DEM SPEKULATIONSMOTIV:

> Die Geldnachfrage aus dem Spekulationsmotiv beschäftigt sich mit der Wertaufbewahrungsfunktion des Geldes und sieht die Kassenhaltung als Alternative zur Vermögensanlage in festverzinsliche Wertpapiere an.

Wenn der Anlagezeitraum der Anleger kürzer ist als die Laufzeit der Papiere, dann besteht ein Kursänderungsrisiko. Es ist von daher möglich, dass die erwarteten Kursverluste, bedingt durch Zinsänderungen, höher sind als die festen Zinszahlungen. In diesem Fall wird eine negative Rendite aus der Wertpapierhaltung antizipiert.

> Mögliche Zinsänderungen und Unsicherheiten hinsichtlich der zukünftigen Zinsentwicklung sorgen also dafür, dass die Wirtschaftssubjekte ihr Vermögen lieber in Geld als festverzinslichen Wertpapieren anlegen, wenn sie zukünftige Kursverluste, z.B. durch Zinssteigerungen, befürchten bzw. erleiden müssen.

Anmerkung:

Je höher der Marktzinssatz ist, umso eher wird mit Zinssenkungen und Kursgewinnen gerechnet. Die Spekulationskasse ist demnach umso geringer, je höher der aktuelle Marktzinssatz ist. *Logisch?*

DIE GELDNACHFRAGE AUS DEM VORSICHTSMOTIV:

Die Wirtschaftssubjekte halten Vorsichtskasse um die möglichen Kosten der Illiquidität, wie z.B. Zinsen für Überziehungskredite, zu verringern bzw. auszuschalten. Es wird angenommen, dass mit steigendem Realeinkommen die Höhe und Häufigkeit der Zahlungsströme sowie auch die Wahrscheinlichkeit für eine Zahlungsunfähigkeit steigt.

Aus diesem Grunde ist die Geldnachfrage aus dem Vorsichtsmotiv umso größer, je höher das Realeinkommen der Wirtschaftssubjekte ist.

Zudem sind Risikoaversion und Kosten der Illiquidität von Bedeutung:

➢ Mit zunehmender Abneigung gegenüber dem Risiko, somit steigender Risikoaversion, nimmt die Vorsichtskasse zu.

➢ Ebenso ist die Vorsichtskasse umso höher, je größer die Kosten einer möglichen Zahlungsunfähigkeit sind.

ZUSAMMENFASSUNG:

Motive der Geldnachfrage	Beeinflussung der Motive durch folgende Faktoren (+ positiv), (- negativ)
Transaktionsmotiv	Reales Inlandsprodukt (+), Preisniveau (+)
	Umlaufgeschwindigkeit (-)
Spekulationsmotiv	Aktueller Zinssatz (-), Vermögen (+)
Vorsichtsmotiv	Realeinkommen (+), Risikoaversion (+)
	Kosten der Illiquidität (+)

Erläuterungshilfen zur obigen Tabelle:

Die Transaktionskasse wird positiv (+) vom realen Inlandsprodukt und (+) vom Preisindex sowie negativ (-) von der Umlaufgeschwindigkeit des Geldes beeinflusst.

8.3 Das Geldangebot – aktive Giralgeldschöpfung

Zentralbankgeld (Liquidität) kann, wie bereits skizziert, nur von der Zentralbank geschaffen werden. Gelder werden jedoch auch vom Bankensektor in der Form von Giralgeld geschaffen. Dabei unterscheidet man zwischen der passiven Giralgeldschöpfung, es erfolgt hierbei lediglich eine Umwandlung von Bargeld in Buch- oder Giralgeld, und der aktiven Geldschöpfung. Diesen letzten Aspekt der Giralgeldschöpfung bezeichnet die Volkswirtschaftslehre auch als den multiplen Geld- und Kreditschöpfungsprozess. Seine Funktionsweise wird nachfolgend erläutert.

Freie Liquidität bzw. Überschussliquidität der Kreditinstitute wird verwendet, um Kredite an die Kunden zu vergeben. Es wird angenommen, dass die Kreditnachfrage wie auch das Kreditangebot vollkommen zinselastisch ist, sodass beim herrschenden Zinssatz möglichst viele Kredite vergeben und auch nachgefragt werden.

Das Potenzial zur Geldschöpfung der Geschäftsbanken wird durch die Mindestreserveverpflichtung und den Bargeldabfluss begrenzt.

Am Ende des Prozesses der multiplen Geld- und Kreditschöpfung ist die zu Beginn gegebene freie Liquidität $ÜR_1$ entweder als Bargeld aus dem Bankensystem $\Sigma \Delta BG$ abgeflossen oder als Mindestreserve auf den Zentralbankkonten der Kreditinstitute $\Sigma \Delta MR$ gebunden.

> Wir verwenden das Summenzeichen Σ um deutlich zu machen, dass sich die Veränderung (Δ) des Bargeldabflusses und die Veränderung (Δ) der Mindestreserve über (theoretisch unendlich) viele Perioden ergibt.

(8.1) $M1 = SE + BG$

(8.2) $MB = ÜR + MR + BG$

ÜR $\hat{=}$ freie Liquidität
MR $\hat{=}$ Mindestreserve
BG $\hat{=}$ Bargeld

Die Bedingung dafür, dass keine freie bzw. Überschussliquidität im Bankensektor mehr vorhanden ist, lautet somit:

$$(8.3) \quad \text{ÜR}_1 = \Sigma \, \Delta BG + \Sigma \, \Delta MR$$

Die Veränderung der Mindestreserve ist abhängig von der Erhöhung der Sichteinlagen ΔSE der Nichtbanken in Bankensystem.

Multipliziert mit dem Mindestreservesatz mr ergibt sich für die Summe der Veränderung der Mindestreserve:

$$(8.4) \quad \Sigma \, \Delta MR = mr \, \Sigma \, \Delta SE$$

Die Zunahme des Bargeldabflusses $\Sigma \, \Delta BG$ ist abhängig von der zusätzlichen Kreditvergabe $\Sigma \, \Delta KR$ und der so genannten Bargeldabflussquote b:

$$(8.5) \quad \Sigma \, \Delta BG = b \, \Sigma \, \Delta KR$$

Aus der Gleichung (8.3) ergibt sich unter Berücksichtigung der Gleichungen (8.4) sowie (8.5) der Ausdruck (8.6) am Ende des Prozesses:

$$(8.6) \quad \text{ÜR}_1 = b \, \Sigma \, \Delta KR + mr \times \Sigma \, \Delta SE$$

Die Kredite der Nichtbanken werden benutzt, um als Bargeld das Bankensystem zu verlassen oder um als Sichteinlagen im Bankensystem zu verbleiben, wenn zum Beispiel durch Überweisung auf die Konten anderer Banken Schulden beglichen werden.

> Sowohl das umlaufende Bargeld als auch die steigenden Sichteinlagen rechnet man zur Geldmenge M1. Die Veränderung der Kreditvergabe ist somit gleich der Veränderung der Geldmenge M1, da die Kredite als Bargeld abgerufen oder auf andere Konten überwiesen werden.

8.3 Das Geldangebot – aktive Giralgeldschöpfung

$$(8.7) \quad \Sigma\, \Delta KR = \Sigma\, \Delta BG + \Sigma\, \Delta SE$$

Weil ein Teil b der zusätzlich vergebenen Kredite ΔKR als Bargeld abfließt, wie die Gleichung (8.5) ausdrückt, kann für die zusätzlich vergebenen Kredite geschrieben werden:

$$(8.8) \quad \Sigma\, \Delta KR = b \times \Sigma\, \Delta KR + \Sigma\, \Delta SE$$

Die Gleichung (8.8) wird nach Subtraktion von $b \times \Sigma\, \Delta KR$ geschrieben zu:

$$(8.9) \quad \Sigma\, \Delta SE = (1-b)\, \Sigma\, \Delta KR$$

Wird die Summe der Veränderungen der Sichteinlagen in (8.9) eingesetzt in die Bedingung für die Beendigung des Prozesses (8.6), dann ergibt sich:

$$(8.10) \quad ÜR_1 = b\, \Sigma\, \Delta KR + mr\, (1-b)\, \Sigma\, \Delta KR$$

Somit ergibt sich für die Summe der zusätzlich vergebenen Kredite die Gleichung (8.11) mit:

$$(8.11) \quad \Sigma\, \Delta KR = \frac{ÜR_1}{b + mr\, (1-b)}$$

> **Fazit:**
>
> Von den vergebenen Krediten werden b Σ ΔKR als Bargeld das Bankensystem verlassen und in Höhe des Restbetrags entstehen zusätzliche Sichteinlagen im Bankensystem.

BEISPIEL ZUM MULTIPLEN GELD- UND KREDITSCHÖPFUNGSPROZESS:

Freie Liquidität zu Beginn	= 1.000 Euro (ÜR)
Bargeldabflussquote (b)	= 0,25 (b = BG/KR)
Mindestreservesatz (mr)	= 0,2 (mr = MR/SE)

Periode	Δ KR	Δ BG	Δ SE	Δ MR
1	1.000	250	750	150
2	600	150	450	90
3	360	90	270	54
4	216	54	162	32,4
...	...	...	...	...
Summe	2.500	625	1.875	375

Erläuterung:

Die Überschussreserve in Höhe von 1.000 Euro wird in der Periode 1 zur Kreditvergabe verwendet. Die Nichtbanken lassen sich 25% dieser Kredite als Bargeld auszahlen. Der Restbetrag in Höhe von 750 Euro verbleibt im Bankensystem als Sichteinlagen. Darauf sind 20% und somit 150 Euro als Mindestreserve zu halten.

Somit stehen dem Bankensystem zu Beginn der zweiten Periode nur noch 600 Euro zur Kreditvergabe zur Verfügung. Von diesen werden 25% bzw. 150 Euro als Bargeld abgerufen und 75% bzw. 450 Euro verbleiben als zusätzliche Sichteinlagen im Bankensystem. Diese zusätzlichen Sichteinlagen erhöhen die Mindestreserve in der Periode 2 um (450 x 0,2 =) 90 Euro.

Nach Abzug des Bargeldabflusses und der Mindestreserve in der Periode 2 stehen zu Beginn der dritten Periode nur noch 360 Euro zur Kreditvergabe zur Verfügung.

Der Prozess ist beendet, wenn die freie Liquidität als Bargeld abgeflossen oder als Mindestreserve gebunden ist.

Die Summe der zusätzlichen Kreditvergabe kann mit Hilfe der Formel (8.11) wie folgt berechnet werden:

> 1.000 Euro geteilt durch 0,25 + 0,2 x 0,75 bzw. als 1.000 Euro dividiert durch 0,4 ist gleich 2.500 Euro.

8.3 Das Geldangebot – aktive Giralgeldschöpfung

Der Bargeldabfluss während dieses Prozesses wird auf Basis der Formel (8.5) als Produkt aus der Bargeldabflussquote b = 0,25 und der zusätzlichen Kreditvergabe von 2.500 Euro zu 625 Euro berechnet. Der Restbetrag der vergebenden Kredite in Höhe von (2.500 Euro – 625 Euro =) 1.875 Euro wird als Sichteinlagen im Bankensystem verbleiben. Darauf sind 20% bzw. 375 Euro als Mindestreserve zu halten.

Während sich die Geldbasis bzw. die monetäre Basis durch den Prozess der Geldschöpfung nicht verändert hat, die Überschussreserve in Höhe von 1.000 Euro wird als Bargeld gehalten oder ist als Mindestreserve gebunden, steigt die Geldmenge M1 um 2.500 Euro. Dieser Wert wird als Summe der zusätzlichen Sichteinlagen und des Bargeldes bestimmt.

Das Potenzial der Kreditschöpfung – auch als Geld- und Kreditschöpfungsmultiplikator ausgedrückt - ist umso größer

- je höher die freien Liquiditätsreserven bzw. die Überschussreserven zu Beginn sind,
- je geringer die Bargeldabflussquote b und
- je geringer der Wert des Mindestreservesatzes mr ist.

Der Geld- und Kreditschöpfungsmultiplikator beschreibt das Verhältnis zwischen der zusätzlichen Kreditvergabe und der anfänglichen Überschussreserve.

Die Bargeldabflussquote hängt u.a. von den Zahlungsgewohnheiten der Wirtschaftssubjekte und von der Entwicklung des Bankensystems ab. Mit zunehmender Verwendung der so genannten elektronischen Zahlungsmittel wird immer weniger Bargeld verwendet. Die Bargeldabflussquote fällt somit. Ebenso wird eine weitgehende Ausweitung des Bankensystems zu einem Rückgang der Bargeldabflussquote führen.

Der Mindestreservesatz ist ein Aktionsparameter bzw. Instrument der Geldpolitik. Wenn die Zentralbank das Wachstum der Geldmenge beschränken möchte, dann wird sie den Mindestreservesatz erhöhen.

8.4 Der makroökonomische Geldmarkt

Auf dem makroökonomischen Geldmarkt treffen das Geldangebot der Zentralbank und die Geldnachfrage der Wirtschaftssubjekte zusammen. Die Geldnachfrage und das Geldangebot kann anhand der nachfolgenden Formeln dargestellt werden.

> Monetäre Basis = MB = ÜR + MR + BG = mr * SE + BG   *Angebot*
>
> Geldnachfrage = M^N = SE + BG   *Nachfrage*

Es wird im Folgenden davon abgesehen, dass die Kreditvergabe der Banken und somit die Giralgeldschöpfung mit steigenden Zinssatz zunimmt.

Die Geldnachfrage ist positiv abhängig vom Realeinkommen (Transaktionskasse) sowie negativ vom Zinssatz (Spekulationskasse).

> **Tipp:**
> Sehen sie sich die Ausführungen zu den Geldnachfragemotiven noch einmal an.

Im Gleichgewicht des makroökonomischen Geldmarktes wird der Zinssatz bestimmt, zu dem die Wirtschaftssubjekte bereit sind, die sich mit Hilfe der Geldschöpfung aus der monetären Basis ergebenen Geldmenge als Transaktions- und Spekulationskasse zu halten.

Im Gleichgewicht des Geldmarktes ist die Geldnachfrage gleich dem Geldangebot. Die Geldnachfrage verläuft fallend, da mit steigendem Zinssatz die Spekulationskasse geringer ist. Die Abhängigkeit der Geldnachfrage vom Realeinkommen wird mit dem Klammerausdruck (Y) an der Geldnachfragefunktion M^N verdeutlicht.

8.4 Der makroökonomische Geldmarkt

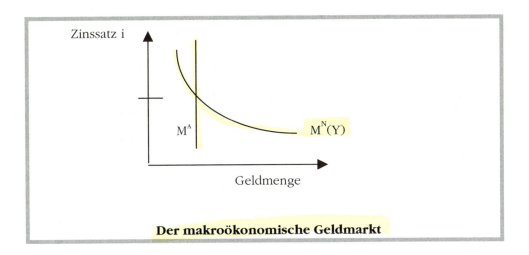

Der makroökonomische Geldmarkt

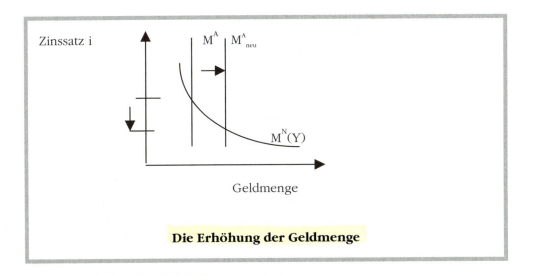

Die Erhöhung der Geldmenge

Wenn die Zentralbank die Geldmenge, wie in der obigen Abbildung dargestellt, erhöhen möchte, dann wird sie versuchen, Wertpapiere zu kaufen.

Die Anleger sind nur dann bereit, ihr Portfolio umzustrukturieren, wenn der Zinssatz geringer und somit die Kassenhaltung aus Spekulationsgründen höher ist.

Wie aber kommt es zur Zinssenkung?

Grauenhaft veraltetes Modell!

Wir nehmen an, dass die Zentralbank nur dann die Wertpapiere erwerben kann, wenn sie einen höheren Kurs als den aktuellen anbietet. Der Kurswert der Wertpapiere wird steigen. Mit diesem Kursanstieg ist ein Zinsrückgang verbunden, bezogen auf den gestiegenen Kurs, ist die Rendite des Wertpapiers geringer.

Eine weitere Änderung ergibt sich bei einem Anstieg der Realeinkommen zum Beispiel im Konjunkturaufschwung. Die Wirtschaftssubjekte werden dann mehr Transaktionen auszuführen haben, sodass die Geldnachfrage aus dem Transaktionsmotiv bei gegebener Umlaufgeschwindigkeit steigt. Ein Anstieg der Umlaufgeschindigkeit des Geldes bewirkt, dass die Transaktionskasse trotz steigender Realeinkommen nicht zunimmt. Die für Transaktionszwecke gedachte Geldmenge wird dann nur häufiger zur Durchführung der Transaktionen benutzt. Die nachfolgende Abbildung erklärt die Entwicklung zum neuen Gleichgewicht bei unveränderter Umlaufgeschwindigkeit.

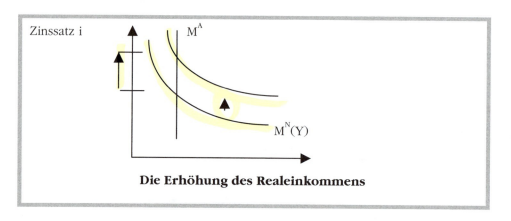

Die Erhöhung des Realeinkommens

Wenn die Zentralbank die Geldmenge nicht verändert, dann kann sich die Geldnachfrage im neuen Gleichgewicht insgesamt auch nicht verändern. Die Wirtschaftssubjekte versuchen, durch den Verkauf von Wertpapieren ihre Transaktionskasse zu erhöhen. Das zusätzliche Angebot an Wertpapieren reduziert deren Kurswert, der Zinssatz steigt. Ein steigender Zinssatz bewirkt aber eine Verminderung der Spekulationskasse der Anleger, die jetzt bereit sind, ihr Vermögen in Wertpapieren anzulegen.

> Effektiv wird also ein Teil der Spekulationskasse in die Transaktionskasse umgeschichtet, sodass bei gegebenem Geldangebot und höherem Zinssatz ein Gleichgewicht des Geldmarktes erreicht wird.

In der nachfolgenden Tabelle werden die möglichen Veränderungen des Geldangebotes und der Geldnachfrage sowie deren Auswirkungen auf den Zinssatz des makroökonomischen Geldmarktes dargestellt:

8.4 Der makroökonomische Geldmarkt

VERÄNDERUNGEN DES GELDANGEBOTES UND DER GELDNACHFRAGE:

Geldangebot	Geldnachfrage	Zinssatz
Steigt	Konstant	Fällt
Fällt	Konstant	Steigt
Konstant	Steigt	Steigt
Konstant	Fällt	Fällt

Die Liquiditätsfalle stellt einen Sonderfall der vollkommen zinselastischen Geldnachfrage dar. Die Nachfragefunktion des Geldmarktes ist in dieser Situation eine horizontale Linie. Die Wirtschaftssubjekte rechnen alle mit Zinssteigerungen und Kurswertverlusten. Wegen der erwarteten negativen Rendite möchte niemand freiwillig Wertpapiere halten. Die Wirtschaftssubjekte sind zum herrschenden (geringen) Zinssatz bereit, ihr gesamtes Vermögen als Spekulationskasse zu halten. In dieser Situation der Liquiditätsfalle ist die Geldpolitik nicht in der Lage, die Zinssätze zu senken. Will die Zentralbank die Geldmenge steigern, dann wird sie Wertpapiere aufkaufen. Im Normalfall kommt es zu Kurswertsteigerungen und Zinsverlusten. In einer Liquiditätsfalle mit der Vorliebe, liquide zu bleiben, sind die Wirtschaftssubjekte zum gegebenen (niedrigen) Zinssatz bereit, ihre Wertpapiere an die Zentralbank abzugeben. Die Zentralbank ist somit unfähig, den Zinssatz weiter zu senken.

Die Investitionsfalle liegt vor, wenn Investoren aufgrund pessimistischer Erwartungen bei fallendem Zinssatz nicht mit einer Erhöhung der Investitionsnachfrage reagieren. Eine expansive Geldpolitik führt in der Investitionsfalle zu einem fallenden Zinssatz, der aber keine Auswirkungen auf die gesamtwirtschaftliche Nachfrage und somit Produktion und Beschäftigung hat, da die Investitionsgüternachfrage eben nicht reagiert.

DIE LIQUIDITÄTSFALLE UND DIE INVESTITIONSFALLE:

Liquiditätsfalle	Die Geldnachfrage ist vollkommen zinselastisch.	Zinssatz konstant
Investitionsfalle	Die Investitionsnachfrage ist vollkommen zinsunabhängig.	Fallender Zinssatz ohne Auswirkungen auf die Nachfrage nach Investitionsgütern

Taylor Rule

$$r = \bar{r}^{MP} + \bar{r}^{RP} + \phi_y \left(\frac{y - \bar{y}}{\bar{y}}\right) + \phi_\pi (\pi - \pi^T)$$

oder noch besser Extended Taylor rule

9 Die Geldpolitik in Europa

Lernziele:
In diesem Kapitel lernen Sie die Grundlagen der Geldpolitik in Europa kennen. Sie werden den Aufbau und die Aufgaben der Europäischen Zentralbank (EZB), des Europäischen Systems der Zentralbanken (ESZB), des „Eurosystems" sowie der nationalen Zentralbanken (NZB) erläutern können. Zudem wird auf die „Zwei Säulen"-Strategie sowie auf die Instrumente der Geldpolitik eingegangen.

9.1 Die Institutionen der Geldpolitik

Das Europäische System der Zentralbanken (ESZB) besteht aus der Europäischen Zentralbank (EZB) und den nationalen Zentralbanken (NZB) der EU. Oberstes geldpolitisches Gremium der Geldpolitik in Europa ist der Rat der EZB, in dem die Geldpolitik festgelegt ist.

Europäisches System der Zentralbanken (ESZB)		
EZB		27 NZB aller EU-Länder
Direktorium	EZB-Rat	
Erweiterter Rat		

Am „Eurosystem" nehmen hingegen neben der EZB nur die 15 NZB der Länder teil, welche bereits (Stand: April 2008) den Euro eingeführt haben und somit die Stabilitäts- und Konvergenzkriterien von Maastricht bzw. des Stabilitätspaktes erfüllt haben.

Eurosystem	
EZB	
Direktorium | EZB-Rat Erweiterter Rat	15 Euro-NZB

Die Länder, die den Euro (Stand: Januar 2008) eingeführt haben, lauten:

- Frankreich
- Belgien
- Niederlande
- Luxemburg
- Deutschland
- Österreich
- Italien
- Spanien
- Griechenland
- Portugal
- Irland
- Finnland
- Slowenien (seit Januar 2007)
- Zypern (seit Januar 2008)
- Malta (seit Januar 2008)

Von den alten EU-Staaten haben Großbritannien, Schweden sowie Dänemark den Status von „Ländern mit Ausnahmeregelung", die den Euro noch nicht eingeführt haben. Zu diesen Ländern zählen auch die 9 der 10 im Mai 2004 hinzu getretenen Staaten: Polen, Ungarn, Tschechien, Slowakei, Estland, Lettland, Litauen sowie die zwei im Januar 2007 beigetretenen Staaten Bulgarien und Rumänien.

DIE AUFGABEN DES EUROSYSTEMS:

- Die Geldpolitik des Euro-Währungsgebietes festlegen und ausführen,
- Devisengeschäfte durchführen,
- die offiziellen Währungsreserven der Mitgliedsstaaten halten und verwalten,
- das reibungslose Funktionieren der Zahlungssysteme fördern,
- die zuständigen Behörden auf dem Gebiet der Bankenaufsicht und der Stabilität der Finanzmärkte unterstützen,
- statistische Daten einholen und
- im Bereich der internationalen Zusammenarbeit die Mitgliedsstaaten vertreten.

9.1 Die Institutionen der Geldpolitik

DIE AUFGABEN DER NZB, DIE DEN EURO BEREITS EINGEFÜHRT HABEN:

- Ausführende (exekutive) Organe für die Geldpolitik des Eurosystems
- Mitwirkung im Rahmen verschiedener Ausschüsse unter Vorsitz eines Vertreters der EZB

Beispiele:
- Ausschuss für Rechnungswesen
- Ausschuss für Bankenaufsicht
- Ausschuss für Banknoten
- Ausschuss für internationale Beziehungen
- Ausschuss für die Geldpolitik
- Ausschuss für Zahlungs- und Verrechnungssysteme

Der EZB-Rat ist das oberste Entscheidungsgremium der Geldpolitik im Euroraum. Dieser setzt sich aus dem Direktorium der EZB und den Präsidenten der 13 NZB der Länder, welche den Euro bereits eingeführt haben, zusammen. Der Präsident der Deutschen Bundesbank ist zur Zeit (Stand: April 2008) Axel Weber.

DIE HAUPTAUFGABEN DES EZB-RATES:

- Geldpolitik des Euro-Währungsgebietes sowie die Leitlinien für die Ausführungen der Geldpolitik festlegen: Geldpolitische Zwischenspiele, Leitzinssätze sowie die Bereitstellung von Zentralbankgeld
- Verordnung über die Berechnung und die Bestimmung des Mindestreserve-Solls (zur Zeit 2%) erlassen
- Ausgabe der Euro-Banknoten (durch NZB) und der Euromünzen (von den Nationalstaaten) genehmigen

ENTSCHEIDUNGSREGELN IM EZB-RAT:

- Entschieden wird nach der einfachen Mehrheit der persönlich anwesenden Mitglieder. Bei Stimmengleichheit entscheidet die Stimme des Präsidenten der EZB.
- Bei Entscheidungen über das EZB-Kapital, die Beiträge zu den Währungsreserven sowie über die Gewinnverteilung werden die Stimmen im EZB-Rat nach den voll eingezahlten Kapitalanlagen der NZB gewichtet.

DAS DIREKTORIUM DER EZB UND SEINE AUFGABEN:

Mitglieder des Direktoriums (Stand April 2008): *Veraltet*

- Jean-Claude Trichet (Präsident der EZB seit 01.11.2003)
- Lucas D. Papademos (Vize-Präsident der EZB seit 01.06.2002)
- Lorenzo Bini Smaghi, Jose Manuel Gonzàles-Pàramo, Jürgen Stark (Deutschland), Gertrude Tumpel-Gugerell

Hauptaufgaben des Direktoriums:

- Ausführung der Geldpolitik gemäß den Leitlinien und den Entscheidungen des EZB-Rates
- Erteilung der erforderlichen Anweisungen für die Ausführungen der Geldpolitik an die NZB
- Führen der laufenden Geschäfte der EZB

> Der erweiterte EZB-Rat der EZB besteht aus
>
> - dem Präsidenten und dem Vize-Präsidenten der EZB und
> - den 27 NZB-Präsidenten aller EU-Länder.

MITWIRKUNGSAUFGABEN DES ERWEITERTEN RATES IN DEN FOLGENDEN BEREICHEN:

- Beratende Funktion der EZB
- Erhebung von statistischen Daten
- Erstellung der Jahresberichte der EZB
- Festlegung des Schlüssels für die Kapitalzeichnung der EZB
- Vorarbeiten erledigen, die erforderlich sind um die Länder mit Ausnahmeregelungen an die Einführung des Euro heran zu führen

DIE EZB UNTERLIEGT FOLGENDER TRANSPARENZ- UND RECHENSCHAFTSPFLICHT:

- Die EZB veröffentlicht wöchentlich eine konsolidierte Bilanz des Eurosystems.
- Die EZB erstellt zumindest einmal vierteljährlich Berichte über die Tätigkeiten der ESZB.
- Die EZB legt dem Europäischen Parlament, dem EU-Rat, der Europäischen Kommission und dem Europäischen Rat Jahresberichte vor.
- Nach der ersten EZB-Ratssitzung in jedem Monat findet eine Pressekonferenz statt, in der die Ansichten zur wirtschaftlichen Lage und die Einschätzung der zukünftigen Preisentwicklung zum Ausdruck kommen.
- Monatsberichte enthalten aktuelle geld- und wirtschaftspolitische Entscheidungen und Entwicklungen.

Die Unabhängigkeit der Geldpolitik

➢ Institutionelle Unabhängigkeit

Zu dieser institutionellen Freiheit zählt, dass es kein Weisungsrecht insbesondere seitens der Politiker in Bezug auf die EZB gibt. Die EZB ist frei von Anweisungen dritter Parteien. Der Präsident des EU-Rates und auch ein Vertreter der Kommission können jedoch ohne Stimmrecht an den Sitzungen des EZB-Rates teilnehmen.

➢ Personelle Unabhängigkeit

Personelle Unabhängigkeit verlangt eine Amtszeit, die sich über mehrere Legislaturperioden erstreckt, sodass die Leitung der Zentralbank im Falle eines Regierungswechsels nicht unter politischen Druck gerät. So sehen der Europäische Einigungsvertrag und auch das Statut zur EZB vor, dass die Mitglieder des Direktoriums grundsätzlich für 8 Jahre ohne die Möglichkeit einer Wiederernennung ernannt werden. Die Mitglieder des ersten Direktoriums werden nach einem Rotationsprinzip zum Teil bereits vor Ablauf der 8 Jahre abberufen, um eine kontinuierliche Arbeit dieses Organs zu sichern.

Die Amtszeit des Präsidenten der NZB beträgt mindestens 5 Jahre. Es besteht eine Möglichkeit der Wiederernennung. Die Ernennung der Präsidenten der NZB erfolgt nach nationalem Recht, in Deutschland durch den Bundespräsidenten auf Vorschlag der Bundesregierung.

Hinsichtlich der Ernennungsprozedur ist vorgesehen, dass die Mitglieder des Direktoriums einvernehmlich durch die Staats- und Regierungschefs auf Empfehlung des EU-Rates, der hierzu das Europäische Parlament anhört, ernannt werden. Ein politischer Einfluss erscheint hier möglich.

Eine vorzeitige Entlassung der Mitglieder des EZB-Rates ist nur bei schweren persönlichen Verfehlungen in Ausnahmefällen möglich.

➢ Finanzielle Unabhängigkeit

Die EZB ist mit eigenem Haushalt sowie eigener Rechnungslegung und entsprechendem Kapital ausgestattet. Das Kapital der EZB beträgt 5,76 Mrd. Euro (Stand: Februar 2007), davon haben die Länder, die den Euro bereits eingeführt haben, 100% ihrer Anteile eingezahlt (rund 4 Mrd. Euro). Der Anteil der Deutschen Bundesbank beträgt rund 1,2 Mrd. Euro. Die 12 NZB der EU, die nicht dem Euro-Währungsgebiet angehören, müssen ab dem 01.01.2007 mindestens 7% des von ihnen gezeichneten Kapitals als Beitrag zu den Betriebskosten, die der EZB entstehen, einzahlen (rund 122 Mio. Euro).

> Die Kapitalanteile der NZB werden
> - zu 50% nach dem relativen Anteil der Bevölkerung an der Gesamtbevölkerung der EU und
> - zu 50% nach dem relativen Anteil des BIP an dem BIP der EU bestimmt.

Die NZB stattet die EZB aus ihren Beständen mit Währungsreserven bis zu 50 Mrd. Euro aus. Die jeweiligen Anteile richten sich nach den Anteilen am Kapital der EZB. Die Deutsche Bundesbank hat Anfang 1999 Währungsreserven im Werte von 12,25 Mrd. Euro an die EZB übertragen. 15% dieser einzuzahlenden Reserven bestehen aus Gold und 85% aus US-Dollar oder Yen.

➢ Funktionelle Unabhängigkeit

Die funktionelle Unabhängigkeit liegt vor, da die EZB hinsichtlich der Zielsetzung unabhängig ist und über die entsprechenden Instrumente verfügt, diese Zielsetzung zu realisieren. Das Ziel der Preisstabilität wird im Statut der ESZB und im Europäischen Einigungsvertrag (Art. 105 EGV) als primäres Ziel der Geldpolitik genannt.

> Preisstabiliät ist definiert als mittelfristiger Anstieg des Harmonisierten Verbraucherpreisindexes (HVPI) für das gesamte Euro-Währungsgebiet von bis zu 2% gegenüber dem Vorjahr.

Aufgrund von statistischer Ungenauigkeit bei der Messung der Inflation mit Hilfe der Preisindizes verbunden mit kurzfristigen Störungen wird keine Inflationsrate von Null angestrebt. Zudem ermöglicht der angestrebte Wert des HVPI von 2% eine Anpassung der relativen Preise, ohne dass es zu negativen Inflationsraten (Deflation) kommt.

Es werden dem Eurosystem mit den ständigen Fazilitäten, den Refinanzierungsgeschäften und mit der Mindestreservepolitik hinreichende Instrumente gegeben, um diese Zielsetzung zu erreichen.

Neben der Preisstabilität ist als weiteres Ziel der Unterstützungsauftrag zu sehen, der die Geldpolitik zur Unterstützung der allgemeinen Wirtschaftspolitik in der EU auffordert (Art. 109 EGV).

> Außerdem kann der Rat der Wirtschafts- und Finanzminister (ECOFIN-Rat), wenn dadurch das Ziel der Preisstabilität nicht gefährdet wird:
> - einstimmig „förmliche Vereinbarungen" über ein Wechselkurssystem für den Euro gegenüber Drittlandswährungen treffen und
> - mit qualifizierter Mehrheit auf Empfehlung der Kommission und nach der Anhörung der EZB „allgemeine Orientierung" für die Wechselkurspolitik des Eurosystems aufstellen.
>
> Viele Ökonomen sehen hierin ein großes Problem hinsichtlich der funktionellen Unabhängigkeit der EZB.

9.2 Die geldpolitische Strategie der EZB

Das Endziel der Geldpolitik der EZB ist die Sicherung der Preisstabilität. Dabei wird eine Inflationsrate des Harmonisierten Verbraucherpreisindexes von 2% auf Jahresbasis als Preisnorm und damit als vereinbar mit diesem Ziel verstanden. Der Einsatz der geldpolitischen Instrumente wirkt über Zwischenziele oder Indikatoren auf das Endziel.

Eine geldpolitische Strategie legt die Grundlagen für die Geldpolitik. Sie regelt insbesondere wie und zu welchem Zeitpunkt die Instrumente in welcher Stärke einzusetzen sind. Die Strategie muss glaubwürdig sein.

Die Vorteile einer bestehenden und kommunizierten geldpolitischen Strategie:

- Sie verleiht dem geldpolitischen Entscheidungsprozess eine klare Struktur.
- Sei dient als Mittel der Kommunikation mit der Öffentlichkeit.

Ihre Zielsetzung

Glaubwürdigkeit der Geldpolitik erhöhen und Erwartungen in Bezug auf die Geldpolitik verstetigen

Ausgewählte Kriterien für die Auswahl der Kriterien

- Der Grundsatz der Effektivität verlangt eine klare und verständliche Strategie. Dieser Grundsatz soll der Überprüfbarkeit und der Transparenz geldpolitischer Maßnahmen dienen.

- Die Strategie muss auf das Endziel der Preisstabilität ausgerichtet sein.
- Der Grundsatz der Kontinuität ist anzuwenden. Somit nutzt die Strategie die Erfahrungen der Länder, die den Euro eingeführt haben.
- Die Strategie ist schließlich vereinbar mit der Unabhängigkeit des Eurosystems.

An geldpolitischen Instrumenten stehen zur Verfügung

- Ständige Fazilitäten (Einlagen- und Spitzenrefinanzierung),
- Offenmarktpolitik mit Hauptrefinanzierungsgeschäften und Geschäften der längerfristigen Refinanzierung und
- Mindestreservepolitik.

Von diesem Instrumenteneinsatz gehen Wirkungen auf die Geldmenge M3, die als Zwischenzielgröße der Geldpolitik verstanden wird, aus. Da die Inflation zumindest mittel- bis langfristig ein monetäres Phänomen ist, zeigen deutliche Veränderungen in der Wachstumsrate der Geldmenge M3 Gefahren für die Preisstabilität als das Endziel der Geldpolitik an. Diesen Prozess bezeichnet man auch als geldpolitischen Transmissionsprozess.

Der geldpolitische Transmissionsprozess wird in nachfolgender Abbildung dargestellt.

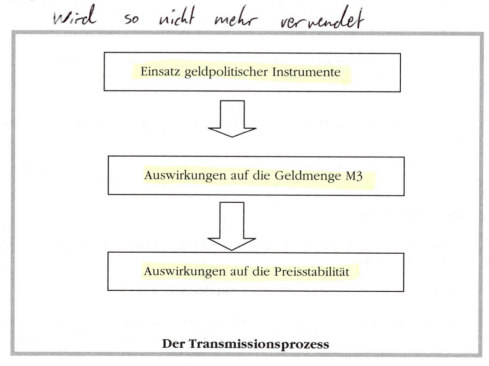

Wird so nicht mehr verwendet

Der Transmissionsprozess

9.2 Die geldpolitische Strategie der EZB

> **Anforderungen an die Wahl der Zwischenzielgröße:**
> - Sie muss hinreichend durch die Geldpolitik kontrollierbar sein.
> - Sie muss einen engen zeitlichen und stabilen Zusammenhang zum Endziel haben (Diskussion um die Indikatoreigenschaften).

Im Folgenden wird mit Hilfe der nachfolgenden Abbildung dargestellt, mit welcher Strategie die EZB das Hauptziel der Geldpolitik der Preisstabilität realisieren will.

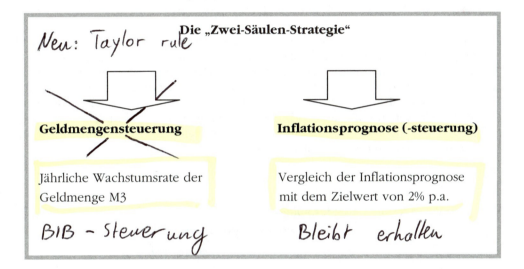

Neu: Taylor rule

BIB - Steuerung — *Bleibt erhalten*

Die Geldmenge M3 ist eine zentrale Größe des monetaristisch ausgerichteten Teils der geldpolitischen Strategie der EZB. Der relevante Teil der „Zwei-Säulen-Strategie" ist die so genannte Geldmengensteuerung.

Die Zielgröße zur Erreichung der Preisstabilität stellt einen Referenzwert für ein breit gefasstes jährliches Geldmengenwachstum dar. Kurzfristige Abweichungen von diesem Zielwert führen deshalb nicht automatisch zu den geldpolitischen Reaktionen der EZB.

Während die Strategie der Geldmengensteuerung eher den mittelfristigen geldpolitischen Kurs anzeigt, wird für die kurzfristige Richtung die Inflationsprognose eingesetzt. Hierbei finden verschiedene Konjunkturindikatoren (Auftragseingänge, Löhne,...) sowie Finanzmarktindikatoren (Zinsstrukturkurve, Kursänderungen,...) Anwendung, um eine Gefahr für die Preisstabilität ausmachen zu können und ggf.

entsprechend gegen zu steuern. Dieser Teil der Strategie wird auch als direkte Inflationssteuerung bezeichnet, da die Geldpolitik auf Grundlage eines Vergleichs zwischen der prognostizierten und der angestrebten Inflationsrate von 2% des HVPI bestimmt wird.

Kritiker wenden ein, dass diese „Zwei-Säulen-Strategie" die Transparenz der Geldpolitik vermindert. Wie sollte die EZB reagieren, wenn kurzfristig kein Inflationspotenzial ausgemacht wird, aber die Wachstumsrate der Geldmenge mit 6% höher als die angestrebte ist? In der Praxis hat die Zentralbank nicht auf die Abweichung der Geldmengenwachstumsrate von ihrem Zielwert von 4,5% nach oben reagiert, da diese vor allem mit Portfolioumschichtungen von den Aktien und Wertpapieren hin zur Geldvermögensbildung erklärt wird und somit nicht so relevant für die Nachfragewirksame Geldmenge erschien.

Der Referenzwert für die Wachstumsrate der Geldmenge M3 wird auf 4,5% pro Jahr festgelegt. Die Berechnung erfolgt auf der Grundlage der monetaristischen Quantitätstheorie, wonach eine Wachstumsrate der Geldmenge, die (bei gegebener Umlaufgeschwindigkeit des Geldes) höher als die Steigerungsrate der Produktionsmöglichkeiten ist, zu einer positiven Inflationsrate führt. Da in der Geldmenge M3 auch Geldgrößen enthalten sind, die eher der Wertaufbewahrung und der Vermögensbildung dienen, fällt mit einer steigenden Geldvermögensbildung die Umlaufgeschwindigkeit dieses Geldmengenaggregates.

In Veränderungsraten formuliert:

(9.1) $\quad \Delta M3\% = \Delta BIP^{POT}\% - \Delta v\% + \Delta P\%$

(9.2) $\quad 4,5\% = (2 \text{ bis } 2,5\%) - (-0,5\% \text{ bis } 1\%) + 2\%$

mit:

$\Delta M3\%$	Jährliche Wachstumsrate der Geldmenge M3
$\Delta BIP^{POT}\%$	Jährliche Wachstumsrate des potenziellen realen Bruttoinlandsproduktes (= Produktionspotenzial)
$\Delta v\%$	Jährliche Veränderungsrate der Umlaufgeschwindigkeit der Geldmenge M3
$\Delta P\%$	Unvermeidbare Inflationsrate, die mit Preisstabilität vereinbar ist („Preisnorm")

9.3 Die geldpolitischen Instrumente der EZB

Die geldpolitischen Instrumente zielen darauf ab, durch Veränderungen der Zinssätze am Geldmarkt sowie der Liquiditätssituation der so genannten monetären Finanzinstitute auf die Geldmenge M3 Einfluss zu nehmen.

> Die wesentlichen Instrumente der Geldpolitik der EZB sind die Offenmarktpolitik, die ständigen Fazilitäten sowie die Mindestreservepolitik. Die EZB ist mit Hilfe dieser Instrumente in der Lage, den Tagesgeldzins zu steuern.

Offenmarktpolitik

> **Zielsetzung:**
> Steuerung der Zinssätze und der Liquidität am Markt sowie Signalisierung des geldpolitischen Kurses.

DIE OFFENMARKTGESCHÄFTE DER EZB WERDEN DERZEIT ALS ZINSTENDER NACH DEM AMERIKANISCHEN VERFAHREN ABGEWICKELT. DANEBEN GIBT ES DEN MENGENTENDER:

Mengentender:
Es wird das Zuteilungsvolumen und der Zinssatz bekannt gegeben. Übersteigt das Bietungsaufkommen der Geschäftspartner das Zuteilungsvolumen, so werden die Gebote anteilig im Verhältnis des Zuteilungsbetrages zum Gesamtbietungsaufkommen zugeteilt (Repartierung).

Zinstender:
Es wird lediglich das Zuteilungsvolumen bekannt gegeben. Die Geschäftspartner geben Zins- und Mengenangebote ab. Die höchsten Zinsangebote kommen zum Zug, bis das Zuteilungsvolumen erreicht wird. Der marginale Zinssatz stellt den Zinssatz dar, zu dem die letzte Zuteilung abgewickelt werden kann. Es erfolgt dann eine Repartierung des (Rest-) Zuteilungsvolumens zu diesem Zinssatz. Der Zinstender kann anhand zweier Verfahren abgewickelt werden:

- Amerikanisches Verfahren: Die Zuteilung erfolgt jeweils zum gebotenen Zinssatz.
- Holländisches Verfahren: Alle Zuteilungen werden zum marginalen Zinssatz durchgeführt.

HAUPTREFINANZIERUNGSGESCHÄFTE:

Hauptrefinanzierungssatz / Mindestbietungssatz: 4,00% p.a. (Stand: April 2008)

Es handelt sich um regelmäßig stattfindende liquiditätszuführende befristete Transaktionen in wöchentlichem Abstand. Die Laufzeit beträgt i.d.R. 1 Woche. Diese Transaktionen werden von der NZB im Rahmen von Standardtendern durchgeführt – die Durchführung von der Tenderankündigung bis zur Bestätigung des Zuteilungsergebnisses erfolgt innerhalb von 24 Stunden.

Zudem gibt es die Schnelltender, die innerhalb von einer Stunde durchgeführt werden. Und die bilateralen Geschäfte, bei denen das Eurosystem nur mit einem oder wenigen Geschäftspartnern Geschäfte durchführt, ohne Tenderverfahren zu verwenden.

Die Deutsche Bundesbank als NZB führt die Hauptrefinanzierungsgeschäfte auf der Basis der besicherten Kredite durch. Dabei wird überwiegend der Zinstender mit der Zuteilung nach der amerikanischen Methode verwendet. Sowohl Kategorie 1- als auch Kategorie 2-Sicherheiten sind zur Unterlegung zugelassen.

LÄNGERFRISTIGE REFINANZIERUNGSGESCHÄFTE:

Es handelt sich um liquiditätszuführende, befristete Transaktionen in monatlichem Abstand. Im Gegensatz zu den Hauptrefinanzierungsgeschäften beträgt ihre Laufzeit i.d.R. 3 Monate. Sie werden von der NZB im Wege von Standardtendern durchgeführt. Dabei wird, wie bei den Hauptrefinanzierungsgeschäften, meistens der Zinstender unter Verwendung der amerikanischen Methode zur Zuteilung genutzt.

Ständige Fazilitäten

Zielsetzung:

Sie dienen dazu, Übernachtliquidität bereitzustellen bzw. zu absorbieren und setzen Signale bezüglich des geldpolitischen Kurses. Zudem bildet der Einlagezinssatz, also die Verzinsung der angelegten Übernachtliquidität, die Untergrenze für den Tagesgeldzinssatz. Ist der Tagesgeldsatz geringer als der Einlagenzinssatz, dann ist es rentabel, freie Liquidität als Einlagen auf den Konten der Zentralbank zu verwenden. Ähnlich bildet der Spitzenrefinanzierungssatz die Obergrenze für den Tagesgeldzinssatz.

9.3 Die geldpolitischen Instrumente der EZB

EINLAGENFAZILITÄT:

Einlagezinssatz: 3,00% (Stand: April 2008)

Damit können die Geschäftspartner Guthaben bei den NZB bis zum nächsten Geschäftstag anlegen. In der Regel gibt es keine Betragsbegrenzungen.

SPITZENREFINANZIERUNGSFAZILITÄT:

Spitzenrefinanzierungssatz: 5,00% (Stand: April 2008)

Die Geschäftspartner können sich von den NZB Übernachtliquidität gegen refinanzierungsfähige Sicherheiten beschaffen. Die Spitzenrefinanzierungsfazilität ist vergleichbar mit dem Lombardkredit, den früher die Deutsche Bundesbank den Geschäftsbanken angeboten hat.

Sind ausreichende Sicherheiten vorhanden, dann gibt es keine Kredithöchstgrenzen. Die Initiative geht von den Geschäftspartnern aus. Offene Salden auf den Konten der Geschäftspartner bei den NZB werden als Antrag auf eine Spitzenrefinanzierungsfazilität gewertet.

Refinanzierungsfähige Sicherheiten:

Artikel 18.1 der ESZB-Satzung sieht vor, dass für alle Kreditgeschäfte des Eurosystems, das sind liquiditätszuführende Geschäfte, ausreichende Sicherheiten zu stellen sind.

Kategorie 1-Sicherheiten:

Marktfähige Schuldtitel, die von der EZB festgelegte einheitliche und im gesamten Währungsgebiet geltende Zulassungskriterien erfüllen.

Kategorie 2-Sicherheiten:

Zusätzliche marktfähige und nicht marktfähige Sicherheiten, die für die nationalen Finanzmärkte und Bankensysteme von Bedeutung sind. Die Zulassungskriterien werden von den NZB mit Zustimmung der EZB festgelegt.

Mindestreservepolitik

> **Zielsetzung:**
> Stabilisierung der Geldmarktzinsen durch die Verzinsung des Mindestreservesolls mit dem Hauptrefinanzierungssatz sowie Schaffung einer strukturellen Liquiditätsknappheit der Institute.

Die Geschäftspartner haben durch die Mindestreservehaltung eine Pflicht, Zentralbankgeld nachzufragen und sind somit im Sinne der Anbindungsfunktion an das Eurosystem gebunden.

➢ **Bestimmung der Mindestreserve-Basis**

Die Mindestreserve-Basis wird aus einzelnen Positionen der Bilanz der Bank ermittelt. Die Bilanzangaben werden von den NZB im Rahmen der Geld- und Bankenstatistiken der EZB gemeldet. Die Monatsendstände der Bilanzpositionen eines gegebenen Kalendermonates (z.B. März 2007) werden benutzt, um die Reservebasis für die im übernächsten Kalendermonat (z.B. Mai 2007) beginnende Erfüllungsperiode zu berechnen.

➢ **Die Berechnung des Mindestreservesolls**

2% Mindestreservesatz sind zu halten für: *Noch aktuell?*

➢ Täglich fällige Einlagen und
➢ Einlagen mit vereinbarter Laufzeit bzw. Kündigungsfrist sowie ausgegebene Schuldverschreibungen von bis zu 2 Jahren.

Vom jeweiligen Mindestreservesoll wird ein Freibetrag von 100.000 Euro abgezogen.

➢ **Die technische Durchführung**

Jedes Institut muss die Mindestreserve auf mindestens einem Mindestreserve-Konto bei den NZB in dem Mitgliedsstaat unterhalten, in dem es niedergelassen ist. Die Mindestreserve-Guthaben werden zum durchschnittlichen Zinssatz der EZB für die Hauptrefinanzierungsgeschäfte über die Mindestreserve-Erfüllungsperiode (gewichtet nach der Anzahl der Kalendertage) des Eurosystems verzinst.

Die Mindestreserve-Pflicht ist lediglich auf der Basis der tagesdurchschnittlichen Reserveguthaben in der Erfüllungsperiode zu erfüllen.

9.3 Die geldpolitischen Instrumente der EZB

Somit können Institute in Zeiten, in denen der Geldmarktzins höher ist als der Hauptrefinanzierungssatz, ihre Liquidität am Geldmarkt anlegen und somit das Mindestreservesoll temporär untererfüllen.

Durch dieses zusätzliche Angebot an Zentralbankgeld auf dem Geldmarkt ergibt sich eine Verringerung des Geldmarktzinssatzes in Richtung des Hauptrefinanzierungssatzes.

Entsprechend reagieren die Geschäftspartner mit einer Übererfüllung ihres Mindestreservesolls in Zeiten, in denen der Hauptrefinanzierungssatz höher als der Geldmarktzinssatz ist. Durch die Verringerung des Angebotes auf dem Geldmarkt steigen dort die Zinssätze in Richtung Hauptrefinanzierungssatz.

> Man kann somit feststellen, dass die Durchschnittserfüllung in Verbindung mit einer Verzinsung des Mindestreservesolls anhand des Hauptrefinanzierungssatzes zu einer Stabilisierung und Kontrolle der Geldmarktzinssätze beiträgt.

➢ Nichteinhaltung der Mindestreservepflicht

Folgende Sanktionen können gemäß der Verordnung (EG) Nr. 2531/98 des Rates vom 23.11.1998 über die Auferlegung einer Mindestreserve-Pflicht durch die EZB verhängt werden:

1. Zahlung von bis zu 5 Prozentpunkten über dem Spitzenrefinanzierungssatz bzw. vom bis zum Zweifachen des Spitzenrefinanzierungssatzes auf den Betrag der Mindestreserve-Unterschreitung des betreffenden Institutes.
2. Verpflichtung des betreffenden Institutes bei der EZB oder der NZB unverzinsliche Einlagen vom bis zum Dreifachen des Betrages der Mindestreserve-Unterschreitung zu hinterlegen.
3. Bei schwerwiegenden Verstößen gegen die Mindestreserve-Anforderungen können die betreffenden Geschäftspartner vorübergehend von der Teilnahme an Offenmarktgeschäften ausgeschlossen werden.

10 Kurz- und Wiederholungsaufgaben

10.1 Grundlagen der Volkswirtschaftlichen Gesamtrechnung (VGR)

1. Erläutern Sie die Aussagen der Entstehungs-, der Verwendungs- und der Verteilungsrechnung.

2. Beschreiben Sie vier Kritikpunkte der VGR.

3. Gegeben sind die folgenden Zahlen in Millionen Euro:

Gesamtwirtschaftliche Bruttoinvestitionen =	500
Gesamtwirtschaftliche Abschreibungen =	150
Gesamtwirtschaftliche Ersparnis =	400
Nettoproduktionsabgaben an den Staat =	25
Nettoproduktionsabgabe an die EU =	5
Erwerbs- und Vermögenseinkommen der Unternehmen und des Staates an die Haushalte =	1.350
Erwerbs- und Vermögenseinkommen der Unternehmen an die Ausländer =	300
Erwerbs- und Vermögenseinkommen der Ausländer an die Haushalte =	250
Einbehaltene Gewinne der Unternehmen =	225
Außenbeitrag zum BIP =	300
Privater Verbrauch =	1.000
Staatsverbrauch =	250
Laufende Nettotransfers des Staates und der Haushalte an die Ausländer =	200
Vermögensübertragungen des Staates und der Haushalte an die Ausländer =	35

   Bearbeiten Sie die folgenden Aufgaben:

   ➢ Erstellen Sie die folgenden gesamtwirtschaftlichen Konten:

   - ❖ Produktionskonto
   - ❖ Einkommenskonto
   - ❖ Vermögensveränderungskonto
   - ❖ Auslandskonto.

- Berechnen Sie das Bruttoinlandsprodukt zu Marktpreisen.
- Berechnen Sie das Volkseinkommen.
- Berechnen Sie die folgende gesamtwirtschaftliche Vermögensveränderung:
  - Sachvermögen
  - Geldvermögen

4. Beschreiben Sie, wie sich unter sonst unveränderten Bedingungen die folgenden Datenänderungen auf das Bruttoinlandsprodukt zu Marktpreisen sowie auf das Volkseinkommen (= Nationaleinkommen bzw. Nettosozialprodukt zu Marktpreisen) auswirken:

   - Steigende Lohnzahlungen der Unternehmen an polnische Grenzgänger, die in Polen wohnhaft sind und in Beelitz Spargel stechen
   - Fallende Lohnzahlungen der Unternehmen an italienische Gastarbeiter, die in Deutschland wohnen
   - Außerordentliche Abschreibungen wegen der Hochwasserkatastrophe
   - Erhöhung der Mehrwertsteuer von 16% auf 19%
   - Dividendenzahlungen der Daimler Chrysler AG an ausländische Aktionäre.
   - Steigende Vorleistungsimporte aus dem Ausland
   - Reduktion der Körperschaftssteuer von 25% auf 19%
   - Senkung der staatlichen Transferzahlungen an die privaten Haushalte.
   - Steigende vertikale Integration der Volkswirtschaft

5. Betrachtet wird ein dreistufiger Prozess der Brotherstellung. Ein Bauer pflanzt Getreide an, das er an einen Müller verkauft. Der Müller mahlt das Getreide zu Mehl und veräußert dieses an einen Bäcker, der Brot herstellt.

   (a) Erläutern Sie mit Hilfe dieses Beispiels den Unterschied zwischen dem Produktionswert, der Bruttowertschöpfung und der Nettowertschöpfung.
   (b) Beschreiben Sie, wie sich eine Fusion des Müllers und des Bäckers auf das Inlandsprodukt auswirkt.

10.2 Der Gütermarkt

1. Gegeben ist die Konsumfunktion $C_t = 1000 + 0{,}75\, Y^A_t$

   (a) Berechnen Sie die marginale und die durchschnittliche Konsumquote bei einem Einkommen von $Y^A_t = 1000; 2000; 3000; 4000; 5000$ und 6000.
   (b) Bestimmen Sie die Sparfunktion zu der Konsumfunktion. Welche Werte haben die marginale und durchschnittliche Sparquote bei den in a. gegebenen Werten des Einkommens.

2. Gegeben ist neben der Konsumfunktion aus Aufgabe 1. eine Summe aus Investitions- und Staatsnachfrage von 500.

   (a) Berechnen Sie den Wert der Produktion und des Einkommens im Gleichgewicht.
   (b) Bestimmen Sie den Wert der Konsumnachfrage und der Ersparnis im Gleichgewicht.

3. Wir gehen aus von der Konsumnachfrage der Aufgabe 1. mit $C_t = 1000 + 0{,}75\, Y_t^A$ und einer Investitions- und Staatsnachfrage von 500. Das alte Gleichgewicht ist in der Periode 0 erreicht. Dann erhöht der Staat seine Nachfrage dauerhaft um 200.

   (a) Berechnen Sie den Wert des Multiplikators.
   (b) Stellen Sie den Multiplikatorprozess vom alten hin zum neuen Gleichgewicht dar.
   (c) Bestimmen Sie die Werte der Konsumnachfrage und der Ersparnis im neuen Gleichgewicht.

4. Investitionsgüternachfrage

   Für die Konjunktur und für das Wachstum sind Investitionen von entscheidender Bedeutung.

   (a) Erläutern Sie den Begriff der Bruttoinvestition.
   (b) Beschreiben Sie das Akzeleratorprinzip und erläutern Sie den Unterschied zwischen dem Akzelerator und dem Investitionsmultiplikator.
   (c) Stellen Sie die Investitionsnachfrage grafisch dar. Erläutern Sie die Zinsabhängigkeit der Investition mit Hilfe der Kapitalwertmethode und der Methode des internen Zinsfußes.

10.3 Die Geld- und Kapitalmärkte

1. Beschreiben Sie, wie sich die folgenden Veränderungen auf die Geldbasis, die Geldmenge M1, M2 und M3 auswirken:

   ➢ Umwandlung von täglich fälligen Einlagen in Einlagen mit vereinbarter Laufzeit von 2 Jahren.
   ➢ Umwandlung von täglich fälligen Einlagen in Einlagen mit vereinbarter Laufzeit von 4 Jahren.
   ➢ Umschichtung von Vermögen von Aktien hin zu Bankschuldverschreibungen.

> Ein Anleger hebt Bargeld ab und überweist dieses an Angehörige im Ausland.

2. Erläutern Sie die Einsparungen, die sich ausgehend von einer Naturalwirtschaft durch die Einführung des "Geldes" ergeben.

3. Beschreiben Sie die Anforderungen an ein Gut, damit es zum Geld wird.

4. Das reale Inlandsprodukt einer Volkswirtschaft beträgt 800 Euro im Jahr, der Preisindex P ist gleich 2 Euro pro Stück.

   (a) Bestimmen Sie die nominelle Transaktionskasse bei einer wöchentlichen Lohn- und Gehaltszahlung.
   (b) Berechnen Sie die nominelle Transaktionskasse bei einer monatlichen Lohn- und Gehaltszahlung.

5. Spekulationskasse: Ein Anleger verfügt über ein Vermögen von 10.000 Euro. Er überlegt, festverzinsliche Staatsanleihen mit Nennwert von 100 Euro zu erwerben. Der Zinssatz auf diese Papiere beträgt 10%. Zu Beginn des Anlagezeitraums werden die Papiere zu einem Kurs von 110 Euro gehandelt.

   (a) Erläutern Sie, wie das Vermögen auf die Wertpapiere und die Spekulationskasse aufgeteilt wird, wenn der Anleger bis zum Ende des Anlagezeitraums mit einem Kurswert von 102 Euro rechnet. Transaktionskosten werden nicht berücksichtigt.
   (b) Berechnen Sie den erwarteten Kurswert, bei dem sich eine Rendite der Wertpapierhaltung von Null ergibt.

6. Erläutern Sie, wie sich folgende Faktoren auf den Geld- und Kreditschöpfungsmultiplikator auswirken:

   > Zunehmende Verwendung von electronic cash
   > Anstieg des Mindestreservesatzes durch die EZB
   > Schließung von Bankfilialen in ländlichen Gegenden
   > Verringerung der Kreditnachfrage der Nichtbanken

7. Wir betrachten ein Bankensystem, das über eine Überschussreserve von 1.000 Euro verfügt. Der Mindestreservesatz beträgt 10% und die Bargeldabflussquote ist gleich 0,2.

   (a) Berechnen Sie die freie Liquidität zu Beginn der zweiten Periode.
   (b) Berechnen Sie den Wert des Geld- und Kreditschöpfungsmultiplikators.
   (c) Berechnen Sie die Veränderung der Sichteinlagen, des Bargeldumlaufs und der Mindestreserven im Zuge des Prozesses der multiplen Geld- und Kreditschöpfung.

8. Beschreiben Sie die Auswirkungen folgender Veränderungen auf den Zinssatz und die Geldmenge:

    ➤ Umstellung des Zahlungsrhythmus von monatlichen auf wöchentliche Lohn- und Gehaltszahlungen
    ➤ Steigende Risikoaversion der Anleger
    ➤ Anstieg des Preisindex des Inlandsproduktes
    ➤ Anstieg der Geldvermögensbildung
    ➤ Steigende Illiquiditätskosten
    ➤ Kontraktive Geldpolitik der Zentralbank

9. Beschreiben Sie, wie die Zentralbank eine expansive Geldpolitik ausführen kann und welche Wirkungen sich auf die Bilanz der Zentralbank ergeben.

10. Erläutern Sie die Auswirkungen einer steigenden Geldmenge auf den Zinssatz und die Produktion und Beschäftigung:

    ➤ wenn die Geldangebots- und Geldnachfragefunktion normal verlaufen.
    ➤ wenn eine Liquiditätsfalle gegeben ist.
    ➤ wenn eine Investitionsfalle gegeben ist.

10.4 Die Geldpolitik in Europa

1. Erläutern Sie, wer für die Festlegung und die Durchführung der Geldpolitik im Euroraum zuständig ist.

2. Beschreiben Sie den Unterschied zwischen dem ESZB, der EZB und dem Eurosystem.

3. Erläutern Sie den Unterschied zwischen dem EZB-Rat und dem Erweiterten Rat der EZB sowohl hinsichtlich der Zusammensetzung als auch hinsichtlich der Aufgaben.

4. Beschreiben Sie, welche geldpolitischen Aufgaben die Deutsche Bundesbank zu übernehmen hat.

5. Erläutern Sie die Begriffe der Unabhängigkeit der Zentralbank.

6. Erörtern Sie die Vor- und die Nachteile der Unabhängigkeit der Zentralbank.

7. Erklären Sie, warum die Geldpolitik das primäre Ziel der Sicherung der Preisstabilität hat.

8. Erklären Sie, inwieweit das Eurosystem auf die Stabilität der Wechselkurse achtet.

9. Geldpolitische Strategie

   Die „Zwei-Säulen-Strategie" der EZB sieht vor, dass die Geldpolitik durch zwei Aspekte bestimmt wird.

   (a) Erläutern Sie die Geldmengensteuerung vor dem Hintergrund der Quantitätstheorie.
   (b) Beschreiben Sie jeweils zwei Vorteile und Nachteile der direkten Inflationssteuerung im Vergleich zur Geldmengensteuerung.

10. Beschreiben Sie, inwieweit das Eurosystem durch Geldpolitik die Zinssätze am Geldmarkt beeinflussen kann.

11. Erläutern Sie die Zielsetzungen der geldpolitischen Instrumente.

12. Beschreiben Sie die Anforderungen an eine geldpolitische Strategie sowie deren Notwendigkeit.

13. Beschreiben Sie die Mindestreservepolitik.

14. Beschreiben Sie die ständigen Fazilitäten.

15. Beschreiben Sie die Refinanzierungsgeschäfte des Eurosystems.

16. Erläutern Sie, wie sich Mengentender und Zinstender im Rahmen der Offenmarktgeschäfte unterscheiden.

17. Beurteilen Sie die "Zwei-Säulen-Strategie" der EZB.

18. Welche Empfehlung geben Sie der EZB, wenn im Zuge fallender Aktienkurse die Geldhaltung zunimmt?

19. Erläutern Sie, inwieweit die EZB in der Lage ist, die Preisstabilität zu sichern.

Wirtschaftspolitik

11 Arbeitslosigkeit und Inflation

Lernziele
Sie kennen die Funktionsweise des Arbeitsmarktes als den Ort, an dem Arbeitsangebot und –nachfrage zusammentreffen. Sie werden in die Lage versetzt, die Ursachen der Arbeitslosigkeit und Möglichkeiten zur Bekämpfung zu erläutern. Ferner wird Ihnen dargestellt, wie Inflation definiert wird. Sie werden die Ursachen der Inflation erläutern können und in die Lage versetzt, die Diskussion um die Phillips-Kurve darzustellen.

11.1 Arbeitsmarkt und Arbeitsmarktpolitik

Wird der Arbeitsmarkt bei vollkommener Lohnflexibilität als ein Modell der vollkommenen Konkurrenz definiert, so ergibt sich immer ein Gleichgewicht. In dieser Situation ist die Arbeitsnachfrage der Unternehmen gleich dem Arbeitsangebot der Haushalte. Es gibt im Gleichgewicht keine unfreiwillige Arbeitslosigkeit. Jeder Arbeitnehmer, der bereit ist, zum Gleichgewichtslohn zu arbeiten, findet eine Arbeit.

> **Wichtige Definitionen zum Arbeitsmarkt und zur Arbeitslosigkeit:**
>
> **Erwerbspersonen:** Alle arbeitswilligen und arbeitsfähigen Personen der Bevölkerung. Erwerbspersonen sind die Erwerbstätigen sowie die registrierten Arbeitslosen.
>
> **Erwerbstätige:** Alle arbeitenden Personen der Bevölkerung
>
> **Offizielle Arbeitslosenquote:** Sie ist das Verhältnis zwischen der Anzahl der offiziellen Arbeitslosen und der Anzahl der Erwerbspersonen.
>
> **Versteckte Arbeitslosigkeit:** Es wird zwischen den offiziell gemeldeten und den versteckten Arbeitslosen, die sich nicht bei der Bundesagentur für Arbeit (BfA) gemeldet haben und zur stillen Reserve zählen, unterschieden. Zur stillen Reserve werden die Personen gerechnet, die z.B. in Vorruhestand gehen oder im Bildungssystem untergebracht werden. Zudem werden Hausmänner und –frauen hierzu gerechnet.

Um unfreiwillige Arbeitslosigkeit zu verstehen, sind verschiedene Abweichungen des Arbeitsmarktes vom Modell der vollkommenen Konkurrenz zu erklären:

- Arbeit ist keine homogene Ware. Es liegen qualifikations- und berufsspezifische Unterschiede vor. Daraus folgt ein Teil der so genannten strukturellen Arbeitslosigkeit. Während ein Nachfrageüberschuss nach Facharbeitern besteht, ist die Arbeitslosigkeit bei den Erwerbspersonen mit geringerer Qualifikation, Berufserfahrung oder Mobilität besonders hoch.
- Aufgrund der unvollkommenen Informationen und der mangelnden Markttransparenz gibt es die Sucharbeitslosigkeit. Diese friktionelle Arbeitslosigkeit dauert maximal 3 Monate.
- Es liegt kein Polypol, sondern ein bilaterales Monopol auf dem Arbeitsmarkt vor. Den Gewerkschaften, die die Arbeitnehmer einer Industrie vertreten, stehen die großen Arbeitgeber und deren Verbände gegenüber.
- Es sind Tarifverträge, die eine zeitliche Dauer von mindestens einem Jahr haben, zu berücksichtigen. Eine unverzügliche Anpassung an neue Daten kann es somit nicht geben.
- Zudem wird das System der Flächentarifverträge angewandt. Die Tarifabschlüsse sind somit bindend für die Unternehmen in einem Tarifbezirk, ohne dass auf die Gegebenheiten des einzelnen Betriebs eingegangen wird.
- Die tarifvertraglich oder gesetzlich vorgeschriebenen Mindestlöhne, wie im Baugewerbe, liegen gerade bei der Arbeit mit minderer Qualifikation höher als der Gleichgewichtslohn. Die Folge ist Mindestlohnarbeitslosigkeit. Das Dienstleistungsabkommen der EU verpflichtet alle Arbeitgeber, die Arbeitskräfte zu den in Deutschland geltenden Bedingungen zu beschäftigen. Hieraus ergibt sich, dass ein Lohndumping durch ausländische Arbeitskräfte nicht möglich ist
- Die Arbeitsnachfragefunktion der Unternehmen basiert auf der Annahme, dass alle mit Hilfe der eingesetzten Arbeitskräfte hergestellten Güter auch tatsächlich verkauft werden können. Bei Konjunkturkrisen verliert die Arbeitsnachfragefunktion ihre Bedeutung. Es kommt zur konjunkturellen Arbeitslosigkeit.

ARTEN, URSACHEN UND MAßNAHMEN DER ARBEITSLOSIGKEIT:

Arten	Ursachen	Maßnahmen
Friktionelle Arbeitslosigkeit	Unvollkommene Information und Markttransparenz	Verbesserung der Stellenvermittlung, Beispiel: Internetangebote der BfA / Informationen effizienter machen
Saisonale Arbeitslosigkeit	Jahreszeitliche Produktions- und Nachfrageschwankung	Winterbauförderung Schlechtwettergeld
Konjunkturelle Arbeitslosigkeit	Rezession mit unzureichender gesamtwirtschaftlicher Nachfrage	Antizyklische Fiskalpolitik Angebotspolitik

Strukturelle Arbeitslosigkeit	Ungleichgewichte zwischen ➢ Regionen, ➢ Sektoren oder ➢ Arbeitskräften (Anforderungen der Arbeitgeber an die Arbeitnehmer und die Eigenschaften der Arbeitnehmer).	Programm „Aufbau Ost", Subventionen Arbeitsmarktpolitik zur Verbesserung der Qualifikation und der Mobilität.

Die konjunkturelle Arbeitslosigkeit ist auf einen Mangel an gesamtwirtschaftlicher Nachfrage in der Rezession (Konjunkturphase mit starker Unterauslastung der Kapazitäten) zurückzuführen. Die gesamtwirtschaftliche Nachfrage setzt sich gemäß der Verwendungsrechnung aus dem privaten und staatlichen Verbrauch, der Nachfrage nach Investitionsgütern sowie dem Außenbeitrag (= Export - Import) zusammen.

Bei der Bekämpfung der konjunkturellen Arbeitslosigkeit wird unterschieden zwischen der keynesianischen Nachfragepolitik und der neoklassischen bzw. monetaristischen Angebotspolitik. Die Nachfragepolitik zielt ab auf eine Erhöhung der gesamtwirtschaftlichen Nachfrage in der Rezession. Instrumente können eine Reduktion der Steuersätze, eine Steigerung der Transfersätze des Staates an die Haushalte, eine Erhöhung der Subventionen des Staates an die Unternehmen und eine Steigerung der staatlichen Nachfrage nach Gütern und Dienstleistungen sein. Die Angebotspolitik versucht die Arbeitslosigkeit zu senken, indem die Angebots- und Produktionsbedingungen verbessert werden. Ausgewählte Maßnahmen dieser Art sind die Begrenzung der Steuer- und Abgabenlast der Unternehmen, die Vermeidung zu hoher Lohnsteigerungen, der Abbau von Bürokratie und anderer Hemmnisse, welche die Unternehmen behindern.

Strukturelle Arbeitslosigkeit kann unterteilt werden in

➢ regionale,
➢ sektorale und
➢ personenspezifische Arbeitslosigkeit.

Regionale Arbeitslosigkeit ist auf bestimmte Regionen begrenzt und erklärbar mit mangelnder Industrieansiedlung oder fehlender Infrastruktur und fehlenden Absatzmärkten. Im Aufbau Ost versucht die Bundesregierung die neuen Bundesländer mit entsprechender Infrastruktur auszustatten, die zur Ansiedlung der Industrie notwendig ist.

Sektorale Arbeitslosigkeit beschreibt die Freisetzungseffekte in stagnierenden Branchen oder in Sektoren mit hohem Ausmaß an Rationalisierungsinvestitionen. Ungleichgewichte ergeben sich wegen unterschiedlicher Entwicklung der Bereiche.

Der Staat kann im Rahmen der sektoralen Strukturpolitik versuchen, die Auswirkungen des Strukturwandels zu mindern (Strukturanpassung), überalterte Strukturen durch Subventionen aufrechtzuerhalten (Strukturerhaltung) oder die durch den Markt bestimmte Strukturveränderungen durch Subventionen gezielt zu beeinflussen (Strukturgestaltung).

Die an den Merkmalen der Arbeitslosen auszumachende strukturelle Arbeitslosigkeit impliziert, dass die Arbeitslosen nicht den Anforderungen entsprechen, die die vorhandenen offenen Stellen erheben. An dieser Stelle setzen die Instrumente der Bundesagentur für Arbeit (Hartz-Reformen) an. Durch gezielte Fort- und Weiterbildungsmaßnahmen werden die Arbeitslosen an die Voraussetzungen der offenen Stellen angepasst.

Als langfristige oder auch strukturelle Arbeitslosigkeit wird die wachstumsdefizitäre Arbeitslosigkeit bezeichnet, die in der folgenden Tabelle erläutert wird.

WACHSTUMSDEFIZITÄRE ARBEITSLOSIGKEIT:

Arten	Ursachen	Ansatzpunkte
Demografische Arbeitslosigkeit	Die Erwerbspersonenzahl ist zu hoch im Vergleich zur Arbeitsnachfrage	Migrationspolitik, Verlängerung der Schulausbildungszeiten, Vorruhestand
Technologische Arbeitslosigkeit	Technischer Fortschritt	Rationalisierungsschutz
Stagnationsarbeitslosigkeit	Nachfragesättigung, Schlechte Angebotsbedingungen	Steigende Staatsnachfrage, Angebotspolitik

Demografische Arbeitslosigkeit liegt vor, wenn die Anzahl der Erwerbspersonen in einer Volkswirtschaft zu hoch ist. Maßnahmen zur Senkung dieser Art der Arbeitslosigkeit kann eine Verringerung der Erwerbstätigkeit sein, wie sie durch eine bewusste Migrationspolitik, eine Verlängerung der Schul- und Ausbildungszeiten oder eine Anpassung der Vorruhestandsregelungen erreicht werden können.

Die Stagnationsarbeitslosigkeit wird zu einem Teil mit Sättigungserscheinungen auf der Nachfrageseite erklärt. Weil die privaten Wirtschaftssubjekte gemäß dieser keynesianischen Theorie ihre Nachfrage einschränken, muss der Staat seine Anteile entsprechend steigern. Kritiker wenden ein, dass es aufgrund der zunehmenden Staatsnachfrage zu Verdrängungseffekten der privaten Nachfrage kommt.
Die private Nachfrage wird deshalb verdrängt, weil der Anstieg der Staatsnachfrage entweder zu einem steigenden Kapitalmarktzins oder zur steigenden Inflation führt. Zum anderen Teil wird die Stagnationsarbeitslosigkeit begründet mit Problemen der Angebotsseite.

Die Angebotstheoretiker verlangen entsprechend verbesserte Produktionsbedingungen, wie etwa Investitionsanreize in Form von Steuererleichterungen oder Subventionen.

Großes Problem !

Technologische Arbeitslosigkeit ist mit Freisetzungseffekten des technischen Fortschritts erklärbar. Durch technischen Fortschritt nimmt die Arbeitsproduktivität zu. Damit ist ein bestimmtes Volumen an Arbeit in weniger Arbeitsstunden leistbar bzw. bei unveränderten Arbeitszeiten von weniger Erwerbstätigen durchführbar.

Die Beschäftigungsschwelle beträgt etwa 2% Wachstum des BIP auf Jahresbasis. Das heißt, dass es erst bei 2% jährlicher Steigerung des BIP zu zusätzlichen Arbeitsplätzen kommt. Begründet wird diese Erfahrung damit, dass jedes Wachstum unterhalb dieser 2% von den Erwerbstätigen geleistet werden kann angesichts der steigenden Arbeitsproduktivität. Die Arbeitsproduktivität steigt vor allem wegen des technischen Fortschritts, der zum Einsatz effizienterer Maschinen führt.

Diskutierte Maßnahmen zur Reduktion der Arbeitslosigkeit:

- Staatliche Beschäftigungspolitik keynesianischer Prägung. Das bedeutet, dass der Staat seine Güternachfrage erhöht und die Anzahl der Beamten steigt.
- Begrenzung und Verringerung der Lohnzusatzkosten bzw. der Sozialversicherungsbeiträge (Ökosteuer in Deutschland zur Finanzierung der Gesetzlichen Rentenversicherung)
- Flexibilisierung des Arbeitsmarktes (z.B. durch flexiblere Arbeitszeiten und Arbeitsverträge oder durch Lockerung des Kündigungsschutzes)
- Förderung der beruflichen Qualifizierung und Anpassung der Ausbildung an den Strukturwandel
- Förderung der unternehmerischen Selbstständigkeit (Vgl. Hartz: "Ich–AG")
- Weitere Maßnahmen des Hartz–Konzeptes: Personalserviceagenturen, Vermittlungsgutscheine und Job-Floater
- An den Merkmalen der Arbeitslosen ansetzende Instrumente wie Hartz IV: Zusammenlegung von Sozial- und Arbeitslosenhilfe; Reduktion der Zumutbarkeitsgrenze für Arbeitslose
- Verkürzung der Wochenarbeitszeit mit oder ohne Lohnausgleich
- Steigende Effizienz des Vermittlungsservices der Bundesagentur für Arbeit durch Umgestaltung der Bundesanstalt für Arbeit zur Bundesagentur für Arbeit

11.2 Inflation

> Unter Inflation versteht man einen lang anhaltenden Prozess deutlicher Steigerungen des Preisniveaus. Im Falle dramatisch steigender Inflationsraten spricht man von einer galoppierenden Inflation oder einer Hyperinflation.

Die Disinflation wird als ein Prozess sich verringernder Inflationsraten verstanden. Viele Ökonomen haben Angst vor einer Deflation.

> Unter einer Deflation versteht man eine Periode, die in der Regel länger als ein Jahr ist, mit negativen Inflationsraten und anhaltenden Beschäftigungs- und Wachstumskrisen.

Die Wirtschaftskrise in einer Deflation ergibt sich aus zwei Gründen. Erstens verlagern die Nachfrager in Erwartung weiterer Preissenkungen ihre Nachfrage in die Zukunft. Zweitens verschlechtert sich die Gewinnsituation der Unternehmer. Während nämlich die Preise und Erlöse kontinuierlich fallen, sind viele Bestandteile der Kosten fix. Vertragliche Bedingungen, wie zum Beispiel ein Tarifvertrag, führen dazu, dass die Kosten nicht laufend an die Preissenkungen angepasst werden können.

DIE MESSUNG DER INFLATION ERFOLGT ANHAND VON WARENKÖRBEN UND PREISINDIZES:

	Gut 1 in kg	P_1 pro kg	Gut 2	P_2 pro Stück
Basisjahr 0	80 kg	5,00 Euro	200 Stück	4,00 Euro
Berichtsjahr 1	120 kg	5,50 Euro	240 Stück	5,20 Euro

Basisjahr = Jahr, das bei der Zusammenstellung des Warenkorbes zugrunde gelegt wird. Der Warenkorb beschreibt die Verbrauchsgewohnheiten des entsprechenden Haushaltes.

Berichtsjahr = Aktuelles Jahr, dem die laufenden Preise zugrunde gelegt werden.

Mit Hilfe der obigen Tabelle wird die Berechnung der Inflationsrate als prozentuale Veränderung der Ausgaben für einen Warenkorb dargestellt.

11.2 Inflation

Dabei werden grundsätzlich die Ausgaben im Berichtsjahr in Relation zu den Ausgaben für den Korb im Basisjahr gesetzt. Um die Veränderung der Preise zu bestimmen, hat man von gleichen Mengenstrukturen auszugehen. Man unterscheidet deshalb den Preisindex nach Laspeyres und nach Paasche. Im Laspeyres-Index werden die Mengen des Basisjahres auch im Berichtsjahr berücksichtigt. Es wird also die Veränderung der Konsumgewohnheiten vernachlässigt. Erst in zeitlichem Abstand von etwa fünf Jahren wird der Warenkorb an die veränderten Konsumgewohnheiten angepasst.

Mit Hilfe der nachfolgenden Formel wird die Inflationsrate auf der Basis des Laspeyres-Indexes wie folgt berechnet:

LASPEYRES-PREISINDEX:

$$\frac{5{,}50 \times 80 + 5{,}20 \times 200}{5{,}00 \times 80 + 4{,}00 \times 200} \Rightarrow \frac{1.480 \text{ Euro}}{1.200 \text{ Euro}} = 1{,}23$$

Die Inflation ist also die Differenz zwischen 1.480 Euro und 1.200 Euro bezogen auf die 1.200 Euro. Es ergibt sich ein Prozentsatz von 23%.

Kritikpunkte an die Inflationsmessung auf der Basis des Laspeyres–Preisindex:

- **Langsame Anpassung des Warenkorbes** an veränderte Verbrauchsgewohnheiten. Wenn die Anpassung nur alle 5 Jahre erfolgt, dann bleibt in dieser Zeit unberücksichtigt, dass die relativ teuer gewordenen Güter durch andere Güter substituiert worden sind.
- **Nichtberücksichtigung des Auftretens neuer Güter** sowie das Ausscheiden alter Güter aus dem Sortiment (Mobiltelefone; Zuzahlungen für Zahnersatz, …)
- **Nichtberücksichtigung von Qualitätsverbesserungen**
- Preissteigerungen, die auf bessere Qualität der Produkte zurückzuführen sind (Grundausstattung der Fahrzeuge), stellen keine Inflation dar

Folge:

Die auf der Basis des Laspeyres-Preisindex ermittelte Inflation ist höher als die tatsächliche, d.h. die nach Laspeyres berechnete Preissteigerungsrate wird als zu hoch ausgewiesen.

PAASCHE–PREISINDEX:

Nach der Methode einer **Inflationsmessung von Paasche** werden die Mengen des Berichtsjahres auch für das Basisjahr angenommen, obwohl es einige innovative Produkte in dem Basisjahr noch nicht gegeben hat. Mit Hilfe der nachfolgenden Formel wird eine **Inflationsrate** von 22% berechnet.

$$\frac{5{,}50 \times 120 + 5{,}20 \times 240}{5{,}00 \times 120 + 4{,}00 \times 240} \Rightarrow \frac{1\,908\ \text{Euro}}{1\,560\ \text{Euro}} = 1{,}22$$

Die Inflation ist also die Differenz zwischen 1.908 Euro und 1.560 Euro bezogen auf die 1.560 Euro. Es ergibt sich ein Prozentsatz von 22%.

Kritik am Paasche-Index:

Der Paasche-Index führt im Ergebnis dazu, dass die damit berechnete Inflationsrate niedriger als die tatsächliche dargestellt wird. Insbesondere bleibt unberücksichtigt, dass die relativ teurer gewordenen Güter erst im Zeitablauf durch die preiswerten Güter ersetzt worden sind.

Wichtig:

Das Statistische Bundesamt in Wiesbaden berechnet die Preisindizes für verschiedene Personengruppen (z.B. für die Lebenshaltung aller privaten Haushalte) auf der Basis von Warenkörben mit ca. 750 Waren und Dienstleistungen. Dafür werden monatlich etwa 350 000 Preiserhebungen durchgeführt. Berechnet wird der Preisindex der Lebenshaltung mit festem Basisjahr und unveränderter Mengenzusammensetzung als Laspeyres-Index.

Dabei werden die Verbrauchsstrukturen bis zur Einführung eines neuen Basisjahres konstant gehalten. So gelten u.a. für das Basisjahr 1995 folgende Anteile am Gesamtverbrauch: 27,5% Wohnungsmieten, 13,9% für Verkehr, 13,1% für Nahrungsmittel und Getränke.

11.2 Inflation

AUSWIRKUNGEN/EFFEKTE DER INFLATION:

Effekt	Beispiele
Umverteilungseffekte	Schuldner-Gläubiger-Hypothese
	Lohn-Lag-Hypothese
	Transfereinkommen-Lag
	Staat als Inflationsgewinner
	Geld – Sachvermögen
Allokationseffekte	Fehlallokation der Ressourcen
	Mangel an Produktivkapital
	Anstieg der Sicherungskosten
Internationale Wettbewerbsfähigkeit	Abwertung der Inlandswährung
	Zunehmender Kapitalexport
	Steigende Auslandsverschuldung

Schuldner-Gläubiger-Hypothese

Diese Hypothese geht davon aus, dass eine nicht erwartete Inflation zur Begünstigung der Schuldner und Kreditnehmer zu Lasten der Gläubiger und Kreditgeber führt. In welchem Ausmaß die Gläubiger durch die Inflation benachteiligt werden, hängt von der Verzinsung ihrer Kredittitel ab und in welchem Ausmaß die Verzinsung an die Inflation angepasst wird. In Zeiten mit hohen und variablen Inflationsraten sind die Kreditverträge und eine Festzinsvereinbarung sehr kurzfristig. Diese Modalitäten werden gewählt, um den Gläubiger vor übermäßigen Vermögensverlusten zu schützen.

Lohn-Lag-Hypothese

Die Lohn-Lag-Hypothese geht davon aus, dass die Realeinkommen oder die Kaufkraft der Arbeitnehmer fallen, wenn die Nominallohnsteigerungen vorübergehend oder dauerhaft geringer sind als die Inflationsrate. Die Folge davon ist eine fallende Lohnquote - berechnet als Lohneinkommen in Relation zum Volkseinkommen - und eine steigende Gewinnquote.
In den Tarifverhandlungen zwischen den Gewerkschaften und den Arbeitgebern verlangen die Gewerkschaften eine Steigerung der Nominallöhne zumindest in

Höhe der erwarteten Inflation, um die Kaufkraft der Löhne, die sogenannten Reallöhne, konstant zu halten. Kommt es während der Gültigkeit der Tarifverträge zu einer von den Gewerkschaften nicht erwarteten Inflation, dann ergibt sich zumindest bis zu den nächsten Lohnverhandlungen ein Kaufkraftverlust der Lohnempfänger. Eine andere Frage sind die Beschäftigungswirkungen einer nicht erwarteten Inflation. Die Diskussion um die Phillips-Kurve zeigt, dass es wegen der verbesserten Gewinnaussichten der Unternehmer zumindest zu kurzfristigen positiven Beschäftigungswirkungen kommen kann.

Der Lösungsansatz mit einer Indexierung der Nominallöhne an die Preise verursacht so genannte "Lohn-Preis-Abwertungsspiralen", da die Lohnsteigerungen wiederum Anlass zu steigenden Preisen und zur Abwertung der Inlandswährung geben.

Die Transfereinkommen-Lag-Hypothese

Die zweite Hypothese besagt, dass die staatlichen Sozialleistungen, wie zum Beispiel Wohnungs- oder Kindergeld und Rentenzahlungen, nur verzögert der Inflation angepasst werden, so dass diesen Personengruppen Kaufkraftverluste drohen. Die dynamische Rente führt zu Kaufkraftverlusten, wenn die Rentenzahlungen nicht in vollem Umfang an die Entwicklung der Nominallöhne angepasst werden oder wenn die Nominallöhne nicht unverzüglich und zu hundert Prozent an die Inflation angepasst wird.

Die Hypothese vom Staat als Inflationsgewinner

Dabei geht es um die Auswirkungen einer steigenden Inflationsrate auf das Budget des Staates.

Budget	Position	Auswirkung
Einnahmen	Progressives Steuersystem	Vorteil des Staates
Ausgaben	Staatskonsum	Nachteil des Staates
Ausgaben	Investitionen	Nachteil des Staates
Ausgaben	Transferzahlung	Vorteil des Staates
Verschuldung	Heimische Währung	Vorteil des Staates
Verschuldung	Ausländische Währung	Nachteil des Staates

Die Hypothese vom Staat als Inflationsgewinner unterstellt, dass in einem progressiven Steuersystem die inflationsbedingt steigenden Nominaleinkommen zu einer höheren durchschnittlichen steuerlichen Belastung – und somit zu Mehreinnahmen des Staates führen. Das verfügbare Nominaleinkommen nach Abzug der Steuerzahlung wird entsprechend niedriger sein.

Von einem progressiven Steuersystem spricht man, wenn der Anteil der Steuern am Einkommen mit steigendem Einkommen zunimmt.

Lösungsansatz: Im Steuertarif ist eine Inflationsgleitklausel bzw. eine Indexierung des Besteuerungssystems vorzunehmen.

Zudem nimmt die Hypothese vom Staat als Inflationsgewinner an, dass durch die Inflation der Realwert der Staatsverschuldung abnimmt, wenn die in der Verzinsung der Staatsanleihen berücksichtigte Inflation nicht der tatsächlichen entspricht.

Lösungsansatz: Eine Verschuldung des Staates in Fremdwährung ist bei einer zum Beispiel durch die Inflation verursachte Abwertung der heimischen Währung mit einer zunehmenden Verschuldung des Staates in heimischer Währung verbunden. Daneben wird eine Indexierung der Staatsschuld an die Inflation diskutiert.

Drittes Argument für die Hypothese des Staates als Gewinner einer Inflation sind die sich nur langsam oder unvollkommen anpassenden Transferzahlungen. Dieses Argument entspricht der Gegenseite der Transfereinkommens-Lag-Hypothese.

Die Kritiker der Hypothese des Staates als Inflationsgewinner wenden ein, dass der Staat als Bereitsteller öffentlicher Güter auch öffentlich Bedienstete hat. Diese werden im Zuge der Inflation steigende Einkommen erhalten. Zudem stiegen die Preise der vom Staat in Auftrag gegebenen Infrastrukturinvestitionen wie die der Vorleistungskäufe.

Besitzer von Geldvermögen – Besitzer von Sachvermögen

Im Zuge der Inflation verliert Geldvermögen (Spareinlagen, Termingelder usw.) an Wert, während der Preis für Güter, wie das Sachvermögen (Immobilien, wie Häuser und Grundstücke) steigt. Es ergibt sich die Umverteilung von den Besitzern des Geldvermögens hin zu denen des Sachvermögens.

Allokationseffekte der Inflation

In einer Marktwirtschaft zeigen die Preise die Knappheitsgrade der Güter an. Güter, die sehr begehrt oder selten und deshalb knapp sind, haben einen höheren Preis als weniger knappe Güter. Die Preise haben eine Lenkungs- oder Signalfunktion.

Bei einer Inflation verlieren die Preise diese Funktion, da die Preise aller Güter steigen. Die Produzenten können in diesem Fall nicht verbindlich abschätzen, ob sich bei steigenden Preisen ihrer Erzeugnisse ihre Gewinnsituation verbessert hat, oder ob die Preise der Vorprodukte und die Lohnsätze ebenfalls gestiegen sind und sich damit die Gewinnsituation nicht verbessert hat. Es kommt somit zur Fehlallokation der Produktionsfaktoren.

Die Preis- und Kalkulationsunsicherheit erhöht zudem die Transaktionskosten, die Sicherungskosten sowie die Informationskosten.

Zudem kommt es bei einer Inflation zu einer Flucht in die Sachwerte, wie z.B. Schmuck, so dass die entsprechenden Beträge nicht mehr zur Bildung des Produktivvermögens zur Verfügung stehen.

Beeinträchtigung der internationalen Wettbewerbsfähigkeit

Eine steigende Inflation des Inlandes im Vergleich zum Ausland führt bei konstantem Wert des Wechselkurses zu einer abnehmenden Wettbewerbsfähigkeit vor allem bei homogenen Gütern, die einer starken ausländischen Konkurrenz ausgesetzt sind. Ein fallender Export und ein steigender Import führen zu einem negativen Außenbeitrag zum BIP mit der Folge einer zunehmenden Auslandsverschuldung. In Erwartung der Abwertung der heimischen Währung kommt es zu verstärktem Kapitalexport, wenn sich die Zinsdifferenz nicht entsprechend zugunsten der Anlage in heimischer Währung verändert hat und keine Maßnahmen zur Kapitalverkehrskontrolle oder zur Beschränkung des Devisenhandels ergriffen werden.

Zwei Überlegungen sprechen gegen das Argument der abnehmenden internationalen Wettbewerbsfähigkeit bei steigender Inflation:

- Innerhalb der europäischen Wirtschafts- und Währungsunion haben sich die Inflationsraten der Länder mit Euro angeglichen. Große Inflationsdifferenzen zwischen den EU-Staaten, die den Euro eingeführt haben, sind nicht zu erwarten.
- Deutschland exportiert Investitionsgüter: Automobile und Maschinenbauprodukte. Diese Exportgüter sind keine vollständigen Substitute zu den Gütern ausländischer Produzenten. Der Preiswettbewerb ist bei diesen Gütern nicht ausgeprägt, weil Markenbildung und Produktdifferenzierung dominieren.

11.2 Inflation

MAßNAHMEN GEGEN DIE INFLATION:

Arten der Inflation	Maßnahmen
Nachfrageinflation	Kontraktive Geld- und Fiskalpolitik, Außenwirtschaftspolitik
Angebotsinflation	Freiwillige Verhaltensabstimmungen, Lohn- und Preisstopps
Kostendruckinflation	Produktivitätsorientierte oder kostenniveauneutrale Lohnpolitik
Marktmachtinflation	Wettbewerbspolitik, Freihandel
Geldmengeninflation	Potenzialorientierte Geldmengenpolitik

Die Nachfrageinflation oder „demand pull"-Inflation entsteht, wenn eine zu hohe und steigende Nachfrage auf begrenzte Produktionsmöglichkeiten trifft. Die Preise steigen, wenn die Staatsnachfrage, die Investitionsgüternachfrage, die Konsumnachfrage sowie die Exportnachfrage relativ zum inländischen Güterangebot und den Importen zu hoch sind.
Die Nachfrageinflation kann mit kontraktiven Maßnahmen der Geld- und Fiskalpolitik bekämpft werden Eine Reduktion der Geldmengenzuwachsrate bzw. eine Verknappung der Liquidität bewirkt einen Zinsanstieg mit der Folge, dass die mit Krediten finanzierten Investitionen sowie die Nachfrage nach langlebigen Konsumgütern zurückgehen. Eine kontraktive Fiskalpolitik führt zu einer Senkung der Staatsnachfrage sowie zum Anstieg der Steuersätze. Die Außenwirtschaftspolitik versucht in Zeiten mit hohen Inflationsraten, die Exporte zu vermindern. Maßnahmen sind u.a. Handelsschranken sowie eine Aufwertung der heimischen Währung.

Die Angebotsinflation oder „cost push"-Inflation wird durch steigende Kosten oder Gewinnaufschläge der Produzenten verursacht. Voraussetzung für diese Angebotsinflation ist die Marktmacht der Unternehmen, die es ihnen ermöglicht, die Preise zu erhöhen.

Die Angebotsinflation wird auch Verteilungskampfinflation genannt. Oft führen übermäßig steigende Löhne zur Angebotsinflation. Diese Lohnsteigerungen werden in Deutschland durch Tarifverhandlungen zwischen den Arbeitgeberverbänden und den Gewerkschaften bestimmt. Durch Verhaltensabstimmungen ("konzertierte Aktionen") kann auf eine Mäßigung der Einkommensforderungen hingewirkt werden.

Die Lohn- und Preisstopps sind jedoch grundsätzlich abzulehnen, da diese nicht mit den Grundsätzen der Marktwirtschaft vereinbar sind. Speziell gegen eine Lohn-

kostendruckinflation kann eine produktivitätsorientierte Lohnpolitik eingesetzt werden, während die Marktmachtinflation durch eine Wettbewerbspolitik mit Kontrolle der Marktmacht sowie durch eine Freihandelspolitik mit einem steigenden Wettbewerb durch ausländische Anbieter bekämpft werden.
Einer Geldmengeninflation kann mit einer an der Entwicklung der Produktionsmöglichkeiten ausgerichteten Wachstumsrate der Geldmenge begegnet werden (Potenzialorientierte Geldpolitik). Sie entsteht, wenn die Wachstumsrate der Geldmenge, die nachfragewirksam wird, höher ist als die Entwicklungsrate der Produktionsmöglichkeiten. Gemäß der Quantitätstheorie verliert Geld dann seinen Wert, wenn es im Vergleich zu den Gütern weniger knapp ist.

11.3 Die Phillips-Kurve

DIE PHILLIPS-KURVE UND IHRE MODIFIKATION:

Phillips-Kurve	Autoren	Zusammenhang
Ursprüngliche	Phillips	Lohnsteigerung (%) und Arbeitslosenquote
Modifizierte	Solow, Samuelson, Friedman	Inflationsrate (%) und Arbeitslosenquote

Der Ökonom A.W. Phillips untersuchte 1958 den Zusammenhang zwischen der Arbeitslosenquote und der Steigerungsrate der Nominallöhne für Großbritannien über einen fast einhundert jährigen Zeitraum. Im Ergebnis seiner Arbeit stellte er die der nachfolgenden Abbildung zugrunde liegende nicht lineare, gegenläufige Beziehung zwischen Arbeitslosenrate und Steigerungsrate der Nominallöhne heraus.

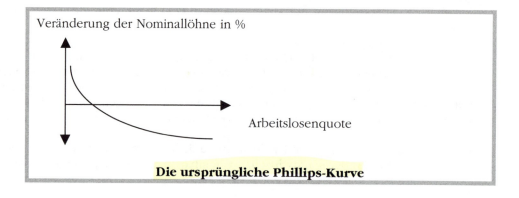

Die ursprüngliche Phillips-Kurve

Die obige Abbildung zur ursprünglichen Phillips-Kurve macht deutlich, dass eine Reduktion der Arbeitslosenquote die Macht der Arbeitnehmer und der Gewerkschaften auf den Arbeitsmärkten erhöht, sodass höhere Geldlohnsteigerungen durchgesetzt werden können. Die Veränderungen der Nominallöhne in Prozent ist entsprechend höher.

Eine hohe Arbeitslosigkeit erhöht dagegen die Verhandlungsmacht der Arbeitgeber. Hohe Geldlohnsteigerungen sind dann weniger möglich. Zudem verdeutlicht die Abbildung, dass die Lohnsteigerungsrate in Zeiten mit niedriger Arbeitslosigkeit eher und schneller zunimmt als sie in Zeiten mit hoher Arbeitslosigkeit abnimmt. Es handelt sich also um eine abgeschwächte Form des "Sperrklinkeneffektes" auf dem Arbeitsmarkt. Ein „Sperrklinkeneffekt" ist z.B. dann gegeben, wenn die Nominallöhne im Falle eines Nachfrageüberschusses auf dem Arbeitsmarkt zwar steigen, aber im Falle eines Angebotsüberschusses auf diesem Markt nicht fallen.

Diese Vorlage nutzten andere Ökonomen, wie zum Beispiel Samuelson, Friedman und Phelps, um die Diskussion um die Phillips-Kurve fortzuführen. Im Wesentlichen wird dabei im Rahmen einer Zuschlagskalkulation der Unternehmen zwischen mehreren kurzfristigen (bei gegebenen Inflationserwartungen) und einer langfristigen Phillips-Kurve unterschieden. Von einer Zuschlagskalkulation spricht man, wenn der Preis pro Stück gleich den Stückkosten plus einem Gewinnaufschlag auf diesen Stückkosten ist.

Die Grundaussage ist, dass die Arbeitslosigkeit geringer sein kann als die sich im Gleichgewicht des Arbeitsmarktes ergebende, natürliche Arbeitslosigkeit, wenn der Reallohn geringer als der langfristige Gleichgewichtsreallohn ist.
Der Nominallohn oder Geldlohn ist zum Beispiel der Geldverdienst pro Stunde Arbeit (20 Euro/1 Stunde Arbeit). Der Reallohn wird berechnet als Nominallohn geteilt durch das Preisniveau (= Preis eines repräsentativen Warenkorbes).

BEISPIEL:

Nominallohn $= \dfrac{20\ €}{1\ \text{Std. Arbeit}}$

Reallohn $= \dfrac{20\ €\ /\ 1\ \text{Std. Arbeit}}{5\ €\ /\ 1\ \text{Warenkorb}}$

Reallohn $= \dfrac{4\ \text{Warenkörbe}}{1\ \text{Std. Arbeit}}$

Der Reallohn gibt das Einkommen in Gütereinheiten oder Warenkörben an. Er stellt ein Maß für die Kaufkraft des Geldlohnes dar. Für die Unternehmer ist der Reallohn für die Gewinnsituation relevant.

Der Reallohn ist geringer als der gleichgewichtige Reallohn, wenn und solange die Gewerkschaften und Arbeitnehmer einem Erwartungs- oder Wahrnehmungsirrtum unterliegen und das Preisniveau unterschätzen oder auch langfristig bereit sind, Reallohnsenkungen zugunsten einer steigenden Beschäftigung zu akzeptieren und von einer Umverteilungszielsetzung absehen. Grafisch kann die modifizierte bzw. erweiterte Phillips-Kurve wie folgt dargestellt werden:

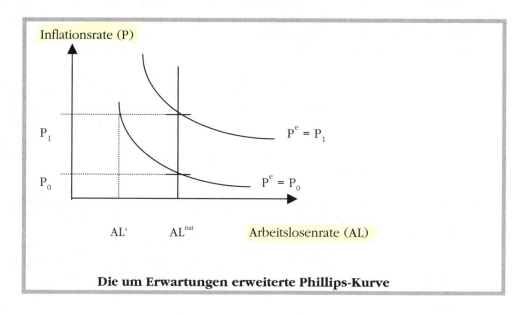

Die um Erwartungen erweiterte Phillips-Kurve

AL'   Arbeitslosenrate in %
AL^{nat} natürliche Arbeitslosenrate
P   Inflationsrate
P^e erwartete Inflationsrate

Die obige Abbildung verdeutlicht, dass ohne Erwartungs- oder Wahrnehmungsfehler der Gewerkschaften oder Arbeitnehmer (sodass $P^e = P_0$ oder $P^e = P_1$) die Arbeitslosenrate auf ihrem natürlichen Niveau AL^{nat} liegt und somit unabhängig von der erwarteten P^e und tatsächlichen Inflationsrate ist.

11.3 Die Phillips-Kurve

> **Natürliche Arbeitslosigkeit:**
>
> Das ist die Arbeitslosigkeit, die die Monetaristen auch als freiwillige Arbeitslosigkeit und andere als nicht konjunkturelle Arbeitslosigkeit bezeichnen. Nicht konjunkturelle Arten sind die strukturelle, saisonale und friktionelle Arbeitslosigkeit. Im Gleichgewicht des Arbeitsmarktes wird der Gleichgewichtslohn bestimmt. Es gibt Arbeitnehmer, denen dieser Lohn zu gering ist und die nicht bereit sind, zu diesem Lohnsatz zu arbeiten. In diesem Sinne kann natürliche Arbeitslosigkeit als freiwillige Arbeitslosigkeit verstanden werden.

Wenn es der Wirtschaftspolitik gelingt, durch überraschende Geld- oder Fiskalpolitik eine unerwartete Inflation zu erzielen, wie z.B. P_1, und erwartet die Gewerkschaft eine von $P^e = P_0$, dann sind die Nominallohnforderungen zu gering und die Arbeitslosenrate fällt auf AL' in der obigen Abbildung. Die Arbeitslosenrate AL' wird durch den Schnittpunkt zwischen der Inflationsrate P_1 und der kurzfristigen Phillips-Kurve $P^e = P_0$ bestimmt. Die von der Gewerkschaft erwartete Inflation, die dem Nominallohn zugrunde liegt, ist geringer als die tatsächliche Inflation. Durch den Rückgang des Reallohnes verbessern sich die Gewinnaussichten der Unternehmer. Die Unternehmer stellen mehr Erwerbspersonen ein, so dass die Arbeitslosigkeit auf AL' fällt.

Diese Senkung der Arbeitslosenrate kann nur dann aufrechterhalten werden, wenn die Gewerkschaft getäuscht wird. Wenn die Inflationserwartungen und damit die Nominallohnentwicklung an $P^e = P_1$ angepasst werden, dann verschwinden die positiven Beschäftigungswirkungen und die Inflation ist dauerhaft gestiegen.
Die vertikale Linie bei der natürlichen Arbeitslosenrate AL^{nat} stellt alle Punkte auf den kurzfristigen Phillips-Kurven dar, bei denen es keine Überraschungsinflation oder –deflation gibt. Folglich ergibt sich für alle Inflationsraten, die antizipiert werden, die natürliche Arbeitslosigkeit.

Die einzige Möglichkeit die Beschäftigung bei AL auch dauerhaft aufrechtzuerhalten, ist eine weitere, von der Gewerkschaft nicht erwartete Steigerung der Inflationsrate. So kann es bei entsprechender, vergangenheitsorientierter Erwartungsbildung auch dauerhaft eine Arbeitslosenrate von AL geben, allerdings zu Lasten immer steigender Inflationsraten.

Das Modell geht von den folgenden Annahmen aus:

➢ Im Rahmen der Zuschlagskalkulation werden die Preise bzw. die Inflation als Gewinnaufschlag auf die Stückkosten berechnet, von denen die Lohnstückkosten ein wesentlicher Bestandteil sind. Voraussetzung für eine derartige Lohnfindung ist ein monopolistischer Preisspielraum für die Anbieter oder unvollkommene Märkte.

> Die Zielsetzung der Gewerkschaft ist die Sicherung der Kaufkraft der Geldlöhne. Aus diesem Grunde wird die Steigerungsrate der Nominallöhne an die erwartete Inflationsrate angepasst. Andere Zielsetzungen wie eine Umverteilung zugunsten der Arbeitnehmer bleiben außer Acht. Zudem wird angenommen, dass die Arbeitsproduktivität konstant und unabhängig von dem aktuellen Beschäftigungsstand ist.

Empirisch ist der Zusammenhang zwischen der Inflation und Arbeitslosigkeit auf den konjunkturellen Teil begrenzt. In einer Konjunkturphase des Aufschwungs und der Hochkonjunktur nimmt die Nachfrage kontinuierlich zu, so dass die Arbeitslosigkeit abnimmt und die Inflationsrate steigt. Entsprechend kommt es während eines Abschwungs oder einer Rezession aufgrund der fortlaufend abnehmenden Nachfrage zu einer Unterauslastung der Kapazitäten sowie zu steigender Arbeitslosigkeit und fallender Inflation.

Zu beachten sind weiterhin so genannte Angebotsschocks, die auf steigende Produktionskosten oder Gewinnforderungen der Unternehmen zurückzuführen sind, welche zu einem gleichzeitigen Anstieg der Inflation und der Arbeitslosigkeit führen.

Beispiele in der Realität sind die Ölpreisschocks oder die gemessen an den Produktivitätssteigerungen übermäßigen Lohnforderungen der Gewerkschaften im Anschluss an die deutsche Wiedervereinigung.

BEISPIEL ZUR PRODUKTIVITÄTSORIENTIERTEN LOHNPOLITIK:

Forderung: Der Anstieg der Nominallöhne entspricht prozentual der Erhöhung der Arbeitsproduktivität.

Ziel: Lohnkosten pro Stück sind konstant zu halten. Folglich keine Arbeitslosigkeit und keine Inflation.

Situation: 100 Stunden Arbeit werden eingesetzt um 20 Tische zu produzieren. Eine Stunde Arbeit kostet 20 €. (W=20 € pro Std. N).

Dann:

$$\text{Arbeitsproduktivität (Y/N)} = \frac{20 \text{ Tische}}{100 \text{ Std. N}} = \frac{1 \text{ Tisch}}{5 \text{ Std. N}}$$

$$\text{Lohnstückkosten (W} \times \text{A /Y)} = \frac{100 \text{ €}}{1 \text{ Tisch}}$$

mit:
W — Nominallohnsatz
Std. N — Stunden Arbeit
Y — Produktionsmenge

11.3 Phillips-Kurve

Neue Situation: Anstieg der Arbeitsproduktivität und der Nominallöhne um 20%

Dann:

$$\text{Arbeitsproduktivität} = \frac{24 \text{ Tische}}{100 \text{ Std. N}} = \frac{1 \text{ Tisch}}{4,16 \text{ Std. N}}$$

$$\text{Lohnstückkosten} = \frac{24 \text{ €} / \text{Std. N} \times 100 \text{ Std. N}}{24 \text{ Tische}} = \frac{100 \text{ €}}{1 \text{ Tisch}}$$

Folgen:

> Produktivitätsorientierte Lohnpolitik: Vermeidung der Stagflation

⬇

Konstante Lohnstückkosten

↓   ↓

Keine Inflation   Keine Arbeitslosigkeit

> Verteilungspositionen unverändert (Lohnquote und Gewinnquote unverändert)

12 Reale Außenwirtschaft

Lernziele
Sie werden die Ursachen und Voraussetzungen des internationalen Handels kennen lernen. Ihnen werden die Vor- und die Nachteile des Freihandels sowie das Argumentarium zum Protektionismus dargestellt. Sie werden in die Lage versetzt, die Ziele und Prinzipien der Welthandelsordnung zu beschreiben. Sie werden Grundbegriffe der Integrationstheorie und der europäischen Integration kennen lernen.

12.1 Ursachen des Außenhandels

> Die Aufnahme des Außenhandels führt zu Wohlstandssteigerungen bei allen beteiligten Ländern. Diese These wird mit Nicht-Verfügbarkeiten sowie Preis- und Kostendifferenzen und der Theorie der Produktdifferenzierung belegt.

Die Ursachen des Außenhandels sind:

- Verfügbarkeit
- Preisdifferenz
    - Produktionsunterschiede
    - Nachfrageunterschiede
- Produktdifferenzen

Unterschiedliche Verfügbarkeit:
Außenhandel findet statt, wenn einige Länder aufgrund der klimatischen oder geologischen Ursachen über Rohstoffe verfügen, die in anderen Ländern nicht verfügbar sind. Es liegen somit unterschiedliche Verfügbarkeiten an Gütern und Produktionsfaktoren vor. Viele Entwicklungsländer exportieren homogene Nahrungsmittel, wie Bananen oder Kakao, Grundstoffe, wie Erze und Kohle, oder sogar Erdöl. Die Industrieländer verwenden diese Produktionsfaktoren in ihren Produktionsprozessen und exportieren die Industrieerzeugnisse in die Entwicklungsländer.

Vielen Ländern, die sich wirtschaftlich entwickeln, mangelt es zudem an Humankapital, wie dem technisch-naturwissenschaftlichen Wissen und den entsprechenden Personen. Der Ansatz der technologischen Lücke geht davon aus, dass einige Länder technisch rückständig sind und die benötigten technischen Produkte einführen müssen. Die internationale Diffusion von Innovation erfordert somit (auch aus technologischen Gründen) Zeit, sodass diese Güter in vielen Ländern zumindest vorübergehend nicht verfügbar sind. Insofern müssen diese Güter b.a.w. eingeführt werden.

Preisdifferenzen:
Preisdifferenzen zwischen einzelnen Ländern führen ebenfalls zum internationalen Handel. Länder, die ein Gut preiswert erstellen können oder in denen die Preise wegen unzureichender Nachfrage niedrig sind, exportieren diese Güter in die Länder, die im Autarkiezustand hohe Preise haben. Internationale Preisdifferenzen werden somit mit Angebots- und Nachfragedifferenzen zwischen den Ländern erklärt. Die Folge daraus ist neben den internationalen Handelsströmen eine Angleichung der Preise der international gehandelten Güter, wenn von einem Markt im Modell der vollständigen Konkurrenz ausgegangen wird.

Produktdifferenzen:
Der Handel zwischen den Industriestaaten, wie Deutschland und Frankreich, basiert auf Produktdifferenzierung und Markenbildung. Im Rahmen des so genannten intra-industriellen Handels exportiert Deutschland PKW`s der Marke VW nach Frankreich und importiert PKW`s der Marke Renault aus Frankreich. Obwohl beide Güter der Automobilindustrie zuzuordnen sind, unterscheiden sie sich in für den Konsumenten wesentlichen Eigenschaften.

Im Folgenden werden Unterschiede der Produktionsbedingungen (Technologien, Ausstattung mit Produktionsfaktoren) als Ursache der Preisdifferenzen behandelt, welche zu Außenhandel führen.

Klassische Nationalökonomen wie Adam Smith erklären den Außenhandel mit absoluten Kostenunterschieden zwischen den Ländern, die zu entsprechenden Preisdifferenzen führen. Man spricht vom Theorem der absoluten Kostenvorteile.

Die nachfolgende Tabelle zeigt die Produktionsbedingungen in zwei Ländern. Es wird von einem Produktionsfaktor Arbeit ausgegangen, der in beiden Ländern im gleichen Umfang vorhanden ist und vollkommen ausgelastet ist. Während die Arbeitskräfte national vollständig mobil sind, wird von einer internationalen Mobilität abgesehen.

ABSOLUTE KOSTENVORTEILE: ADAM SMITH   (SELBST GEWÄHLTES BEISPIEL):

	England	Portugal
1 ME Wein	200 N	100 N
1 ME Tuch	125 N	150 N

mit: N   Arbeitseinheiten (z.B. in Stunden gemessen)
        ME   Mengeneinheit (Output in Stück, m^3,...)

12.1 Ursachen des Außenhandels

Die Tabelle zeigt die Arbeitskoeffizienten bei der Produktion von Tuch und Wein in Portugal und England an. Diese Arbeitskoeffizienten geben an, wie viele Arbeitseinheiten (N) zur Produktion von jeweils einer Mengeneinheit (ME) der alternativen Güter erforderlich sind. Sie stellen somit den Kehrwert der entsprechenden Arbeitsproduktivitäten dar.

Jedes Land spezialisiert sich dem Theorem der absoluten Kostenvorteile folgend auf die Produktion der Güter, bei denen die Kosten in N gemessen geringer sind als in anderen Ländern. So konzentriert sich England auf die Tuchproduktion (125 N < 200 N) und exportiert Tuch, während Portugal im Beispiel absolute Kostenvorteile bei Wein hat (100 N < 200 N) und sich somit auf die Produktion und den Export von Wein spezialisiert.

Robert Torrens und David Ricardo weisen nach, dass sich Außenhandel auch dann lohnt, wenn ein Land alle Güter zu geringeren Kosten produzieren kann als das andere Land, aber die Vorteile unterschiedlich stark ausgeprägt sind. Es kommt somit auf die relativen oder komparativen Vorteile an. Jedes Land spezialisiert sich auf die Produktion der Güter mit den geringsten Opportunitätskosten. Als Opportunitätskosten (Alternativkosten) versteht man in der Ökonomie die Kosten des Verzichts auf eine andere Verwendung der Produktionsfaktoren oder Ressourcen. Wenn ein Land zum Beispiel 1 ME mehr Tuch produzieren möchte, braucht es Produktionsfaktoren, die dann nicht mehr zur Produktion des Weins zur Verfügung stehen. Die Opportunitätskosten dieser ME Tuch sind gleich dem Rückgang der Weinproduktion.

KOMPARATIVE VORTEILE NACH ROBERT TORRENS UND DAVID RICARDO (SELBST GEWÄHLTES BEISPIEL):

	England	Portugal
1 ME Wein	200 N	100 N
1 ME Tuch	150 N	125 N

In der obigen Tabelle wird ein Beispiel geboten, in dem England und Portugal bei gleicher Ausstattung mit Produktionsfaktoren unterschiedliche Arbeitskoeffizienten (= Arbeit pro ME Output) aufweisen.

Zunächst muss festgestellt werden, welches Land über komparative Vorteile in der Produktion welcher Güter verfügt.

Verzichtet England auf die Produktion 1 ME Wein, dann werden 200 N frei gesetzt, die in der Produktion von 1,3 ME Tuch eingesetzt werden (200 N x 1 ME/150 N). 1 ME Wein kostet somit 1,3 ME Tuch oder um 1 ME Wein zusätzlich zu produzieren, muss England auf 1,3 ME Tuch verzichten.

Die Opportunitätskosten sind somit Wein zu Tuch = 1,3.

Wenn Portugal auf 1 ME Wein verzichtet, dann werden 100 AE frei gesetzt. Damit kann Portugal 0,8 ME Tuch (= 100 N x 1 ME/125 N) produzieren. Die Opportunitätskosten von Wein zu Tuch ist in Portugal gleich 0,8. 1 ME Wein kostet 0,8 ME Tuch in Portugal.

Der komparative oder vergleichsweise Vorteil Portugals liegt beim Wein, während der Englands bei Tuch liegt. Die Opportunitätskosten des Weins sind in Portugal geringer als in England. Die Opportunitätskosten des Tuches sind entsprechend in England niedriger als in Portugal.

> **Wichtig:**
> Man spricht von den Opportunitätskosten bzw. Alternativkosten als die Kosten, die angeben, auf welche Menge eines Gutes die Ökonomie verzichten muss, wenn von einem anderen Gut eine ME mehr hergestellt wird. Allgemein messen diese Kosten den Nutzenentgang wegen eines Verzichts auf die beste nicht gewählte Alternative.

Das Beispiel zu den komparativen Vorteilen geht von dem Autarkiefall - ohne Außenhandel - aus, in dem jedes Land über 1000 N verfügt und diese zu jeweils 50% bei der Produktion von Tuch und Weizen einsetzt.

England kann dann 2,5 ME Wein (= 500 N/200 N/ME) sowie 3,3 ME Tuch (= 500 N /150 N/ME) herstellen und Portugal 5 ME Wein (= 500 N/100 N/ME) sowie 4 ME Tuch (= 500 N/125 N/ME) produzieren.

I. DIE AUTARKIE BEI KOMPARATIVEN KOSTENVORTEILEN:

	England	Portugal	Gesamt
Wein in ME	2,5	5,0	7,5
Tuch in ME	3,3	4,0	7,3

Da die Opportunitätskosten des Tuchs (Weins) in England (Portugal) geringer sind als in Portugal (England), wird sich England auf die Produktion von Tuch und Portugal auf die von Wein konzentrieren.

Eine vollkommene Spezialisierung liegt dann vor, wenn England mit 1 000 N 6,7 ME Tuch erstellt und Portugal mit 1 000 N 10 ME Wein.

II. VOLLKOMMENE SPEZIALISIERUNG BEI KOMPARATIVEN VORTEILEN:

	England	Portugal	Gesamt
Wein in ME	-	10	10
Tuch in ME	6,7	-	6,7

Die Vorteile des Freihandels werden nachfolgend dargestellt. Um zu zeigen, dass Freihandel für beide Seiten vorteilhaft ist, muss nachgewiesen werden, dass beide Länder insgesamt bei Freihandel von einem Gut mehr produzieren und konsumieren können, ohne von dem anderen Gut weniger zu produzieren und zu konsumieren. In der Autarkie stehen beiden Ländern 7,3 ME Tuch zur Verfügung. Bei vollständiger Spezialisierung auf die Güter mit den geringsten Opportunitätskosten stehen 10 ME Wein und 6,7 ME Tuch zur Verfügung. Die Vorteile des Freihandels können z.B. nachgewiesen werden, wenn Portugal seine Weinproduktion auf 7,5 ME senkt und die frei werdenden Ressourcen in der eigenen Tuchproduktion eingesetzt werden. Unterstellt wird also, dass Portugal 7,5 ME Wein erstellt. Dafür sind 750 N erforderlich. Mit den verbleibenden 250 N kann Portugal 2,5 ME Tuch produzieren.

III. FREIHANDEL UND UNVOLLKOMMENE SPEZIALISIERUNG:

	England	Portugal	Gesamt
Wein in ME	-	7,5	7,5
Tuch in ME	6,7	2,5	9,2

Vergleicht man die Situation bei Freihandel und unvollkommener Spezialisierung mit der Situation bei Autarkie und einer gleichmäßigen Aufteilung der Arbeitskräfte auf die Wein- und Tuchproduktion, dann stellt man Folgendes fest:

Wein steht insgesamt im Umfang von 7,5 ME zur Verfügung in beiden Situationen. Ohne Handel produziert England 2,5 ME Wein und Portugal 5 ME. Bei Freihandel stellt Portugal, das Land mit dem komparativen Vorteil in der Weinproduktion, alle 7,5 ME her.

Tuch steht bei Freihandel insgesamt in Höhe von 9,2 ME zur Verfügung, ohne Handel nur im Umfang von 7,3 ME. Insgesamt steht beiden Ländern mehr Tuch bei Freihandel zur Verfügung bei gleicher Menge des Weines. Freihandel erhöht die Menge der produzierten und konsumierten Güter und führt deshalb zu Wohlfahrtssteigerungen!

Die Ökonomen Eli Heckscher und Bertil Ohlin erklären den Außenhandel für international gleiche Produktionsbedingungen auf der Grundlage der (relativen) Faktorausstattung. Länder, wie Land A in der folgenden Tabelle, die über viel Arbeit verfügen, sind wegen des geringen Lohnes in der Lage, die arbeitsintensiven Güter zu geringen Kosten zu erstellen. Die Preise der arbeitsintensiven Güter werden in diesen Ländern mit reichlicher Ausstattung des Produktionsfaktors Arbeit niedrig sein, sodass diese bei bestehendem Außenhandel verstärkt produziert und exportiert werden. Die Preise der arbeitsintensiven Güter werden im Land A steigen, wenn das Land B im Freihandel arbeitsintensive Güter des Landes A nachfragt und kauft. Andererseits sind die Preise der kapitalintensiven Güter im Land A wegen des Kapitalmangels bei Autarkie hoch, sodass diese Güter nach Aufnahme des Außenhandels aus dem relativ kapitalintensiven Land B importiert werden. Folglich werden die kapitalintensiven Güter im Land A wegen des Freihandels preiswerter, da die Nachfrage zu den im Land B produzierten Gütern umgelenkt wird.

DER AUSSENHANDEL BEI HECKSCHER UND OHLIN:

Land A	Arbeitsintensive Güter	Kapitalintensive Güter
Autarkie	Viel Arbeit	Wenig Kapital
	Geringe Löhne	Hohe Zinsen
	Geringer Preis	Hoher Preis
Außenhandel	Steigende Nachfrage	Fallende Nachfrage
	Steigende Preise	Fallender Preis
	Steigende Löhne	Fallende Zinsen

Land B	Arbeitsintensive Güter	Kapitalintensive Güter
Autarkie	Wenig Arbeit	Viel Kapital
	Hohe Löhne	Geringe Zinsen
	Hoher Preis	Geringer Preis
Außenhandel	Fallende Nachfrage	Steigende Nachfrage
	Fallende Preise	Steigender Preis
	Fallende Löhne	Steigende Zinsen

12.1 Ursachen des Außenhandels

Die Auswirkungen des Außenhandels bei Heckscher – Ohlin:
- Die Güterpreise sowie die Löhne und Zinsen gleichen sich an.
- Es findet somit eine Angleichung der Lebensstandards durch den Außenhandel statt. Im arbeitsreichen Land A ist der Lohn bei Autarkie relativ niedrig. Durch Freihandel und durch die zusätzliche Nachfrage des Landes B erhöht Land A die Produktion der arbeitsintensiven Güter. Deshalb steigt im Land A auch die Arbeitsnachfrage und der Lohn. Andererseits produziert Land A bei Freihandel weniger vom kapitalintensiven Gut. Somit fällt der Zinssatz im Land A durch Freihandel.
- Der in einem Land wenig vorhandene Faktor verliert durch den Freihandel. Der in einem Land reichlich vorhandene Faktor gewinnt durch den Freihandel.

Ein Vergleich zwischen den beiden Erklärungsansätzen von Ricardo und Torrens sowie von Heckscher und Ohlin wird in der folgenden Tabelle dargestellt. Der wesentliche Unterschied liegt darin, dass Ricardo und Torrens von gleichen Ausstattungen mit dem Produktionsfaktor Arbeit ausgehen, aber verschiedene Arbeitsproduktivitäten international annehmen. Heckscher und Ohlin betrachten unterschiedliche Faktorausstattungen und berücksichtigen zwei Faktoren.

VERGLEICH DER ERKLÄRUNGSANSÄTZE IM AUSSENHANDEL:

Aspekt	Ricardo / Torrens	Heckscher / Ohlin
Theorie	Komparative Vorteile	Faktorpreisausgleich
Produktionsfaktoren	Arbeit	Arbeit
		Kapital
Faktorausstattungen	Gleiche Ausstattung	Unterschiedliche Ausstattungen
Faktorproduktivitäten	Unterschiedliche Faktorproduktivitäten	Gleiche Faktorproduktivitäten
Mobilität der Faktoren	National	National
Güter	2 Güter : Wein und Tuch	2 Güter:
		Arbeitsintensive
		Kapitalintensive

12.2 Freihandel und Protektionismus

Die Auswirkungen des Freihandels können sehr anschaulich mit Hilfe einer Ihnen bereits aus der Mikroökonomie bekannten Abbildung erläutert werden. In der folgenden Abbildung wird davon ausgegangen, dass das Inland im Ausgangszustand autark, das heißt ohne Beziehungen zum Ausland ist. Es ergibt sich in dieser Situation ein Gleichgewicht beim Preis P^*, in dem das Angebot der inländischen Anbieter gleich der Nachfrage der inländischen Konsumenten ist.

Anschließend wird ein Freihandel aufgenommen und die ausländischen Anbieter sind in der Lage, zum gegebenen Weltmarktpreis P^{Welt} jede beliebige Menge anzubieten. Das ausländische Angebot ist zum Weltmarktpreis vollständig preiselastisch. Die Angebotskurve ist beim Weltmarktpreis P^{Welt} horizontal. Das entspricht der Annahme des kleinen Inlandes wie die Niederlande, Belgien oder Dänemark. Die Nachfrage dieser Länder hat keinen Einfluss auf den Weltmarktpreis, da diese Länder relativ unbedeutend sind.

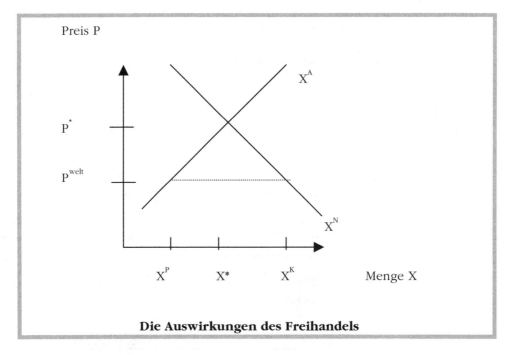

Die Auswirkungen des Freihandels

Die Aufnahme des Freihandels führt zu den folgenden Wirkungen:

➢ Mengeneffekt: Die Konsummenge steigt im Vergleich zur Autarkie um die Strecke $X^K X^*$.

12.2 Freihandel und Protektionismus

> Produktionseffekt: Ausländische Anbieter verdrängen Inländer. Die Produktion der heimischen Anbieter fällt um die Strecke $X^* X^P$. Damit geht ein Verlust an Arbeitsplätzen im Inland einher, es sei denn, es gibt andere Wirtschaftsbranchen, in denen die inländischen Exporteure Güter produzieren können.
> Preiseffekt: Der Inlandspreis fällt von P^* im Autarkiezustand auf den Weltmarktpreis P^{Welt} bei Freihandel.
> Bürokratiefreiheit: Freihandel kann ohne die Überwachung durch Behörden an der Zollgrenze durchgeführt werden.

Die Argumente des Neuen Protektionismus sind insbesondere:

1. Erziehungs- und Schutzzollargument
2. Fiskalzölle führen zu Staatseinnahmen
3. Die Terms-of-Trade (ϕ) der Entwicklungsländer verschlechtern sich im Zeitablauf

Erziehung- und Schutzzollargument:
Das Erziehungs- und Schutzzollargument geht davon aus, dass gerade aufstrebende Industrien in den Entwicklungs- und Transformationsländern einen vorübergehenden Schutz gegen ausländische Konkurrenz benötigen, damit sich diese entwickeln können. Entsprechend werden Prohibitivzölle auf die Importe der entsprechenden Industrien erhoben, sodass keine Importe mehr stattfinden. Prohibitivzölle führen dazu, dass ausländische Anbieter ihre Güter einschließlich Zollsatz zu einem Preis im Inland anbieten, der höher ist als P^* in der letzten Abbildung. Somit wird kein Import stattfinden, die inländische Produktion ist gleich der Nachfrage der Inländer.

Die Probleme dieser Argumentation konzentrieren sich darauf, dass die geschützten Industrien nicht dem Wettbewerb ausgesetzt werden und entsprechend keine Anreize zu Innovationen und zur Entwicklung haben. Aus dem temporären Schutzzoll wird ein dauerhafter.

Fiskalisches Argument:
Das zweite Argument des Neuen Protektionismus geht von den Zolleinnahmen als bedeutende fiskalische Einnahmequelle aus. Unterstellt wird in der folgenden Abbildung, dass es kein inländisches Angebot für Mangos gibt und die ausländischen Anbieter mit steigendem Preis eine zunehmende Menge anbieten möchten. Die Zollerhebung führt dazu, dass die ausländischen Anbieter versuchen, die Preise auf dem Inlandsmarkt entsprechend dieser Zollerhebung zu erhöhen.

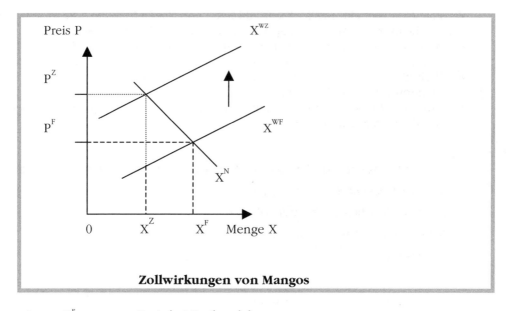

Zollwirkungen von Mangos

mit: P^F Preis bei Freihandel
 P^Z Preis bei Zollerhebung
 X^{WF} Weltmarktangebot bei Freihandel
 X^{WZ} Weltmarktangebot bei Zollerhebung
 X^N Nachfrage der Inländer
 X^Z Menge bei Zollsatz und X^F Menge bei Freihandel

Die Angebotskurve verlagert sich im Zuge der Zollerhebung von X^{WF} auf X^{WZ} nach oben. Bei preiselastischer Nachfrage der Inländer nach Mangos wird der Preis steigen und die Menge fallen. Die Last der Zollerhebung wird auf die ausländischen Anbieter und die inländischen Konsumenten entsprechend der folgenden Tabelle verteilt.

DIE AUSWIRKUNGEN DER ZOLLERHEBUNG:

	Importpreis	Importmenge	Zolllast
Nachfrage ist vollkommen unelastisch	Steigt um den Zollsatz	Keine Veränderung	Inländischer Konsument trägt 100%
Nachfrage ist unelastisch	Steigt fast wie der Zollsatz	Geringe Reduktion	Inländischer Konsument trägt mehr als 50%
Nachfrage ist elastisch	Steigt wenig	Starke Reduktion	Ausländischer Anbieter trägt mehr als 50%
Nachfrage ist vollkommen preiselastisch	Keine Veränderung	Sehr starke Reduktion	Ausländischer Anbieter trägt 100%

"Terms-of-Trade" der Entwicklungsländer:

Das dritte Argument des Neuen Protektionismus einer Verschlechterung der Terms-of-Trade geht auf die Situation der Entwicklungsländer ein.

Die (commodity) Terms-of-Trade können für die Handelsgüter als Relation des Preisindizes für Exportgüter zu dem Preisindex für Importgüter definiert werden.

Beide Preisindizes werden in einer Währung, wie dem US-$, bewertet. Die Terms-of-Trade stellen somit das relative Austauschverhältnis zwischen den Export- und den Importgütern dar. Eine Verbesserung der Terms-of-Trade bedeutet, dass der Preisindex für die Exporte im Vergleich zu dem für die Importe zunimmt. Das betreffende Land ist somit in der Lage, für ein gegebenes Exportvolumen mehr Güter zu importieren bzw. es muss für ein gegebenes Importvolumen weniger Güter exportieren.

Die so genannte Prebisch-Singer-These von der dauerhaften Verschlechterung der Terms-of-Trade unterstellt ein Entwicklungsland, das auf den Export homogener und auf dem Weltmarkt in starker Konkurrenz gehandelter Rohstoffe angewiesen ist und Industrieerzeugnisse wie Autos, Maschinenbau- oder Investitionsgüter importiert. Die Preise der homogenen Rohstoffe werden im Zeitablauf nur langsam, wenn überhaupt, steigen. Einerseits besteht bei diesen Erzeugnissen ein intensiver Wettbewerb - andererseits gibt es durch den technischen Fortschritt Kosteneinsparpotenziale, die in Form fallender Preise an die Abnehmer weiter gegeben werden. Die Preise der Industriegüter steigen jedoch im Zeitablauf, da diese Güter durch Markenbildung und Kundenbindung eine monopolistische Marktstellung mit entsprechenden Preisgestaltungsräumen ermöglichen. Die Folge ist eine Verschlechterung der Terms-of-Trade, die empirisch für viele Länder südlich der Sahara nachgewiesen worden ist. Diese Evidenz untermauert die Aussage, dass der Freihandel insbesondere für Entwicklungsländer ein Problem ist.

12.3 Die Welthandelsordnung

> Im Jahre 1947 ist das allgemeine Zoll- und Handelsabkommen (engl.: GATT, General Agreement on Tariffs and Trade) ins Leben gerufen worden. Am 1.1.1995 ist die Welthandelsorganisation (engl.: World Trade Organization, WTO) geschaffen worden, in die das GATT integriert worden ist.

Die WTO besteht aus folgenden Räten:

- Rat für den Handel mit Waren (GATT)
- Rat für den Handel mit Dienstleistungen (GATS)
- Rat für handelsbezogene Aspekte der Rechte am geistigen Eigentum (TRIPS)
- Multilaterale Abkommen u.a. über öffentliche Aufträge

Im Folgenden werden die Grundsätze und Besonderheiten in der Welthandelsorganisation dargestellt.

- **Prinzip der Nicht-Diskriminierung**
  Die Nicht-Diskriminierung wird in Meistbegünstigung und Inländerbehandlung eingeteilt. Die Meistbegünstigung geht davon aus, dass die Handelsvorteile, die einem Partner zugestanden werden, grundsätzlich für alle Teilnehmerstaaten der WTO gelten. Ausnahmen von diesem Grundsatz werden mit den Entwicklungsländern sowie bei der regionalen Integration gemacht. Um die Entwicklung zu fördern, können einseitige Präferenzen - ein Abbau der Handelsschranken - im Handel mit Entwicklungsländern eingesetzt werden. Regionale Integration führt zu steigender Integration innerhalb des Integrationsraums, aber auch zu so genannten Abschließungseffekten von Drittstaaten. Die WTO erklärt sich mit den regionalen Integrationsbemühungen einverstanden, wenn die handelsschaffenden Wirkungen innerhalb dieser Region stärker sind als die abschließenden Effekte gegenüber außenstehenden Staaten.

  Der Grundsatz der Inländerbehandlung geht davon aus, dass einmal eingeführte Waren genauso zu behandeln sind, wie die im Inland hergestellten Waren und nicht durch z.B. spezielle Steuern zu belasten sind. Ausnahmen sind jedoch zum Schutze der öffentlichen Gesundheit und Sicherheit zugelassen.

- **Prinzip der kollektiven Zollsenkungen**
  Mengenmäßige Handelshemmnisse werden in so genannte Zolläquivalente umgerechnet. Hiermit werden die Auswirkungen der Handelsschranken auf die Preise zum Ausdruck gebracht. Diese Zölle werden in gemeinsamen Runden abgebaut. Grundsätzlich beschließen demnach alle teilnehmenden Staaten zusammen den Zollabbau.

12.3 Die Welthandelsordnung

➢ **Prinzip der Gegenseitigkeit ("Reziprozität")**
Die Gegenseitigkeit unterstellt, dass die gegenseitig gewährten Zugeständnisse grundsätzlich von gleichen Werten sind. Ausnahmen hiervon gelten für Entwicklungsländer und regionale Integrationsbestrebungen.

➢ **Verbot mengenmäßiger Handelsbeschränkungen und -verbote**
Als den Markt störende Eingriffe bzw. marktinkonforme Instrumente gelten insbesondere die mengenmäßigen Restriktionen, da diese in die Entscheidungsfreiheit der Wirtschaftssubjekte zu exportieren und zu importieren direkt eingreifen und der Preismechanismus dabei ausgeschaltet wird. Zum Schutze der Zahlungsbilanz und zum Schutze heimischer Branchen können nach vorheriger Genehmigung durch die WTO Ausnahmen ergriffen werden, die aber zum frühest möglichen Zeitpunkt zu beseitigen sind.

➢ **Liberalisierung des Agrarhandels, Textilien und Bekleidung**
Es gibt Abkommen für Branchen, an denen nicht alle Mitglieder beteiligt sind. So zum Beispiel der Agrarhandel sowie die Textilien- und Bekleidungsindustrie. Auch hier ist die WTO grundsätzlich um den Freihandel bemüht.

➢ **Anti-Dumping-Abkommen**
Dumping liegt vor, wenn Güter zu nicht kostendeckenden Preisen mit der Zielsetzung angeboten werden, die Konkurrenz zu schädigen. Bei einer nachgewiesenen Schädigung der heimischen Industrie durch Dumping der ausländischen Konkurrenz dürfen nach Genehmigung durch die WTO Anti-Dumping-Zölle ergriffen werden.

ÜBERBLICK ÜBER AUSGEWÄHLTE HANDELSSCHRANKEN:

	Beispiele	Wirkungen
Tarifäre Handelshemmnisse	Zölle, Steuern und Subventionen	Beeinflussung der Export- und Importpreise
Nichttarifäre Handelshemmnisse	Kontingente, Verbote, Exportselbstbeschränkung, Embargo und Boykott	Mengenmäßige Beschränkungen
Nichttarifäre Handelshemmnisse	Technische Hemmnisse	Einhaltung von Industrienormen und Gesundheitsvorschriften
Nichttarifäre Handelshemmnisse	Administrative Hemmnisse	Zollmodalitäten, Stichproben

Tarifäre Handelshemmnisse beeinflussen über Zölle und Steuern sowie Subventionen die Preise der Export- und Importgüter und damit die Nachfrage und das Angebot. Zölle auf Importe und Exporte verteuern diese Güter, während Subventionen des Staates die Preise dieser Güter vermindern.

12.4 Die wirtschaftliche Integration

In der nachfolgenden Tabelle werden die Formen der wirtschaftlichen Integration vorgestellt. Innerhalb einer Freihandelszone (FHZ) werden sämtliche Waren ohne Handelsschranken gehandelt. Im Verhältnis zu den nicht an der FHZ teilnehmenden Drittstaaten wird keine einheitliche Zollpolitik betrieben. Um zu vermeiden, dass die Güter aus Drittstaaten von Ländern der FHZ mit dem geringsten Außenzoll eingeführt und dann die gesamte FHZ überschwemmen, werden in der Realität so genannte Ursprungslandregeln eingesetzt. Damit die Güter innerhalb der FHZ frei gehandelt werden können, muss der Großteil der Wertschöpfung in der FHZ stattgefunden haben. Die dann folgende Stufe der wirtschaftlichen Integration baut auf der FHZ auf und erweitert diese zur Zollunion (ZU). In der ZU wird eine gemeinsame Zollpolitik gegenüber Drittstaaten betrieben. Die Verteilung der Zolleinnahmen stellt in diesem Zusammenhang ein Verteilungsproblem dar. Man unterscheidet zwischen den positiven handelsschaffenden und den negativen handelsumlenkenden Wirkungen.

Die Handelsschaffung bedeutet, dass viele Güter, die zuvor von den inländischen Anbietern hergestellt worden sind, in der FHZ und der ZU von den Produzenten in den Partnerländern zu geringeren Kosten erstellt werden.

Die Handelsumlenkung geht davon aus, dass die Importe aus den Drittstaaten durch Importe aus den Partnerländern ersetzt werden. Ist diese Umordnung der Handelsströme ausschließlich auf unterschiedliche Handelsschranken zurückzuführen, dann ist die Wirkung negativ.

DIE FORMEN DER WIRTSCHAFTLICHEN INTEGRATION:

	FHZ	ZU	GM	WU	WWU
Freihandel	X	X	X	X	X
Gemeinsame Zollpolitik		X	X	X	X
Mobilität des Kapitals und der Arbeit; Niederlassungsfreiheit			X	X	X
Harmonisierung oder Zentralisierung der Wirtschaftspolitik				X	X
Gemeinsame Währung und Zentralbank					X

X = Merkmal erfüllt

12.4 Die wirtschaftliche Integration

Ein Gemeinsamer Markt (GM), auch Binnenmarkt genannt, geht über die Zollunion dahingehend hinaus, dass auch die Kapital-, Arbeits- und Dienstleistungsmärkte integriert sind.

Die Europäische Gemeinschaft, als Beispiel für einen Binnenmarkt, ist aus dem Zusammenschluss

- der EGKS (Europäische Gemeinschaft für Kohle und Stahl), die 1951 von Frankreich, Italien, Deutschland und den Benelux-Staaten mit dem Ziel geschaffen wurde, einen gemeinsamen Markt für Kohle und Stahl zu errichten,
- der EWG (Europäische Wirtschaftsgemeinschaft) und
- der EURATOM (Europäische Atomgemeinschaft)

gegründet worden.

Die Mobilität des Kapitals ist in einem Gemeinsamen Markt vollkommen. Es gibt von daher keine Kapitalverkehrskontrollen und keine Devisenbewirtschaftungen. Die vollkommene Mobilität des Produktionsfaktors Arbeit geht von der Freizügigkeit aus. Innerhalb des Gemeinsamen Marktes können somit alle Arbeitnehmer ihren Wohn- und auch Arbeitsort frei wählen. Im Zuge der Osterweiterung ist diese Freiheit für osteuropäische Arbeitnehmer durch die so genannte "2+3+2"-Regelung für höchstens 7 Jahre in Deutschland und Österreich beschränkt.

Die Niederlassungsfreiheit bedeutet eine freie Standortwahl der Freiberufler und Selbstständigen. Dadurch rückt die Diskussion um die Standortqualitäten in den Vordergrund. Es besteht die Gefahr, dass Nationalstaaten zum Beispiel die Sozialausgaben und -standards und/oder die Umweltstandards reduzieren, um wettbewerbsfähig zu werden bzw. zu sein.

Aus diesem Grund wird der Gemeinsame Markt um eine Harmonisierung oder Zentralisierung der Wirtschaftspolitik in der Wirtschaftsunion (WU) erweitert. Eine Harmonisierung bedeutet, dass zum Beispiel in der EU die Fiskalpolitik in nationalstaatlicher Verantwortung bleibt, aber im Rahmen des Stabilitäts- und Wachstumspaktes die Grenzwerte von 3% des BIP für die Neuverschuldung sowie von 60% des BIP für den staatlichen Schuldenstand einzuhalten hat und Gegenstand der Diskussionen im Rat der Wirtschafts- und Finanzminister (Ecofin-Rat) bildet.

Die Wirtschafts- und Währungsunion geht aus von der Wirtschaftsunion und erweitert diese um eine gemeinsame Währung und Zentralbank.

Ausgewählte Vorteile der gemeinsamen Währung sind dabei:

- Wegfall des Wechselkursänderungsrisikos,
- Verbesserung der Kalkulationsgrundlage,

- Wegfall der Umtauschkosten und Kurssicherungskosten,
- Wegfall der Währungstransaktionskosten,
- Erleichterung der Preisvergleiche und mehr Markttransparenz,
- Wegfall der wechselkursbedingten Wettbewerbsverzerrungen sowie
- Stärkere Position der EU im Vergleich zu anderen Blöcken.

> In Europa ist die Wirtschafts- und Währungsunion durch die Einführung des Euro als gemeinsame Währung geschaffen worden. Grundlegend dafür ist der Maastricht-Vertrag, durch den die Europäische Union (EU) geschaffen wurde und der die Grundlagen für eine gemeinsame Geldpolitik durch das Eurosystem gelegt hat.

DIE MAASTRICHT-KRITERIEN (VORAUSSETZUNG FÜR DIE EINFÜHRUNG DES EURO):

Kriterium	Operationalisierung
Preisstabilität	Inflationsrate darf nicht um mehr als 1,5%-Punkte höher sein als die der drei preisstabilsten Länder
Staatsfinanzen	Budgetdefizit des Staates darf nicht höher als 3% des BIP sein; Schuldenstand des Staates darf nicht höher als 60% des BIP sein
Zinssatz	Langfristiger Zinssatz (auf Staatsanleihen) darf nicht um mehr als 2%-Punkte höher sein als der in den drei preisstabilsten Ländern
Währungsstabilität	Wechselkursstabilität innerhalb des erweiterten Bandes. Der Eurokurs der jeweiligen Währung sollte in einer Bandbreite von + - 15% um die entsprechende Zentralparität liegen.

Die EU-Osterweiterung im Mai 2004 und die Diskussion um die EU-Verfassung knapp ein Jahr später bilden den momentanen Abschluss der Europäischen Einigung. Um Mitglied der EU zu werden, haben die Beitrittsstaaten die so genannten Kopenhagener Kriterien zu erfüllen:

- Institutionelle Stabilität als Garantie für Demokratie
- Rechtsstaatlichkeit, Wahrung der Menschenrechte sowie Achtung und Schutz von Minderheiten
- Vorhandensein einer funktionsfähigen Marktwirtschaft
- Die Fähigkeit, den Marktkräften und dem Wettbewerbsdruck innerhalb der EU standzuhalten
- Die Fähigkeit, die Mitgliedsverpflichtungen zu erfüllen. (Übernahme EU spezifischer institutioneller Regelungen)

13 Die monetäre Außenwirtschaft

Lernziele

In diesem Kapitel werden Sie die Zahlungsbilanz kennen lernen. Sie werden den Devisenmarkt als den Ort erläutern können, auf dem der Wechselkurs bestimmt wird. Sie sind befähigt, zwischen einem System mit flexiblem, mit gesteuertem und mit vollständig freiem Wechselkurs zu unterscheiden.

13.1 Die Zahlungsbilanz

> Die Zahlungsbilanz eines Landes ist die systematische Erfassung und Darstellung aller wirtschaftlichen Transaktionen zwischen den In- und den Ausländern für eine abgelaufene Periode. Sie besteht aus
> - Leistungsbilanz,
> - Bilanz der Vermögensübertragungen,
> - Kapitalbilanz und
> - Devisenbilanz.

Die Transaktionen werden dabei zu laufenden Transaktionswerten ausgewiesen.

Diese Definition ist etwas missverständlich, da

- es sich bei der Zahlungsbilanz nicht um eine Bestandsrechnung, wie der Bilanzbegriff andeutet, sondern um eine Stromgrößenrechnung handelt,
- auch Transaktionen erfasst werden, die nicht mit einem Zahlungsvorgang verbunden sind, wie z.B. Übertragungen im Sinne unentgeltlicher Transfers,
- auch Zahlungen zwischen Inländern erfasst werden, wenn z.B. die Zentralbank Währungsreserven von inländischen Kreditinstituten kauft.

Als Inländer gelten gemäß der Zahlungsbilanzstatistik alle natürlichen Personen mit ständigem Wohnsitz im Inland sowie alle anderen Wirtschaftssubjekte (einschließlich rechtlich unselbstständiger Produktionsstätten und Zweigniederlassungen) mit dem Schwerpunkt der wirtschaftlichen Aktivität im Inland. Nicht als Inländer gelten Angehörige ausländischer Streitkräfte sowie von Botschaften und von Konsulaten und Studenten. Die Darstellung zum Aufbau der Zahlungsbilanz orientiert sich an den Empfehlungen des Internationalen Währungsfonds (IWF) aus dem Jahre 1993.

DER AUFBAU DER ZAHLUNGSBILANZ:

Teilbilanz	Einnahmen = Kapitalimporte	Ausgaben = Kapitalexporte
(1) Handelsbilanz	Warenausfuhr	Wareneinfuhr
(2) Dienstleistungsbilanz	Geleistete Dienstleistungen	Beanspruchte Dienstleistungen
(3) Einkommensbilanz	Erhaltene Erwerbs- und Vermögenseinkommen	Geleistete Erwerbs- und Vermögenseinkommen
(4) Bilanz der laufenden Übertragungen	Empfangene laufende Übertragungen	Geleistete laufende Übertragungen
(5) Bilanz der Vermögensübertragung	Empfangene Vermögensübertragungen	Geleistete Vermögensübertragungen
(6) Kapitalbilanz	Kapitalimport	Kapitalexport
(7) Devisenbilanz	Abnahme der Währungsreserven der Zentralbank	Zunahme der Währungsreserven der Zentralbank

Leistungsbilanz = Teilbilanzen (1) bis (4)

Es werden verschiedene Konzepte der Zahlungsbilanz unterschieden:

➢ Der Außenbeitrag zum Bruttoinlandsprodukt gibt an, welche der im Inland hergestellten Waren und Dienstleistungen von Ausländern beansprucht werden und welche der im Ausland hergestellten Waren und Dienstleistungen von Inländern beansprucht werden. Der Außenbeitrag zum BIP ist gleich dem Saldo der Handels- und der Dienstleistungsbilanz. Als Bruttoinlandsprodukt wird der Wert der Waren und Dienstleistungen verstanden, der in der betrachteten Periode im Inland hergestellt worden ist.

➢ Der Außenbeitrag zum Bruttosozialprodukt gibt an, in welchem Ausmaß die Ausländer an Einkommen beteiligt sind, das den Inländern zukommt.[1] Der Außenbeitrag zum BSP ist der Saldo der Handels-, Dienstleistungs- und Einkommensbilanz. Berücksichtigt werden dabei die Ströme der Erwerbs- und Vermögenseinkommen zwischen den Inländern und den Ausländern.

---

[1] Im Kapitel zur VGR wird mit dem Nationaleinkommen die Definition für das Einkommen der Inländer gemäß des Europäischen Systems der Volkswirtschaftlichen Gesamtrechnung (ESVG) dargestellt.

13.1 Die Zahlungsbilanz

> **Wichtig:**
> Ist die Ersparnis der Inländer höher als die inländische Nettoinvestition, dann ergibt sich, abgesehen von den Vermögensübertragungen, ein positiver Saldo der Leistungsbilanz. Die Inländer haben ausreichend Ersparnis, um die Sachvermögensbildung im Inland zu finanzieren und den Ausländern Kredite zu gewähren. Das Geldvermögen der Inländer steigt in diesem Falle.
>
> Ist die Nettoinvestition der Inländer höher als die Ersparnis, dann ergibt sich aus der Sicht des Inlandes ein negativer Saldo der Leistungsbilanz. Die Inländer haben eine unzureichende Ersparnis, um die Sachvermögensbildung im Inland zu finanzieren. Die Inländer nehmen Kredite im Ausland auf. Das Geldvermögen der Inländer fällt in diesem Falle.

Die Leistungsbilanz (auch als current account oder Bilanz der laufenden Transaktionen bezeichnet) besteht aus vier Teilbilanzen:

- **Handelsbilanz**
  In dieser Bilanz wird die Warenausfuhr (Export) und die Wareneinfuhr (Import) erfasst.

- **Dienstleistungsbilanz**
  In dieser Bilanz werden die von Inländern geleisteten und beanspruchten Dienstleistungen (Verkehr, Transport, Banken und Versicherungen usw.) erfasst.

- **Bilanz der Erwerbs- und Vermögenseinkommen**
  In dieser Bilanz werden die Einkommen aus unselbstständiger Arbeit (Erwerbseinkommen) sowie aus Vermögen (Kapitalerträge, Mieten, Pachten) erfasst.

- **Bilanz der laufenden Übertragungen**
  Übertragungen sind Leistungen ohne Gegenleistungen und erfassen in der Zahlungsbilanzstatistik Gegenbuchungen zu allen Bewegungen von Gütern und finanziellen Aktiva ohne ökonomische Gegenleistung. Laufende Übertragungen sind regelmäßig wiederkehrende, unentgeltliche Leistungen. Sie haben Einfluss auf Einkommen und Verbrauch. Es werden öffentliche und private laufende Transferzahlungen unterschieden. So zum Beispiel die Nettozahlungen der Regierung an den Haushalt der EU oder die Heimatüberweisungen der in Deutschland lebenden ausländischen Arbeitnehmer. Auch die Grenze überschreitende Renten, Pensionen und Unterstützungszahlungen zählen hierzu.

In der Bilanz der Vermögensübertragungen werden ihrem Charakter nach einmalige Leistungen ohne Gegenleistung erfasst. Sie haben Einfluss auf das Vermögen der betreffenden Wirtschaftssubjekte. Das Einkommen wird nur mittelbar berührt durch steigende Vermögenseinkommen. Beispiele: Überlassung von Eigentum an Sachvermögen (Maschinen, Krankenhäuser, Flugplätze) ohne Entgelt, Schuldenerlasse (insbesondere für Entwicklungsländer).

Die Kapitalbilanz gehört neben der Leistungsbilanz, der Bilanz der Vermögensübertragungen und der Devisenbilanz der Zentralbank zur Zahlungsbilanz. Die traditionelle Unterscheidung des Kapitalverkehrs nach der Fristigkeit der Anlage entspricht nicht den Empfehlungen des IWF von 1993.

Seitdem wird eine Unterteilung nach den Instrumenten vorgenommen:

> **Ausländische Direktinvestitionen**
> Es sind finanzielle Engagements von inländischen Investoren im Ausland, sofern sie 10% oder mehr der Anteile oder Stimmrechte enthalten. Eingeschlossen sind die Zweigniederlassungen und Betriebsstätten im Ausland. Der Erwerb des Grundbesitzes im Ausland zählt auch zu den ausländischen Direktinvestitionen. Entscheidend für die Zuordnung zu den Direktinvestitionen ist die Absicht eines Inländers, im Ausland unternehmerisch tätig zu sein.

> **Wertpapieranlagen (ohne Direktinvestitionen)**
> Portfolioinvestitionen in Aktien, Renten (Anleihen), Investmentzertifikaten und Geldmarktpapieren. So genannte Portfolioinvestitionen zielen ab auf die Rendite der Wertpapieranlagen.

> **Finanzderivate**
> Hierzu zählen die Sicherungsinstrumente, die vor Zins- und Wechselkursschwankungen absichern. Optionen und Terminkontrakte gehören dazu wie so genannte Zins- und Währungsswaps.

> **Übriger Kapitalverkehr (vor allem Kreditverkehr)**
> In diese Rubrik fallen Darlehen (in Form von Buchkrediten, Schuldscheindarlehen) und Handelskredite. Handelskredite liegen vor, wenn Zahlungsziele oder Anzahlungen im Waren- und Dienstleistungsverkehr verwendet werden. Auch ausländische Bankguthaben (Sicht-, Termin- und Spareinlagen) zählen mit zum übrigen Kapitalverkehr sowie Noten und Münzen.

In der Devisenbilanz der Zentralbank wird die transaktionsbedingte Veränderung der Währungsreserven der Zentralbank ausgewiesen. Vergibt die Zentralbank zum Beispiel Kredite an internationale Organisationen (wie die Weltbank), dann wird das als ein Kapitalexport im weiteren Sinne erfasst. Bewertungsbedingte Veränderungen der Gold- und Devisenbestände werden nicht in der Devisenbilanz, sondern in separaten Statistiken ausgewiesen.

13.1 Die Zahlungsbilanz

Die Währungsreserven setzen sich zusammen aus:

- Goldbeständen der Zentralbank.
- Devisenreserven. Devisen sind auf ausländische Währung lautende, an einem ausländischen Platz zahlbare liquide Forderungen.
- Reserveposition im IWF bzw. die Bestände an Sonderziehungsrechten (SZR). Diese räumen der Zentralbank die Möglichkeit ein, Devisen beim IWF gegen Hergabe heimischer Währung zu erlangen.

Da in der Zahlungsbilanzstatistik das System der doppelten Buchführung benutzt wird, ist die Zahlungsbilanz insgesamt immer ausgeglichen.[2] Jede Transaktion wird als Einnahme bzw. als Kapitalimport erfasst und als Ausgabe bzw. als Kapitalexport. Die Teilbilanzen der Zahlungsbilanz dagegen können Salden aufweisen und somit nicht ausgeglichen sein.

Es ist insofern möglich, dass die Leistungsbilanz des Inlandes einen Saldo aufweist bzw. nicht ausgeglichen ist. Ein positiver Saldo der Leistungsbilanz des Inlandes spiegelt sich wider in:

- einem Kapitalexport, so dass die Inländer den Ausländern Kredite gewähren, ausländische Wertpapiere (Aktien und Anleihen) kaufen oder Immobilien erwerben,
- einer Erhöhung der Währungsreserven (Goldbestände, US-$-Guthaben, SfR) der Zentralbank des Inlandes und
- geleisteten Vermögensübertragungen (Erbschaften, Schuldenerlasse) der Inländer an die Ausländer.

Ebenso ist es möglich, dass die Leistungsbilanz des Inlandes negativ ist. Ein negativer Saldo der Leistungsbilanz spiegelt sich wider in

- einem Kapitalimport, so dass die Ausländer den Inländern Kredite gewähren, inländische Wertpapiere (Aktien und Anleihen) kaufen oder Immobilien erwerben,
- einer Abnahme der Währungsreserven (Goldbestände, US-$-Guthaben,...) der Zentralbank des Inlandes und
- empfangenen Vermögensübertragungen (Erbschaften, Schuldenerlasse) der Inländer von Ausländern.

Die Leistungsbilanz kann drittens ausgeglichen sein. Trotzdem kann es Salden in den anderen Teilbilanzen geben. So kann ein fallender Kapitalexport des Inlandes mit einer Erhöhung der Währungsreserven der Zentralbank verbunden sein, zum Beispiel wenn diese die US-$-Guthaben von inländischen Kreditinstituten kauft.

---

[2] Aufgrund der Ungenauigkeiten der statistischen Erfassung sowie von Messproblemen wird in der Realität immer ein Posten so genannter nicht aufzugliedernder Positionen gezeigt.

13.2 Devisenmarkt und Wechselkurs

Der Wechselkurs stellt den relativen Preis zwischen zwei Währungen dar. Er wird entweder in Preis- oder in Mengennotierung ausgewiesen.

In Preisnotierung gibt der Wechselkurs an, wie viele Einheiten inländischer Währung für eine Einheit ausländischer Währung zu leisten sind, wie zum Beispiel 0,8 €/1 US-$.

Der Kehrwert des Wechselkurses in einer Preisnotierung ist der Wechselkurs in Mengennotierung. Dieser gibt an, wie viele Einheiten fremder Währungen einer Einheit inländischer Währung entsprechen, wie zum Beispiel 1,25 US-$/1 €.

Auf dem Devisenmarkt werden Devisen, liquide Forderungen in Fremdwährungen, die an einem ausländischen Platz zu zahlen sind, gegen heimische Währung angeboten und nachgefragt. Der Wechselkurs wird durch das Gleichgewicht des Devisenmarktes bestimmt.

Bei flexiblem Wechselkurs passt sich der Wechselkurs so an, dass der Devisenmarkt im Gleichgewicht ist ohne Interventionen der Zentralbank. Im System mit festem Wechselkurs sorgen Interventionen der Zentralbank auf dem Devisenmarkt für ein Gleichgewicht zu einem bestimmten politisch festgelegten Wechselkurs. Daneben ist die Freiheit der Transaktionen am Devisenmarkt entscheidend für das praktizierte Währungssystem. Es gibt Systeme mit staatlich regulierten Devisenmärkten und solche ohne staatliche Reglementierungen.

VERÄNDERUNGEN AM DEVISENMARKT – AUSWIRKUNGEN AUF DIE ZAHLUNGSBILANZ:

	Devisenangebot steigt	Devisennachfrage fällt
Handelsbilanz	Steigender Export des Inlandes - zum Beispiel weil die Güterpreise im Inland niedriger als die im Ausland sind oder weil die Ausländer über ein steigendes Einkommen in einer Boomphase verfügen	Fallender Import des Inlandes - zum Beispiel weil die Güterpreise im Inland niedriger als die im Ausland sind oder weil die Inländer über ein fallendes Einkommen bei einem Abschwung der Konjunktur verfügen
Kapitalbilanz	Steigender Nettokapitalimport - zum Beispiel weil die Zinssätze oder die Ertragsraten im Inland höher sind als im Ausland	Fallender Nettokapitalexport - zum Beispiel weil die Zinssätze oder die Ertragsraten im Ausland niedriger als die im Inland sind
Devisenbilanz	Zentralbank verkauft Devisen, um den Euro zu stärken	Zentralbank kauft weniger Devisen, um den US-$ zu stärken

13.2 Devisenmarkt und Wechselkurs

> Veränderungen des Wechselkurses können Auf- oder Abwertungen der heimischen Währung sein. Eine Aufwertung des Euro liegt vor, wenn zum Beispiel 1US-$ weniger Euro wert ist, eine Abwertung im umgekehrten Falle. Der Wechselkurs in Preisnotierung fällt[3] bei einer Aufwertung der heimischen Währung, während der Wechselkurs des Euro in Mengennotierung steigt[4]. Zu einer Aufwertung des Euro und einer entsprechenden Abwertung des US-$ kommt es immer dann, wenn die US-$-Devisennachfrage relativ zum US-$-Devisenangebot abnimmt. Ausgewählte Gründe finden Sie hierfür in der oberen Tabelle.

Die folgenden Wirkungsketten verdeutlichen, wie es zu einer Aufwertung des Euro kommt, wenn sich ein Angebotsüberschuss auf dem Devisenmarkt einstellt und die Fremdwährung deshalb an Wert verliert.

Im Falle eines Anstiegs der ausländischen Preise im Vergleich zu den inländischen Preisen ist die Handelsbilanz betroffen. Es kommt bei zunächst unverändertem Wechselkurs zu einem positiven Außenbeitrag der EU, der zu einer Aufwertung des Euro und zu einer Abwertung des US-$ führt.

Anstieg der Preise der im Ausland hergestellten Güter im Vergleich
zu den Preisen der Güter des Inlandes

⇩

Exporte des Inlandes in das Ausland steigen und somit das Devisenangebot;
Importe des Inlandes aus dem Ausland fallen und somit die Devisennachfrage

⇩

Aufwertung der inländischen Währung (Euro) und Abwertung
der ausländischen Währung (US-$)

Wirkungskette bei einer Veränderung der relativen Güterpreise bei flexiblem Wechselkurs

---

Im Falle der Veränderung der relativen Zinssätze und Ertragsraten zwischen in- und ausländischen Anlagen wird die Kapitalbilanz berührt.

---

[3] zum Beispiel von 0,8 Euro pro US-$ auf 0,5 Euro pro US-$
[4] zum Beispiel von 1,25 US-$ pro Euro auf 2 US-$ pro Euro

> Anstieg der Zinssätze und Ertragsraten der Anlagen im Inland im Vergleich zu denen des Auslandes
>
> ⇩
>
> Kapitalexporte der Inländer in das Ausland fallen und somit die Devisennachfrage
>
> Kapitalimporte der Ausländer in das Inland steigen und somit das Devisenangebot
>
> ⇩
>
> Aufwertung der inländischen Währung (Euro) und Abwertung der ausländischen Währung (US-$)
>
> **Wirkungskette bei einer Veränderung der relativen Ertragsraten bei flexiblem Wechselkurs**

Viele Ökonomen sehen den Vorteil des flexiblen Wechselkurses darin, dass durch Veränderungen des nominellen Wechselkurses Ungleichgewichte zwischen In- und Ausland beseitigt werden, ohne dass sich außenwirtschaftliche Störungen auf das Inland auswirkten. Es ergeben sich im Falle von Handels- oder Kapitalbilanzstörungen Veränderungen auf dem Devisenmarkt und somit des Wechselkurses, die schließlich das außenwirtschaftliche Gleichgewicht wieder herstellen.

Eine unabhängige Geldpolitik sei zudem nur bei flexiblen Wechselkursen möglich, da die Zentralbank nicht zu Interventionen auf dem Devisenmarkt gezwungen ist und die Geldpolitik nach einer auf die Preisstabilität gerichteten Strategie formuliert werden kann. Die Nachteile der flexiblen Wechselkurse werden häufig in den anfallenden Kurssicherungskosten wie z.B. durch Währungsswaps oder andere Aktivitäten auf den Terminmärkten gesehen. Zudem sind flexible Wechselkurse für Transformations- und Entwicklungsländer ohne entwickelte Devisen- und Finanzmärkte oder Bankensysteme nicht durchzuführen.

Der Hauptvorteil des Systems mit festem Wechselkurs wird häufig in der Kalkulationssicherheit gesehen. Kurssicherungskosten sind nicht zu tragen. Allerdings ist ein System mit festem Wechselkurs wegen der Interventionspflicht der Zentralbank auf dem Devisenmarkt nur sehr bedingt mit der autonomen Geldpolitik vereinbar.

13.2 Devisenmarkt und Wechselkurs

FLEXIBLE UND FESTE WECHSELKURSE IM VERGLEICH:

Währungssystem	Vorteile	Nachteile
Flexibler Wechselkurs	➢ Abschirmung des Inlandes vor Beeinflussung durch die Außenwirtschaft ➢ Unabhängige Geldpolitik möglich	➢ Schwankungen des Währungswertes ➢ Kosten der Kurssicherung ➢ Entwickelte Devisenmärkte als Voraussetzung
Fester Wechselkurs	➢ Keine Schwankungen des Währungswertes ➢ Keine Kosten der Kurssicherung ➢ Geeignet auch für Länder im Zuge der Entwicklung und Transformation ohne entwickelte Devisenmärkte	➢ Übertragung von Ungleichgewichten der Außenwirtschaft auf die Binnenwirtschaft ➢ Keine autonome Geldpolitik möglich

Die Interventionen der Zentralbank in einem System mit festem Wechselkurs verändern zum einen die Währungsreserven der Zentralbank und zum anderen die im Umlauf befindliche Geldmenge. Die Zentralbank interveniert, indem sie Devisen gegen Euro-Zentralbankgeld aufkauft bzw. verkauft. Um einen Anstieg der umlaufenden Euro-Geldmenge im Falle eines US-$-Kaufs zu vermeiden, kann die Zentralbank eine Sterilisierung oder Neutralisierung betreiben. Diese Politik sieht dann so aus, dass die Zentralbank eine kontraktive Offenmarktpolitik ausführt und inländische Wertpapiere (Staatsanleihen,...) verkauft. Sowohl die Zentralbank als auch die Kreditinstitute (KI) vollziehen in ihren Bilanzen im Falle der Sterilisierung einen Aktivtausch.

Stufe 1: Die Zentralbank möchte den US-$ stärken.

Zentralbank kauft US-$ von den Kreditinstituten (KI) gegen Zentralbankgeld:

Bilanz der Zentralbank	
US $ steigen	Verbindlichkeiten gegenüber KI steigen

Bilanz der KI	
US $ sinken	
Guthaben bei Zentralbank steigen	

Stufe 2: Kontraktive Offenmarktpolitik

Zentralbank verkauft Staatsanleihen (Wertpapiere) an KI, um die Geldmengeneffekte zu neutralisieren:

Bilanz der Zentralbank	
Wertpapiere sinken	Verbindlichkeiten gegenüber KI sinken

Bilanz der KI	
Wertpapiere steigen	
Guthaben bei Zentralbank sinken	

Insgesamt:

Bilanz der Zentralbank	
US $ steigen	
Wertpapiere sinken	

Bilanz der KI	
US $ sinken	
Wertpapiere steigen	

Wenn der Euro zur Schwäche neigt, dann wird die EZB Euro nachfragen und aufkaufen. Sie gibt im Umtausch dafür US-$ aus, wodurch ihre Währungsreserven reduziert werden. Durch die Verminderung der Währungsreserven und die gleichzeitige Verminderung der Euro-Geldmenge ergibt sich eine Verkürzung der Zentralbankbilanz.

INTERVENTIONEN DER ZENTRALBANK: (OHNE STERILISIERUNG/NEUTRALISIERUNG)

Intervention	Situation	Auswirkungen
Aufkauf von US-$ gegen Euro	Euro ist stark US-$ ist schwach	Währungsreserven der Zentralbank steigen Euro-Geldmenge steigt
Aufkauf von Euro gegen US-$	Euro ist schwach US-$ ist stark	Währungsreserven der Zentralbank fallen Euro-Geldmenge fällt

13.3 Erklärungsansätze des Wechselkurses

Die Bedeutung der Güterströme für den Wechselkurs wird in der so genannten Kaufkraftparitätentheorie (KKP) betont.

Die absolute Form der KKP geht von einem international einheitlichen Gütermarkt aus. Die Preise der hier gehandelten Güter, gerechnet in einer Währung, können nicht differieren, wenn ein Modell der vollständigen Konkurrenz unterstellt wird. Die Annahmen im Modell der vollständigen Konkurrenz wurden in der Mikroökonomie diskutiert. Erforderlich für das Modell sind ein homogener Markt, ein vollkommener Markt sowie die Marktform des Polypols mit vielen kleinen Anbietern und Nachfragern.

Nach der relativen Form der KKP wird die Wechselkursänderungsrate durch die Differenz zwischen den Inflationsraten der Länder bestimmt. Bleibt der Anteil der gehandelten Güter bzw. der Außenhandelsgüter im Warenkorb der Konsumenten in beiden Ländern konstant und verändern sich die Transportkosten und Zölle im Zeitablauf nicht, dann ist die Differenz zwischen den Inflationsraten der gehandelten Güter gleich der Wechselkursänderungsrate.

ABWEICHUNGEN VON DER ABSOLUTEN KKP:

Abweichungen ergeben sich dann, wenn die Bedingungen des Modells der vollkommenen Konkurrenz nicht erfüllt werden. Sie können durch nachfolgende Beschränkungen entstehen:

Transportkosten und Kosten der Raumüberwindung

Transportkosten führen dazu, dass die Wirtschaftssubjekte Güterkäufe aus dem Inland bei annähernd gleichen Preisen bevorzugen. Damit Güter im Ausland erworben werden, muss der Preisvorteil des Auslandes höher sein als die Transportkosten.

Tarifäre und nicht-tarifäre Handelsschranken

Zölle und Importkontingente bewirken, dass sich der Inlandspreis vom Auslandspreis unterscheidet. Mit Hilfe von Importzöllen sollen die inländischen Industrien und Arbeitsplätze geschützt werden.

Unvollkommene Information

In diesem Fall werden durch unvollkommene Informationen und fehlender Markttransparenz Preisvergleiche mit ausländischen Gütern und Dienstleistungen erschwert. Mit zunehmender elektronischer Vernetzung nehmen jedoch die Informationskosten ab und die Markttransparenz tendenziell zu.

Präferenzen

Werden inländische Produkte wegen der räumlichen Nähe bevorzugt oder wegen einer vermeintlichen Zuverlässigkeit, dann verzichten die Inländer auf den Import dieser Erzeugnisse.

Produktdifferenzierung

In der Regel sind Unterschiede in der Qualität oder der Haltbarkeit der Güter vorhanden. Produktdifferenzierung kann auch durch Markenbildung betrieben werden. Die Produzenten und Händler versuchen dadurch die Kundenbindung zu stärken und verschaffen sich monopolistische Preisspielräume.

Nicht-Außenhandelsgüter

Viele - vor allem die an Personen gebundenen - Dienstleistungen (Friseur, Kosmetik) sind international nicht handelbar und können somit nicht aus dem Ausland importiert werden.

13.3 Erklärungsansätze des Wechselkurses

DER ARBITRAGEMECHANISMUS DER KKP:

Sind zum Beispiel Inlandsgüter preiswerter als Auslandsgüter und werden die im Inland hergestellten Güter in inländischer Währung fakturiert, dann kommt es zu einer steigenden Exportnachfrage der Ausländer sowie zu einer sinkenden Importnachfrage der Inländer, die das Gut im Inland kaufen möchten. Dieser steigende Außenbeitrag führt zu einem Angebotsüberschuss auf dem Devisenmarkt. Auf dem Devisenmarkt droht eine Aufwertung der Inlandswährung.

Die KKP in absoluter Form geht davon aus, dass die homogenen Güter gerechnet in einer Währung gleich viel kosten, unabhängig davon, ob sie im Inland oder im Ausland erworben werden.

Beispiel:

$P^\$ = 100$ US-\$ (Preis in den USA) $P^€ = 80$ €   (Preis in der EU)

$P^\$ \times W^{€\$} = P^€$ Wechselkurs von 0,8 € / 1 US-\$ (Preisnotierung)

Störung:

$P^\$$ steigt auf 160 US-\$ (z.B. weil die Löhne oder Energiekosten in den USA gestiegen sind)

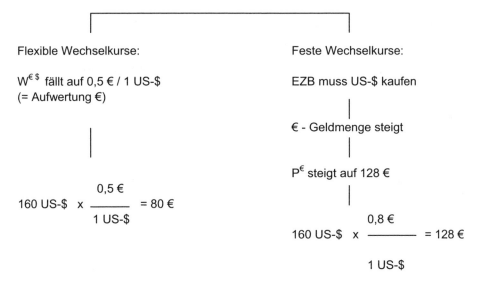

Flexible Wechselkurse:

$W^{€\$}$ fällt auf 0,5 € / 1 US-\$
(= Aufwertung €)

$160 \text{ US-\$} \times \dfrac{0,5 \text{ €}}{1 \text{ US-\$}} = 80$ €

Feste Wechselkurse:

EZB muss US-\$ kaufen

€ - Geldmenge steigt

$P^€$ steigt auf 128 €

$160 \text{ US-\$} \times \dfrac{0,8 \text{ €}}{1 \text{ US-\$}} = 128$ €

> In einem System mit festem Wechselkurs gilt dabei:
>
> Die Zentralbank muss Devisen kaufen und damit die Geldmenge erhöhen. Der Anstieg der Geldmenge sorgt ohne Sterilisierung der Geldmengeneffekte der Intervention für einen Anstieg der Inlandspreise.

> **Ein Erklärungsansatz für die Veränderungsrate des Wechselkurses, der auf internationalen Kapitalströmen basiert, ist die so genannte Zinsparitätentheorie (ZP).**

Die ungedeckte Form der ZP unterstellt, dass sich auf einem vollkommenen Kapitalmarkt für homogene Wertpapiere die gleichen Renditen erzielen lassen. Die ungedeckte ZP ist erfüllt, wenn die Differenz zwischen dem in einer Währung berechnet Inlands- und dem Auslandszins bezogen auf den um den Wert eins erweiterten Inlandszinssatz gleich der erwarteten Abwertungsrate der inländischen Währung auf dem Kassamarkt ist.

$$(i^{Euro} + 1) \times A = A \times \frac{W^{\$\,Euro}}{W^{\$\,Euro}} (1+ i^{\$})$$

| Ertrag im Ausland | Arbitrage-Gleichgewicht | Ertrag im Ausland |

(A/Anlagebetrag in Euro und $W^{\$\,Euro}$/Mengennotierung des Wechselkurses)

hieraus:

$$\frac{i^{Euro} - i^{\$}}{1+ i^{Euro}} = \frac{W^{Euro\,\$\ erwartet} - W^{Euro\,\$\ aktuell}}{W^{Euro\,\$\ aktuell}}$$

13.3 Erklärungsansätze des Wechselkurses

MÖGLICHE ABWEICHUNGEN VON DER UNGEDECKTEN ZINSPARITÄT:

Diese ergeben sich aus den folgenden Gründen:

➢ Es liegt kein vollkommener Kapitalmarkt vor. Die Kapitalmärkte werden durch Kapitalverkehrskontrollen und Devisenbewirtschaftung getrennt. Es sind hohe Transaktionskosten vorhanden.

➢ Die in- und ausländischen Anlagen sind keine vollkommenen Substitute. Es kann aufgrund politischer Risiken zu einem Länderaufschlag auf die Wertpapiere politisch wenig stabiler Staaten kommen. Länderspezifische Risiken sind mit den Gegebenheiten des jeweiligen Landes verbunden.

Wichtig:
Das Währungsrisiko und die Unsicherheit zukünftiger Wechselkursentwicklungen stellen keine Ursachen für eine Abweichung von der ungedeckten Zinsparität dar. In der Formel der ungedeckten Zinsparität entspricht die erwartete Wechselkursänderungsrate einer möglichen Zinsdifferenz. Liegen glaubwürdig feste Wechselkurse zwischen den Ländern vor, dann gleichen sich die Zinssätze der Länder einander an.

BEISPIEL:

Anlagebetrag: 1.000 €
Inlandszins auf eine einjährige sichere Anlage = 5% p.a.
Auslandszins auf eine einjährige sichere Anlage = 4 % p.a.
Aktueller Wechselkurs = 1, 25 US-$/1 €
Erwarteter Wechselkurs am Ende des geplanten Anlagezeitraums = 1, 2381 US-$/1 €

Überprüfen Sie, ob die ungedeckte ZP erfüllt ist.

Die Anlage im Inland bringt einen sicheren Betrag von 1,05 x 1 000 = 1.050 €. Wenn der Anleger den Betrag von 1.000 € im Ausland in US-$ anlegen möchte, dann muss er zunächst auf dem Devisenkassamarkt die 1000 € gegen US-$ umtauschen. Es ergibt sich ein US-$-Betrag von (1.000€ x 1,25 US-$/1 € =) 1.250 US-$. Diesen Betrag legt er im Ausland in US-$ an und erhält nach Ablauf der Anlageperiode einen Vermögenswert in US-$ von 1.250 US-$ x 1,04 = 1.300 US-$. Wenn der Anleger diesen US-$-Betrag in Euro umtauschen möchte, bietet er den US-$-Betrag von 1.300 US-$ in einem Jahr auf dem Devisenmarkt an.

Im Arbitrage-Gleichgewicht sind die erwarteten Vermögenswerte der Inlandsanlage und der Auslandsanlage gleich, was bei einem erwarteten Kurs von 1,2381 US-$/1 € der Fall ist. Eine positive Zinsdifferenz zwischen dem Inland und dem Ausland kommt somit einer erwarteten Abwertung der heimischen Währung gleich. Die Differenz zwischen dem In- und dem Auslandszinssatz dividiert durch den um den Wert eins erweiterten Inlandszinssatz ist gleich (5% - 4%)/1,05 = 0,95%. Die erwartete Abwertungsrate des Euro ist ebenfalls gleich (1,25 – 1,2381)/1,25 = 0,95%.

Wenn ausgehend von der ungedeckten Zinsparität der Inlandszins steigt, dann werden die in- und ausländischen Anleger versuchen, ihr Geldvermögen im Inland anzulegen. Ausländische Anleger werden zum heutigen Wechselkurs US-$-Devisen anbieten und verkaufen, inländische Anleger ziehen ihre Nachfrage nach US-$-Devisen zurück. Es ergibt sich ein Angebotsüberschuss auf dem Devisenmarkt mit der Folge einer Aufwertung der Inlandswährung. Die Zinsparität wird wieder erfüllt, wenn die positive Wechselkursänderungsrate der gestiegenen Zinsdifferenz zwischen dem Inland und dem Ausland entspricht.

FORTSETZUNG:

Steigt der Inlandszins auf 5,5% p.a., dann ist die erwartete Abwertungsrate des € gleich (5,5% - 4%)/1,055 = 1,42%.

Der heutige Kurs wird dann steigen auf (X – 1,2381)/X = 1,42% bzw.

X (1 – 1,42%) = 1,2381 oder X = 1,2559 US-$/1€.

Die Devisenspekulation:

Die Spekulation über die Wechselkursentwicklung übt einen Einfluss auf den heutigen Kurs aus. Bei einer Devisenspekulation handelt es sich um eine Spekulation auf dem Kassa- oder dem Terminmarkt. Es liegt ein heutiger An- oder Verkauf von Devisen auf dem Kassa- oder dem Terminmarkt vor. Die Motivation dieser Transaktion liegt darin, bei einer entgegengerichteten zukünftigen Transaktion auf dem Kassamarkt einen Gewinn zu erzielen, der sich aus einer Differenz zwischen dem gegenwärtigen Kassa- oder Terminkurs und dem erwarteten zukünftigen Kassakurs ergibt.

BEISPIEL ZUR DEVISENSPEKULATION:

Wird in Zukunft mit einer Aufwertung des € gerechnet, dann kaufen die Spekulanten zum heutigen Kassakurs den Euro und verkaufen US-$. Erweist sich diese Erwartung als richtig, dann können sie im späteren Zeitpunkt durch den Umtausch der Euro in US-$ einen Spekulationsgewinn erzielen.

13.3 Erklärungsansätze des Wechselkurses

Ist der gegenwärtige Terminkurs für die Geschäfte in drei Monaten höher als der in drei Monaten erwartete Kassakurs, dann schließen die Spekulanten in der Gegenwart einen Terminkontrakt über einen US-$-Verkauf in drei Monaten. Ist ihre Vermutung richtig, dann können sie in drei Monaten relativ günstig US-$ auf dem Kassamarkt erwerben und damit ihre Terminverpflichtungen erfüllen. Sie erzielen einen Spekulationsgewinn.

14 Die Stabilisierungspolitik

Lernziele
Sie werden die wesentlichen Grundzüge der Ansätze der keynesianischen und der monetaristischen bzw. neoklassischen Auffassung kennen lernen und können diese miteinander vergleichen.

14.1 Die Stabilisierungsproblematik

> Stabilisierungsprobleme ergeben sich in einer Marktwirtschaft aufgrund konjunktureller Schwankungen verbunden mit einer Wachstumsproblematik. Ergänzend werden die Schwierigkeiten der strukturellen Ungleichgewichte zugefügt.

Als Konjunkturschwankung versteht man in der Ökonomie Schwankungen im Auslastungsgrad der Produktionsmöglichkeiten, die letztlich auf Fluktuationen der gesamtwirtschaftlichen Nachfrage zurückzuführen sind. Zur gesamtwirtschaftlichen Nachfrage zählt man:

➢ Konsumgüternachfrage der privaten Haushalte (Verbrauchs- und Gebrauchsgüter),
➢ Staatskonsum,
➢ Bruttoinvestition (Bruttoanlageinvestition, bestehend aus Bauten und Ausrüstungen und Lagerinvestitionen, Veränderungen der Lagerbestände an fertigen, halbfertigen und unfertigen Gütern) und
➢ Außenbeitrag (Differenz zwischen Exporten und Importen).

Wachstumsprobleme befassen sich mit den Schwierigkeiten bei der Erweiterung der Produktionsmöglichkeiten und somit mit den angebotsseitigen Grundlagen des Wachstums. Die Produktions- und Investitionsbedingungen der Wirtschaft sind unzureichend. Das Wachstum einer Wirtschaft wird durch die Angebotsseite bestimmt. In den bekannten Produktionsfunktionen sind menschliche Arbeitskraft, Sachkapital und die Umwelt die Produktionsfaktoren. Quantitative und qualitative Steigerung dieser Faktoren begünstigen das Wachstum.

Strukturprobleme können regionaler oder sektoraler Art sein. Im Falle der regionalen Strukturungleichgewichte geht es um die unterschiedliche Entwicklung der Lebensbedingungen in verschiedenen Regionen, während sektorale Ungleichgewichte auf die Entwicklung der verschiedenen Wirtschaftsbereiche abzielen.

Die Ursachen für regionale Ungleichgewichte können vielfältiger Art sein. Im Wesentlichen geht es um Unterschiede in der Industrieansiedlung, die auf Differenzen der Standortbedingungen zurückzuführen sind. Die Infrastruktur wie Straßen, Ver- und Entsorgungsnetze oder die Verfügbarkeit von Technologiezentren sind entscheidend.

Sektorale Ungleichgewichte werden mit der technischen und wirtschaftlichen Entwicklung einer Volkswirtschaft erklärt. Die Nachfrage nach Nahrungsmitteln und Industrieerzeugnissen wird bei einem bestimmten Entwicklungsstand der Wirtschaft gesättigt sein, so dass es dann zu einer überproportionalen Nachfrage nach Dienstleistungen wie Tourismus, Bildung oder Reisen kommt.

Probleme ergeben sich dann, wenn die in den stagnierenden Bereichen frei gesetzten Arbeitskräfte keine Einstellung in den aufstrebenden Bereichen finden.

STABILISIERUNGSPROBLEME EINER MARKTWIRTSCHAFT:

Problemkreise	Ursachen	Auswirkungen
Konjunktur	Gesamtwirtschaftliche Nachfrageschwankungen	Fluktuationen im Auslastungsgrad der Kapazitäten
Wachstum	Unzureichende Produktions- und Investitionsbedingungen	Entwicklung der Kapazitäten unzureichend
Regionale Struktur	Differenzen in der Industrieansiedlung oder der Infrastruktur	Ungleichgewichte zwischen verschiedenen Regionen
Sektorale Struktur	Entwicklung der Wirtschaft, Technischer Fortschritt und Nachfragesättigung	Freisetzung von Arbeitskräften, Unzureichende Arbeitsplätze in prosperierenden Branchen

Der Zusammenhang zwischen Konjunktur und Wachstum:
Die Konjunktur vollzieht sich in sinusförmigen Linien um den Trend der Normalauslastung, der als eine Gerade eingezeichnet worden ist.

Die Normalauslastung stellt eine Situation dar, in der alle Produktionsfaktoren weder unter- noch überbeschäftigt sind. Der Sachverständigenrat zur Begutachtung der gesamtwirtschaftlichen Entwicklung (SVR) geht von einem Normalauslastungsgrad der Produktionsmöglichkeiten von 96,5% der vorhandenen Kapazitäten aus.

Die nachfolgende Abbildung verdeutlicht unterschiedliche Phasen der Konjunktur, die in der folgenden Tabelle zusammengefasst werden.

14.1 Die Stabilisierungsproblematik

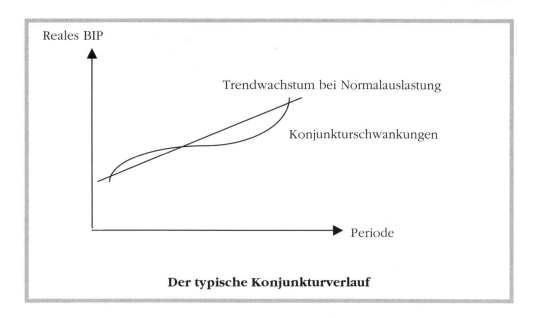

Der typische Konjunkturverlauf

DIE KONJUNKTURPHASEN:

Konjunkturphase	Von ... bis	Kennzeichen
Abschwung, Abschwächung	Von dem oberen Sattelpunkt bis zur Normalauslastung	Begrenzung der konjunkturellen Inflation, Anstieg der Arbeitslosigkeit
Rezession, Krise	Von der Normalauslastung bis zum unteren Wendepunkt	Starker Anstieg der konjunkturellen Arbeitslosigkeit
Aufschwung, Erholung	Von dem unteren Sattelpunkt hoch bis zur Normalauslastung	Rückgang der konjunkturellen Arbeitslosigkeit, Anstieg der Inflation
Hochkonjunktur, Boom	Von der Normalauslastung hoch bis zum oberen Sattelpunkt	Extremer Anstieg der konjunkturellen Inflation

Das Wachstum wird durch die Steigung der Geraden, welche die Produktion bei der Normalauslastung angibt, beschrieben. Eine Zielsetzung des angemessenen und stetigen Wirtschaftswachstums verlangt, dass die Steigung der Geraden hinreichend groß ist und die Gerade auch zukünftig ohne Unterbrechung steigt.

Im Gegensatz zur Konjunkturpolitik, die auf die Stabilisierung im Auslastungsgrad der Kapazitäten und somit auf eine Verstetigung der gesamtwirtschaftlichen Nachfrage abzielt, ist die Wachstumspolitik ihrem Wesen nach eine Angebotspolitik. Sie beschäftigt sich mit den Grundlagen des Wachstums, namentlich der Sach- und Humankapitalbildung, sowie der Umwelt und den natürlichen Ressourcen.

Die Strukturpolitik zielt auf die Beseitigung der Ungleichgewichte zwischen den Regionen und den Sektoren ab. Regionale Ungleichgewichte werden im föderalen Staatssystem der Bundesrepublik Deutschland durch Finanzzahlungen der finanzstarken an die finanzschwachen Bundesländer vermindert (Finanzausgleich). Zudem können Maßnahmen der regionalen Wirtschaftsförderung ergriffen werden (z.B. Subventionen und Industrieansiedlung).

Man unterscheidet dabei die Politiken der Strukturerhaltung, der Strukturanpassung und der Strukturgestaltung.

Eine die Struktur erhaltende Politik findet man in der Kohle- und Stahlindustrie sowie in der Landwirtschaft. Dort werden Erhaltungssubventionen an die betreffenden Betriebe gezahlt. Kritiker wenden dagegen ein, dass die Subventionen den Staatshaushalt belasten und von anderen, aufstrebenden Bereichen zu erwirtschaften sind.

Eine Politik der Strukturanpassung hilft dabei die Wirtschaft an den technologischen und wirtschaftlichen Wandel anzupassen, indem die Sektoren wie Informations- und Technologiebranchen gefördert und unterstützt werden, in denen zukünftige Arbeitsplätze vermutet werden. Die Ablehnung der Erhaltungssubventionen kann dann in den stagnierenden Bereichen zu den sozialen Problemen einer zunehmenden Arbeitslosigkeit führen. Zudem ist fraglich, wie die förderungswürdigen Bereiche auszumachen sind. Probleme der strukturellen Arbeitslosigkeit, die auf unzureichende oder falsche Qualifikation der Arbeitslosen zurückzuführen sind, können durch Maßnahmen der beruflichen Umschulung und Weiterbildung verringert werden.

Während der Strukturwandel bei einer Politik der Strukturanpassung durch die Marktwirtschaft bestimmt wird und der Staat die Probleme dabei zu mindern sucht, ist die Strukturgestaltung der bewusste Versuch der Politik, Wirtschaftsstrukturen zu generieren oder zu halten, die strategisch wichtig oder für die Interessenverbände relevant sind.

DIE ANSATZPUNKTE DER STABILISIERUNGSPOLITIK:

Stabilisierung	Ansatzpunkt
Konjunktur	Steuerung und Verstetigung der gesamtwirtschaftlichen Nachfrage
Wachstum	Investitionsanreize, Anreize zur Bildung von Humankapital; Umweltschutz
Strukturpolitik	Finanzausgleich, Regionale Wirtschaftsförderung und Industrieansiedlung
	Strukturerhaltung und -anpassung, Strukturerhaltung

14.2 Ansätze der Konjunktur- und Wachstumspolitik

In der Theorie der Wirtschaftspolitik unterscheidet man zwischen der Ordnungspolitik und der Prozesspolitik. Die Ordnungspolitik versucht den Rahmen der marktwirtschaftlichen Ordnung herzustellen. Sie umfasst dabei die folgenden Bereiche:

➢ Wettbewerbspolitik: Voraussetzung für eine funktionsfähige Marktwirtschaft ist ein intensiver Wettbewerb. Monopole, Kartelle und der Missbrauch von Marktmacht sind zu verhindern.
➢ Privateigentum und Freiheitsrechte: Notwendig für die marktwirtschaftliche Koordination sind Privateigentum an den Produktionsmitteln sowie verschiedene Freiheitsrechte, wie Vertrags- und Koalitionsfreiheit oder freie Berufswahl.

Die Prozesspolitik sieht Eingriffe in den Wirtschaftsablauf vor, um die Stabilisierungsziele zu realisieren. Bereiche dieser Politik sind deshalb vor allem die folgenden:

➢ Konjunkturpolitik,
➢ Wachstumspolitik und
➢ Strukturpolitik.

Im Mittelpunkt der Konjunkturpolitik stehen zwei Konzeptionen, die sich im Laufe der Zeit in der Kontroverse entwickelt haben. Die neoklassische bzw. monetaristische Auffassung geht von der grundsätzlichen Stabilität der Marktwirtschaft aus und vertritt die Meinung, dass insbesondere fallweise und diskretionäre Eingriffe des Staates in die Wirtschaft zu Stabilisierungsproblemen führen.

Dem gegenüber ist der Keynesianismus (in Anlehnung an John Maynard Keynes) der Auffassung, dass die Marktwirtschaft in sich instabil ist und es immer wieder zu lang anhaltenden Absatzkrisen kommt. Dem Staat kommt im Rahmen der Globalsteuerung die Aufgabe zu, die Nachfrageentwicklung und damit den Auslastungsgrad der Produktionsmöglichkeiten zu verstetigen. Der Staat soll insbesondere die Instrumente der staatlichen Einnahmen- und Ausgabenpolitik einsetzen, um die Konjunkturschwankungen zu minimieren. Der Begriff der Globalsteuerung suggeriert, dass der Staat an gesamtwirtschaftlichen Größen ansetzt.

DIE STABILISIERUNGSPOLITISCHEN KONZEPTIONEN:

Aspekt	Neoklassik; Monetarismus	Keynesianismus
1. Stabilität der Wirtschaft gegeben?	Stabilität der Marktwirtschaft	Instabilität der Marktwirtschaft
2. Relevante Marktseite	Jedes Angebot schafft sich seine Nachfrage (Say's Theorem)	Die marktwirksame Nachfrage bestimmt die Produktion
3. Zu stabilisierende Seite	Angebotsökonomie: Laffer-Kurve, Pioniere	Nachfragesteuerung (deflatorische und inflatorische Lücke)
4. Bereich der relevanten Wirtschaftspolitik	Ordnungspolitik	Prozesspolitik Stabilisierungspolitik
5. Anteil des Staates am BIP	Geringe Staatsquote	Hohe Staatsquote
6. Diskretionäre oder regelgebundene Politik	Regelgebundene Wirtschaftspolitik	Diskretionäre (fallweise) Wirtschaftspolitik
7. Konzept der Stabilisierung	Automatische Stabilisatoren (Arbeitslosenversicherung und progressives Steuersystem)	Konjunkturabhängige Veränderungen der Steuersätze, Staatsausgaben und Abschreibungen

8. Einsatz der Geldpolitik	Potenzialorientierte Geldpolitik, Ziel der Preisstabilität	Geldpolitik der Zielsetzung der Fiskalpolitik untergeordnet
9. Sicherung der hohen Beschäftigung	Tarifvertragsparteien	"Vollbeschäftigungsgarantie" des Staates
10. Ausgewählte Kritikpunkte	Marktversagen vernachlässigt, arbeitgeberfreundlich	Strukturelle Defizite, Zeitverzögerung, Staatsoptimismus, Vollbeschäftigungsgarantie des Staates, Verdrängung privater Nachfrage

1. Die Stabilität der Marktwirtschaft

Die Neoklassik geht von der allgemeinen Gleichgewichtstheorie aus und postuliert eine Stabilität der Wirtschaft. Unterstellt wird dabei, dass das Modell der vollständigen Konkurrenz bei vollkommener Flexibilität der Löhne und Preise gilt. Ungleichgewichte auf den Märkten führen somit zu Preisreaktionen, sodass sich alle Märkte zumindest mittel- bis langfristig im Gleichgewicht befinden und es keine langwierigen Absatzschwierigkeiten mit Arbeitslosigkeit geben kann. Voraussetzung hierfür ist, dass der Staat die Rahmenbedingungen für eine funktionsfähige Marktwirtschaft schafft. Hierzu zählen vor allem der Wettbewerb sowie eine Rechtsordnung, die in einer Gesellschaftsordnung der Demokratie eingebunden ist.

John Maynard Keynes hat in Reaktion auf die Weltwirtschaftskrise von 1929 eine allgemeine Theorie der Wirtschaft geschrieben, die von der Instabilität ausgeht. Diese wird insbesondere mit rigiden und sich nur langsam anpassenden Löhnen und Preisen, dem volatilen und unstetigen Investitionsverhalten sowie mit der Kassenhaltung der Wirtschaftssubjekte aus dem Spekulationsmotiv begründet. Diese Kassenhaltung führt dazu, dass Einkommensteile aus dem Kreislauf der Einkommensentstehung und -verwendung verloren gehen und weder als Konsumnachfrage noch als Ersparnis zur Finanzierung der Investitionen zur Verfügung stehen.

2. Die bestimmende Marktseite

Die Neoklassik geht von der Gültigkeit des Say'schen Theorems aus. Gemäß diesem Ansatz schafft sich jedes Angebot seine Nachfrage. Es kann keine längere unfreiwillige Arbeitslosigkeit geben. Mit der Produktion entstehen Einkommen, abgesehen von den Abschreibungen entspricht der Wert der Produktion des Inlandes (= Inlandsprodukt) der Nettowertschöpfung bzw. der entstandenen Faktoreinkommen, das an die Haushalte und Unternehmen fließt. Die Haushalte verwenden das Einkommen zum Teil zum Konsum. Den anderen Teil sparen sie. Die Ersparnis stellt aber aus Sicht der Neoklassiker kein Problem dar, sondern ist eine notwendige Voraussetzung für das Wirtschaftswachstum und somit für zukünftige Arbeitsplätze. Notwendig ist also, dass der Zinsmechanismus auf dem Kapitalmarkt funktioniert, sodass sich Investition und Ersparnis immer entsprechen. Der Nachfrageausfall aufgrund der Ersparnis, die einem Konsumverzicht entspricht, wird im Gleichgewicht des Kapitalmarktes durch die Investitionen genau ausgeglichen.

Keynes geht in seinem Ansatz von der am Markt wirksamen und effektiven Nachfrage aus. Die Unternehmen werden nur die Güter erstellen, die sie absetzen können. Sie wollen nicht dauerhaft die Lagerbestände steigern. Ist die Nachfrage zu gering, weil die Ersparnis oder die Kassenhaltung der Wirtschaftssubjekte im Vergleich zu den Investitionen zu hoch ist, dann entsteht (konjunkturelle) Arbeitslosigkeit. Ein Gleichgewicht auf dem Gütermarkt ist somit kompatibel mit Arbeitslosigkeit bzw. mit einem Angebotsüberschuss auf dem Arbeitsmarkt. Im Keynesianismus gibt es keinen Mechanismus, der zum Ausgleich von Ersparnis und Investition führt. Die Ersparnis ist vom laufenden verfügbaren Einkommen abhängig, während die Investition insbesondere in einer Rezession mit schlechten Gewinnaussichten sehr gering bleibt. In einer Krise mit zu hoher Ersparnis kommt es zu einer Anpassung durch eine Reduktion der Produktion und Einkommen sowie durch eine steigende Arbeitslosigkeit. Da die laufenden Einkommen im Zuge dieses kontraktiven Prozesses fallen, ergibt sich das so genannte Unterbeschäftigungsgleichgewicht auf dem Gütermarkt bei hoher Arbeitslosigkeit.

3. Die zu stabilisierende Marktseite

Die neoklassische bzw. monetaristische Auffassung ist eine Angebotsökonomie. Die Angebotsseite ist durch den Wegfall übermäßiger Regulierung (ehemalige Diskussionen um die Ladenschlusszeiten), durch eine Reduktion der Steuerbelastung der Unternehmen, durch eine Begrenzung der Lohn(neben)kosten sowie durch eine Politik der fallenden Staatsquote ("Mehr Markt und weniger Staat") zu stärken.

Neoklassische bzw. monetaristische Wirtschaftspolitik geht von der so genannten Laffer-Kurve sowie von dem Ansatz des Pionierunternehmens im Rahmen einer dynamischen und sich im Zeitablauf vollziehenden Wettbewerbsvorstellung aus.

14.2 Ansätze der Konjunktur- und Wachstumspolitik

DIE LAFFER-KURVE:

Der amerikanische Ökonom Arthur Laffer hat für die USA argumentiert, dass eine Senkung der Steuersätze (t) zu einer Steigerung der Steuereinnahmen (T) als Produkt aus Steuersatz und Bemessungsgrundlage (t x B) führt. Der das Steueraufkommen maximierende Steuersatz ist in vielen Industrienationen überschritten.

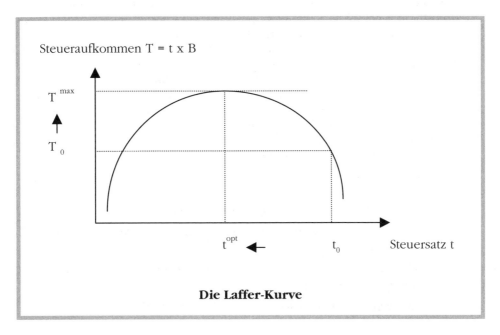

Die Laffer-Kurve

Die obige Abbildung verdeutlicht, wie eine Senkung - vor allem der Einkommens- und Körperschaftssteuersätze von t_0 auf t^{opt} zu einem Anstieg des Steueraufkommens von T_0 auf T^{max} führt. Durch die Reduktion des Steuersatzes sind die negativen Anreizwirkungen, die so genannten Disincentives-Wirkungen, der Besteuerung gesunken, sodass sich die Bemessungsgrundlagen erhöht haben. Die negativen Anreizwirkungen der Besteuerung, wie ein Verzicht auf Arbeitseinkommen oder auf Ersparnis, werden umso geringer sein, je niedriger der Steuersatz ist. Entsprechend werden die Maßnahmen der zeitlichen, örtlichen und sachlichen Substitution geringer ausfallen.

Steuern lösen Ausweicheffekte der Besteuerten aus. Man spricht von zeitlicher, örtlicher oder sachlicher Substitution:

> Zeitliche Substitution: In Antizipation der Erhöhung der Mehrwertsteuer auf 19% zum 01.01.2007 wurden viele Konsumgüterkäufe zeitlich vorverlagert.

> Örtliche Substitution: Eine Halbierung des Sparerfreibetrages verstärkt zusätzlich zur Kapitalertragssteuer die Anreize, das Geldvermögen in anderen (EU-) Staaten anzulegen.
> Sachliche Substitution: Eine Erhöhung der Tabak-, Mineralöl- oder Branntweinsteuer führt im Normalfall zu einer Abnahme des Konsums dieser Produkte.

Die Theorie des Pionierunternehmens ist Gegenstand der dynamischen Wettbewerbstheorie nach J.A. Schumpeter. Wettbewerb entsteht nach dieser Theorie erst, wenn bestimmte Unvollkommenheiten, wie unvollständige Informationen oder zeitlich verzögerte Reaktionen, möglich sind. Der Pionierunternehmer ist der Motor der wirtschaftlichen Entwicklung. Er zerstört eine bestehende Ordnung oder Produktionstechnik ("Prozess der schöpferischen Zerstörung") und versucht Innovationen, Produkt- oder Verfahrensinnovationen einzusetzen sowie neue Absatzgebiete zu erschließen. Diesem Pionier, der Neuland betritt, ist u.a. vom Staat durch Patentrecht Schutz zu bieten, damit seine zeitlich begrenzte Monopolstellung ihm einen Vorsprungsgewinn ermöglicht, der höher oder gleich den Kosten der Erfindung (= Invention) und der Markteinführung (= Innovation) der Neuerung ist.

> Die übrigen Wettbewerber haben drei Möglichkeiten:
> > Sie imitieren und übernehmen nach der zeitlichen Schutzfrist die Innovation (Adaption).
> > Sie reagieren ihrerseits mit einer anderen Neuerung in Reaktion auf die Innovation des ersten Pioniers.
> > Sie reagieren gar nicht und verschwinden vom Markt.

In den ersten beiden Fällen liegt ein dynamisch funktionsfähiger Wettbewerb vor, der zu einer Verbesserung der Produkte oder zu einer Senkung der Produktionskosten führt.

Im letzen Punkt ist die temporäre Monopolstellung des Pioniers dauerhaft, sodass kein funktionsfähiger Wettbewerb gegeben ist.

> Die Aufgabe des Staates besteht darin, die Pionierunternehmen finanziell und technisch zu unterstützen und gleichzeitig die Wettbewerbsintensität zu steigern, um so eine dauerhafte Monopolstellung der Pionierunternehmen zu verhindern.

Die keynesianische Politik plädiert für eine Nachfragesteuerung, um deflatorische oder inflatorische Lücken zu vermeiden.

Eine deflatorische Lücke ist eine Tendenz zur Deflation (= negative Inflationsrate bei gleichzeitig geringer Nachfrage) verbunden mit Arbeitslosigkeit. Die Wirtschaft kommt ohne staatliche Unterstützung nicht aus dieser Situation heraus. Der Staat muss seine Ausgaben steigern und somit die Beschäftigung im öffentlichen Sektor oder seine Investitionstätigkeit erhöhen. Ferner sind die Einnahmen zu senken, damit die Wirtschaftssubjekte, bedingt durch die nun zunehmenden verfügbaren Einkommen, mehr Güter nachfragen. Ein dadurch entstehendes Budgetdefizit des Staates ist entweder durch die bei der Zentralbank still zu legenden Überschüsse in der Hochkonjunktur, die so genannte Konjunkturausgleichsrücklage, oder durch Kreditaufnahme zu finanzieren. In einer Rezession, so wird vermutet, ist die Investitionsnachfrage ohnehin eher gering und reagiert nicht auf mögliche Zinssteigerungen. In Zeiten einer inflatorischen Lücke ist die Nachfrage im Vergleich zu den Produktionsmöglichkeiten sehr hoch und es kommt zu einem kontinuierlichen Anstieg der Inflation. Die Regierung hat gemäß dem Keynesianismus in dieser Situation mit einer Verminderung der Staatsausgaben und einer Erhöhung der Steuerbelastung zu reagieren. Der Keynesianismus spricht sich für eine antizyklische Fiskalpolitik im Sinne einer Globalsteuerung aus. Im Fokus steht die gesamtwirtschaftliche Nachfrage, die entgegen der aktuellen Konjunkturphase zu beeinflussen ist und nicht einzelne Regionen, Sektoren oder Haushalte.

4. Der dominierende Bereich der Wirtschaftspolitik

In der Wirtschaftspolitik wird zwischen der die Rahmenbedingungen schaffenden Ordnungspolitik und der in den Wirtschaftsprozess eingreifenden und diesen steuernden Prozesspolitik unterschieden, wie oben dargestellt. Da die Neoklassiker wie die Monetaristen von den Selbstheilungskräften einer Marktwirtschaft überzeugt sind, wenn die Voraussetzungen für einen funktionsfähigen Wettbewerb gelegt sind, steht hier die Ordnungspolitik im Mittelpunkt. Hat der Staat mit Hilfe der Wettbewerbspolitik dafür gesorgt, dass keine Monopole oder marktbeherrschenden Stellungen und somit kein Missbrauch von Marktmacht entstehen, und hat er die Rechtsordnung mit Schutz der Vertragsfreiheit und -sicherheit sowie des Privateigentums gewährleistet, dann kann er sich aus dem Ablauf der Wirtschaft zurückziehen. Insbesondere diskretionäre Eingriffe des Staates in den Wirtschaftsablauf werden abgelehnt, da diese zu einer Verunsicherung der Wirtschaftssubjekte führen und somit die Schwankungen der Wirtschaftstätigkeit hervorrufen.

Im Gegensatz hierzu verlangt der Keynesianismus eine Politik der Konjunkturstabilisierung, da die Wirtschaft nicht von sich aus eine Wirtschaftskrise in absehbarer Zeit meistern kann. Bewusste und antizyklische Eingriffe des Staates in den Wirtschaftsablauf werden somit gefordert.

5. Der Anteil des Staates am BIP

Der Staatsanteil wird gemessen als Einnahmen und/oder Ausgaben des Staates dividiert durch das Bruttoinlandsprodukt (BIP).

Die Staatsausgabennquote ist gleich den Staatsausgaben dividiert durch das BIP.
Die Keynesianer betonen dagegen die Stabilisierungsabteilung des öffentlichen Haushaltes und sprechen sich mit ihrer antizyklischen Fiskalpolitik für eine hohe Staatsquote aus.

6. Diskretionäre oder regelgebundene Politik

Neoklassiker und Monetaristen plädieren für eine verstetigte und regelgebundene Wirtschaftspolitik. So sprechen sie sich für eine Haushaltspolitik des Staates, die sich auf die Bereitstellung öffentlicher Güter konzentriert und ansonsten unabhängig vom Konjunkturverlauf ist, aus. Die Neoklassiker und Monetaristen sind von einer geringen Staatsquote überzeugt. Der Staat soll sich weitgehend aus der Wirtschaft heraushalten und hat im Sinne der Allokationspolitik nur für die Bereitstellung öffentlicher Güter, wie die innere und äußere Sicherheit oder die Rechtsprechung, zu sorgen. Diese Güter sind für die Gesellschaft insgesamt wichtig, aber sie werden mangels Gewinnerzielungsmöglichkeit nicht von privaten Unternehmen produziert und angeboten.
Vor allem werden Steuersatzerhöhungen in der Hochkonjunktur und Steuersatzsenkungen in der Rezession abgelehnt, da diese die Planungssicherheit der Investoren vermindern. Ähnlich verlangen sie eine an der Entwicklung des Produktionspotenzials orientierte Geldmengensteigerung. Keynesianer hingegen machen den Einsatz der fiskalpolitischen Instrumente von der Konjunkturphase abhängig und setzen sich somit für eine diskretionäre Wirtschaftspolitik ein.

7. Das Konzept der Stabilisierungspolitik

Stabilisierungspolitik wird entsprechend der neoklassischen bzw. monetaristischen Position durch eingebaute Stabilisatoren betrieben. Man verändert dabei nicht die Beitragssätze oder die Steuersätze, sondern lässt diese auf einem geringen Niveau. In einer Hochkonjunktur steigen die Einkommen der Haushalte, sodass diese wegen der Progression des Einkommenssteuersystems einen höheren Prozentsatz des Einkommens als Steuern zu zahlen haben und dadurch Kaufkraft abgeschöpft wird. Ähnlich verhält es sich mit dem System der Arbeitslosenversicherung: In einer Boomphase ist die Arbeitslosigkeit gering, sodass wenig Arbeitslosenunterstützung zu zahlen ist. Gleichzeitig nehmen die Beiträge in die Arbeitslosenversicherung zu, sodass auch hier wieder Kaufkraft abgeschöpft wird.

Die keynesianische Position sieht von der Konjunkturphase abhängige Veränderungen der Steuersätze, der Staatsausgaben sowie der Abschreibungsmöglichkeiten vor, um die Stabilisierungsaufgabe zu erfüllen.

14.2 Ansätze der Konjunktur- und Wachstumspolitik

8. Der Einsatz der Geldpolitik

Die Geldpolitik soll nach der neoklassisch-monetaristischen Version von einer politisch unabhängigen Zentralbank so ausgeführt werden, dass eine geringe und stabile Inflationsrate realisiert wird. Gemäß der so genannten Quantitätstheorie entsteht Inflation immer dann, wenn die nachfragewirksame Geldmenge, verstanden als Produkt aus der zu Transaktionszwecken verwandten Geldmenge und der Umlaufgeschwindigkeit des Geldes, schneller zunimmt als das Produktionspotenzial bzw. das reale BIP multipliziert mit dem dazugehörigen Preisindex.

Anders formuliert:

Wenn die Geldmenge schneller als die Gütermenge der Wirtschaft zunimmt, dann verliert Geld an Kaufkraft und es steigt die Inflation.

Um das zu verhindern, verlangen die Neoklassiker bzw. Monetaristen eine an der Entwicklung des Produktionspotenzials ausgerichtete Geldmengenversorgung. Angenommen wird dabei, dass die Umlaufgeschwindigkeit des Geldes bzw. der Kassenhaltungskoeffizient als deren Kehrwert stabil ist und nicht von der Geldmengenversorgung beeinflusst wird.

Die keynesianische Position sieht vor, dass die Geldpolitik den antizyklischen Einsatz der Fiskalpolitik unterstützt. Vor allem soll sie dazu beitragen, dass die in der Rezession anfallenden Budgetdefizite des Staates finanziert werden. Neben einer direkten Verschuldung bei der Zentralbank wird zu diesem Zweck eine Politik des leichten Geldes vorgesehen, die für einen niedrigen Zinssatz sorgen soll.

9. Die Sicherung einer hohen Beschäftigung

Die Neoklassiker und Monetaristen verlangen, dass klare Verantwortungsbereiche geschaffen werden. So ist die Fiskalpolitik für die Bereitstellung der öffentlichen Güter zuständig, die Geldpolitik für die Preisniveaustabilität und die Arbeitgeberverbände und Gewerkschaften als Tarifvertragsparteien für eine hohe Beschäftigung. Es ist demnach Verhandlungsergebnis zwischen diesen Parteien, ob sie durch eine entsprechende Gestaltung der Löhne und Arbeitsbedingungen zu einer niedrigen Arbeitslosigkeit beitragen oder nicht.

Gemäß der keynesianischen Position sorgt die staatliche Fiskalpolitik für einen hohen Beschäftigungsstand. Kritiker werfen dieser Konzeption vor, dass durch diese "Vollbeschäftigungsgarantie" des Staates die Tarifvertragsparteien aus ihrer Verantwortung entlassen werden und somit übermäßige Lohnsteigerungen mit den daraus entstehenden Problemen der Inflation und Arbeitslosigkeit die Folge sind.

10. Ausgewählte Kritikpunkte

Die neoklassisch-monetaristische Position ist sehr marktoptimistisch und verkennt daher die Problematik des Marktversagens. Marktversagen liegt vor, wenn der Markt nicht zu gesellschaftlich optimalen Ergebnissen führt. So gibt es zum Beispiel im Rahmen der Umweltpolitik die Diskussion um die externen Effekte. Die Verursacher der Umweltschäden berücksichtigen die gesellschaftlichen Kosten ihrer privaten Entscheidungen nicht. Die Umweltbelastung ist zu hoch.

Zudem gibt es Wettbewerbsbeschränkungen, wie Monopole oder Kartelle, die einen funktionsfähigen Wettbewerb vermeiden. Ebenfalls wird an der neoklassisch-monetaristischen Konzeption kritisiert, dass diese insgesamt zu arbeitgeberfreundlich ist. So wird eine Begrenzung der Lohnzuwachsraten auf die Fortschritte der Arbeitsproduktivität gefordert, die so genannte produktivitätsorientierte Lohnpolitik, oder es werden steuerliche Entlastungen der Unternehmen gefordert, damit diese durch Investitionen die Grundlagen für das Wirtschaftswachstum schaffen.

An der keynesianischen Position wird bemängelt, dass sie zu steigenden strukturellen Budgetdefiziten des Staates führt, wie die Anwendung des Stabilitäts- und Wachstumsgesetzes in der Bundesrepublik gezeigt hat. Erstens wollen Politiker (wieder-) gewählt werden und sind somit eher zu Steuersatzsenkungen als -erhöhungen bereit. Zweitens gibt es einen idealen Konjunkturzyklus mit gleich langen und ausgeprägten Phasen der Hochkonjunktur und der Rezession in der Realität nicht.

Die Zeitverzögerungsproblematik ("Time-lag") einer "Stop-and-Go"-Politik wird als weiterer Kritikpunkt verstanden. Wenn eine Rezession diagnostiziert wird und die entsprechenden Maßnahmen im Parlament verabschiedet worden sind, müssen diese noch in Programme umgesetzt werden und in der Realität greifen. Es kann somit sein, dass die Nachfrage steigernde Maßnahmen, die in einer Rezession getroffen worden sind, erst in einer Boomphase wirken, in der die Nachfrage ohnehin schon sehr hoch ist. Das prozyklische und die Konjunkturschwankungen verstärkende Verhalten ist die Konsequenz. Schließlich wird an der keynesianischen Politik der Globalsteuerung kritisiert, dass es zu Verdrängungseffekten der privaten Nachfrage kommen wird. Eine zusätzliche Kreditnachfrage des Staates führt zu steigenden Zinsen. Hierdurch wird private, zinselastische Nachfrage verdrängt. Man spricht von „Crowding Out"-Effekten. Auch die Betonung der Vollbeschäftigung durch den Staat kann nachteilig sein, wenn die Tarifvertragsparteien sich durch diese Garantie der Vollbeschäftigung zu überhöhten Lohn- und Preisforderungen veranlasst sehen.

14.3 Die Alternativen der Staatsfinanzierung

Die nachfolgende Tabelle gibt einen Überblick über die Alternativen der Staatsfinanzierung und beschreibt die dazugehörigen Einnahmen.

DIE EINNAHMEN DES STAATES:

Staat	Einnahmen	Merkmale
Hoheitsmacht	Steuern, Gebühren und Beiträge	Zwangsabgaben: Leistungen ohne Gegenleistungen
Versicherungsträger	Beiträge in die Sozialversicherung	Zwangsabgaben mit Anspruch auf Gegenleistungen im Versicherungsfall
Vertragspartner	Erwerbseinnahmen	Gleichberechtigung
Schuldner	Krediteinnahmen	Verschuldung

Zwangsabgaben erhebt der Staat als Träger hoheitlicher Macht. Steuern im Sinne der Abgabenordnung sind Zwangsabgaben an den Staat ohne einen Anspruch auf eine konkrete Gegenleistung.

Sozialversicherungsbeiträge sind Zwangsabgaben an die Renten-, Arbeitslosen-, Kranken-, Unfall- und Pflegeversicherung, denen auf der Basis bestimmter Wahrscheinlichkeiten für den Versicherungsfall ein Anspruch auf Gegenleistung gegenüber steht. Häufig ergeben sich mit der Übernahme versicherungsfremder Leistungen Probleme, wie zum Beispiel die Anerkennung von Kindererziehungszeiten in der Rentenversicherung.

Gebühren sind staatlich festgelegte Zahlungen für die Inanspruchnahme einer speziellen öffentlichen Leistung. Man unterscheidet zwischen Benutzungsgebühren, wie beim Eintritt in ein öffentliches Hallenbad erhoben, und Verwaltungsgebühren, die zum Beispiel bei der Beglaubigung einer Urkunde anfallen.

Beiträge werden von den Bürgern erhoben, die aus öffentlichen Einrichtungen unabhängig von der tatsächlichen Inanspruchnahme einen Vorteil ziehen, wie zum Beispiel Straßenanliegerbeiträge.

Erwerbseinnahmen erzielt der Staat als Vertragspartner. Als Beispiel kann die Gewinnabführung der Deutschen Bundesbank an den Bund genannt werden.

Krediteinnahmen erzielt der Staat als Schuldner bzw. als Anbieter von Schuldtiteln.

> **Besonderheiten der staatlichen Nettokreditaufnahme:**
> - Öffentlicher Kredit ist ohne Zwangscharakter, da es den Bürgern frei steht, ob sie dem Staat Kredite gewähren oder nicht.
> - Zinsunelastisches Kreditnachfragevolumen des Staates, welches zinsrobust ist (Der Staat könnte notfalls die Steuern erhöhen).
> - Politische Erwägungen sind maßgebend für die Entscheidung zur Nettokreditaufnahme.

Die Auswirkungen einer Steuerfinanzierung

Durch eine Erhöhung der Einkommenssteuersätze oder der Mehrwertsteuersätze von 16% auf 19% kommt es zur Senkung des verfügbaren Einkommens der Wirtschaftssubjekte. Der Konsum und die Ersparnis nehmen ab. Trifft die Steuerfinanzierung auch die Körperschaftssteuer, dann nimmt der Anteil der durch Gewinne finanzierten Investitionen, ein Teil der so genannten Innenfinanzierung, ab. Die Investitionen müssen dann verstärkt mit der Außenfinanzierung durchgeführt werden.

Auf dem Kapitalmarkt werden Investitionen durch die Ausgabe von Wertpapieren, was einer Kapitalnachfrage entspricht, finanziert. Die Ersparnis bildet das Kapitalangebot bzw. die Nachfrage nach Wertpapieren. Man nimmt an, dass die Kapitalnachfrage negativ vom Zinssatz abhängt und das Kapitalangebot positiv vom Zinssatz.

Auf dem Kapitalmarkt bewirkt der steuerbedingte Rückgang der Ersparnis einen Anstieg des Zinssatzes. Bei zinsabhängigen Investitionen werden damit die Investitionen gesenkt bzw. verdrängt. Es wird von einem zinsbedingten Verdrängungseffekt gesprochen oder einem "Crowding Out", der im vorherigen Abschnitt als Kritik der keynesianischen Position dikutiert worden ist.

14.3 Die Alternativen der Staatsfinanzierung

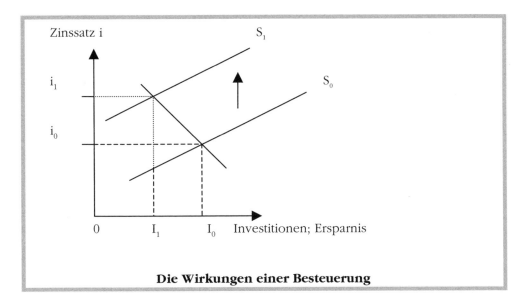

Die Wirkungen einer Besteuerung

Die obige Abbildung verdeutlicht, dass es bei einer Steuerfinanzierung zu einem Rückgang der Ersparnis kommt, die Ersparnisfunktion verlagert sich nach oben von S_0 auf S_1, was zu steigenden Zinssätzen von i_0 auf i_1 führt. Dadurch werden Investitionen im Ausmaß der Strecke $I_1\,I_0$ verdrängt. Da wegen der Steuererhöhung das verfügbare Einkommen fällt, nimmt in Abhängigkeit der marginalen Konsumquote auch der private Konsum ab. Die Neoklassiker und Monetaristen vertreten die Ansicht, dass der Rückgang der Konsum- und Investitionsnachfrage gleich dem Anstieg der Staatsnachfrage ist, sodass die Produktion insgesamt unverändert ist. Man spricht von einem vollständigen oder totalen "Crowding Out" (= Verdrängung) der privaten Nachfrage.

Die Auswirkungen einer Kreditfinanzierung

Wenn der Staat sein Budgetdefizit mit einer Kreditaufnahme finanziert, wie in der nachfolgenden Abbildung dargestellt, dann tritt er in Konkurrenz zu den privaten Investoren um das Kapitalangebot der Haushalte. Wir betrachten in der folgenden Abbildung ein Ausgangsgleichgewicht im Punkt a mit einem privaten Investitionsvolumen von I_0 und einem Zinssatz von i_0.

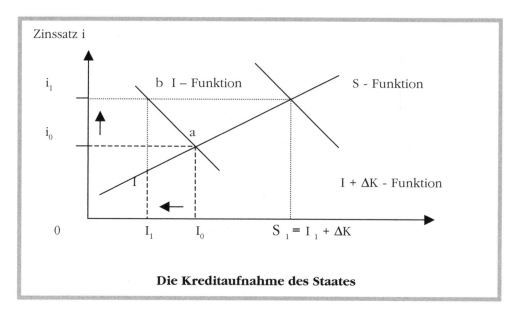

Die Kreditaufnahme des Staates

Durch die Kreditaufnahme des Staates ΔK verlagert sich die Kapitalnachfragefunktion von I nach rechts auf I + ΔK. Bei unverändertem Sparverhalten ergibt sich eine Zinssteigerung auf i_1, die privaten Investitionen fallen auf I_1. Grafisch sehen wir diese Höhe von I_1, indem wir vom Zinssatz i_1 die Investitions- und Kapitalnachfragefunktion der Unternehmen im Punkte b schneiden. Da der Staat zinsrobust ist, er kann gegebenenfalls die Steuern zur Leistung des Schuldendienstes erhöhen, ist dieser vom Zinsanstieg nicht betroffen. Die private Investition fällt. Zudem nimmt die Ersparnis im neuen Gleichgewicht auf $S_1 = I_1 + \Delta K$ zu, so dass bei unverändertem Einkommen auch die Konsumnachfrage zurückgeht. Der Rückgang der Investitions- und Konsumnachfrage ist, so die Meinung der Neoklassiker bzw. Monetaristen, gleich dem Anstieg der auf dem Kapitalmarkt finanzierten Staatsnachfrage. Insgesamt bleibt die Produktion konstant, sodass wiederum von einem vollständigen "Crowding Out" gesprochen wird.

Die Grundsätze der Verschuldung

Es wird zwischen objektbezogenen und situationsabhängigen Rechtfertigungen der öffentlichen Kreditaufnahme unterschieden.

Objektbezogener Grundsatz

Die am Objekt ausgerichtete Begründung geht davon aus, dass die Kreditaufnahme des Staates nur für solche Investitionsausgaben des Staates verwandt wird, die eine ausreichende Rendite abwerfen, um den Schuldendienst zu leisten. Im Grundgesetz Artikel 115 findet man die Vorgabe, dass die Nettokreditaufnahme des Staates die Investitionsausgaben des Staates grundsätzlich nicht übersteigen dürfen. Ausnahmen hiervon werden nur bei Störungen des gesamtwirtschaftlichen Gleichgewichts, insbesondere bei Arbeitslosigkeit und Wachstumsschwäche, zugelassen. Von dieser Ausnahme ist in der jüngeren Vergangenheit häufiger Gebrauch gemacht worden.

14.3 Die Alternativen der Staatsfinanzierung

Im Sinne einer Gerechtigkeit zwischen den Generationen sollten staatliche Investitionsausgaben, die auch nachkommenden Generationen zugute kommen, zum Teil durch Kreditaufnahme finanziert werden. Die nachkommenden Generationen haben dann mit Steuerzahlungen an der Finanzierung der Schuldendienstlast teilzunehmen. Die Kritikpunkte an der „intergenerativen Gerechtigkeit" sind folgende: Die Nutzungsdauer von Investitionen ist schwer abzuschätzen und die Umlage auf die Generationen ist schwierig.

- Heute getroffene Entscheidungen berücksichtigen Präferenzen zukünftiger Generationen nicht.
- Die Last der Staatsverschuldung kann ggf. nicht in die Zukunft verlagert werden, da die heutige Generation die Kosten der steigenden Zinsen zu tragen hat, z.B. in Form fallender privater Investitionen.

Situationsabhängiger Grundsatz

Die von der Situation abhängige Verschuldung ist zum Beispiel Ausdruck der antizyklischen Fiskalpolitik. Eine Verschuldung ist demnach möglich, wenn es eine Rezession mit zu geringer gesamtwirtschaftlicher Nachfrage gibt. Der Staat soll dann die Ausgaben steigern und gleichzeitig, so sieht es das Stabilitäts- und Wachstumsgesetz von 1967 vor, die Einnahmen aus der Einkommens- und Körperschaftsteuer reduzieren. Das anfallende Budgetdefizit ist dann, wenn keine Konjunkturausgleichsrücklage zur Verfügung steht, mit einer Neuverschuldung zu finanzieren. Auch vorübergehend hohe Ausgaben in Ausnahmesituationen sind mit Krediten zu finanzieren.

RECHTFERTIGUNG DER ÖFFENTLICHEN VERSCHULDUNG:

Grundsatz	Inhalt	Probleme
Objektbezogen	Rentable Investitionen	Investitionsbegriff
		Nutzungsdauer
Situationsabhängig	Antizyklische Fiskalpolitik	Zunehmende Defizite
	Ausgaben in Ausnahmefällen	
	(Krieg, Wiedervereinigung)	

Grenzen der Staatsverschuldung
- Artikel 115 Grundgesetz: Einnahmen aus Nettokreditaufnahmen dürfen die Ausgaben für Investitionen nicht übersteigen. Ausnahmen bilden die Abwehr bzw. die Störung des gesamtwirtschaftlichen Gleichgewichts.

- Maastricht-Kriterium/Stabilitäts- und Wachstumspakt: Die Relation zwischen Schuldenstand und dem gesamtwirtschaftlichen BIP darf 60% nicht übersteigen und die Relation zwischen der Neuverschuldung und dem gesamtwirtschaftlichen BIP darf 3% nicht übersteigen.

Die dabei auftretende Probleme sind abzugsfähige Sonderausgaben oder Zusatzlasten, wie z.B. bei der deutschen Wiedervereinigung. Eine Ausnahme bildet die Rezession.

Steuerreformen in Deutschland ab 01.01.2005 (3. Stufe der Steuerreform von 2000)
- Eingangssteuersatz von 15% (1998: etwa 26%)
- Spitzensteuersatz von 42% (1998: 53%)
- Grundfreibetrag von 7.664 Euro (1998: 6.322 Euro)

Reform der Unternehmensbesteuerung
- Körperschaftssteuersatz ab 2001 für einbehaltene und ausgeschüttete Gewinne 25% (1998: 40% für einbehaltene und 30% für ausgeschüttete Gewinne)
- Personenunternehmen:
  - Senkung des Spitzensteuersatzes von 53% (1998) auf 42% (2005)
  - Faktische Freistellung von der Gewerbesteuer (de facto zahlen nur noch Kapitalgesellschaften eine Gewerbesteuer!)

Steuerrechtsänderung ab 2007
- Reichensteuer: Spitzensatz bei Einkommensteuer für Einkommen ab 250.000 Euro bzw. 500.000 Euro (Ledige/Verheiratete) wird von 42% auf 45% erhöht, ausgenommen sind sogenannte Gewinneinkünfte bis 2008
- Entfernungspauschale: Künftig wird die Kostenpauschale von 30 Cent je Entfernungskilometer für Strecken oberhalb von 20 km (vergleichbar mit Werbungskosten) steuerlich berücksichtigt.
- Kürzung des Sparerfreibetrages (Sfb): Er soll von 1.370 Euro bzw. 2.740 Euro (Ledige/Verheiratete) auf 750 Euro bzw. 1.500 Euro reduziert werden.
- Abschaffung des Pauschalabzugs von 1.250 Euro für Arbeitszimmer
- Steigerung der Mehrwertsteuer auf 19% (von 16%), der ermäßigte Satz bleibt bei 7%.

15 Die Grundlagen der Sozialpolitik

Lernziele
Sie werden die Notwendigkeit der staatlichen Sozialpolitik in einer Markwirtschaft kennen lernen. Sie werden in die Lage versetzt, die Grundsätze und die Prinzipien der Sozialpolitik zu erläutern und mit Beispielen zu belegen. Sie sind befähigt, die Grundzüge der gesetzlichen Versicherung darzustellen.

15.1 Einführung in die Sozialpolitik

> Die staatliche Sozialpolitik umfasst den zielorientierten Einsatz aller wirtschaftspolitischen Instrumente um den sozialen Ausgleich und Sicherung zu gewährleisten. Hierzu zählen insbesondere die geldlichen und sachlichen Leistungen des Staates, einschließlich der Gesetzlichen Sozialversicherung, zur Sicherung der Gesundheit und Arbeitsfähigkeit der Mitglieder der Gesellschaft.

Organisation der Gesetzlichen Sozialversicherung
Die Gesetzliche Sozialversicherung ist eine öffentlich-rechtliche Pflichtversicherung, die in einzelne Versicherungszweige aufgegliedert ist. Sie werden in Selbstverwaltung von eigenständigen Trägern unter staatlicher Aufsicht betrieben. Die Finanzierung erfolgt durch Beiträge der Versicherten und Arbeitgeber sowie durch Zuschüsse des Staates. Die Beiträge orientieren sich mit Ausnahme der Gesetzlichen Unfallversicherung an dem Arbeitseinkommen der Versicherten.

Die Gesetzliche Sozialversicherung umfasst die folgenden Zweige:

- Rentenversicherung (GRV), eingeführt als Invaliditäts- und Altersversicherung in 1889,
- Krankenversicherung (GKV) seit 1883,
- Pflegeversicherung (GPV) seit 1995,
- Unfallversicherung (GUV) seit 1884 und
- Arbeitslosenversicherung (GAL) seit 1927.

Die Daseinsvorsorge wird gemäß den Ordnungsprinzipien in freiwillige individuelle Vorsorge (Individualprinzip) und gesetzlich verfügte staatliche Vorsorge (Sozialprinzip) aufgeteilt.

Die freiwillige individuelle Vorsorge wird durch Sparen und privater Versicherung gesichert. Die Gestaltungsprinzipien der staatlichen Vorsorge sind das Versicherungsprinzip, das Versorgungsprinzip und das Fürsorgeprinzip. Dem Sozialprinzip folgen das Versicherungsprinzip und das Versorgungsprinzip.

GESTALTUNGSPRINZIPIEN DER SOZIALEN SICHERUNG:

Gestaltungsprinzip	Ausprägungen
Fürsorge	Prüfung der Bedürftigkeit im Rahmen der Sozialhilfe
Versicherung	Risikoäquivalente Beiträge in die Sozialversicherung
Versorgung	Beamte und Soldaten; Staatliche Leistungen werden unabhängig von den geleisteten Beiträgen gezahlt
Solidarität	Gesetzliche Sozialversicherung als Solidargemeinschaft; Beiträge orientieren sich an der finanziellen Leistungsfähigkeit
Subsidiarität	Prüfung der Bedürftigkeit im Rahmen der Sozialhilfe; Vorrang hat Hilfe zur Selbsthilfe

Eine Verpflichtung zur Teilnahme an der Gesetzlichen Sozialversicherung ist u.a. aus folgenden Gründen notwendig:

➢ Versicherte können keine risikoadäquaten Beiträge in eine private Versicherung leisten (Bedürftigkeit).
➢ Versicherten fehlt die Einsicht, für das Alter oder für die Krankheit private Vorsorge zu leisten (Pflichtversicherung).
➢ Versicherungsunternehmen suchen sich nur die besten Risiken aus. Die schlechten Risiken möchte niemand versichern (Solidargemeinschaft).

Die Berücksichtigung der Sozialpolitik im Wirtschaftskreislauf
Im Sozialbudget wird ein Gesamtüberblick der Sozialleistungen und deren Kosten geboten. Die Sozialleistungsquote wird als Verhältnis zwischen den Sozialleistungen und dem BIP definiert.

Das Volkseinkommen wird in Einkommen aus Gewinnen und Vermögen sowie in Arbeitseinkommen aufgeteilt. Die Arbeitseinkommen werden in sozialversicherungsfreie Arbeitseinkommen und sozialversicherungspflichtige Arbeitseinkommen unterteilt. Die sozialversicherungspflichtigen Einkommen führen zu einer Finanzierung der Sozialversicherungen durch Beiträge. Die Sozialversicherungshaushalte leisten dann Renten, Arbeitslosengeld, Krankengeld, Pflegegeld und Unfallgeld.

Steuern werden auf alle drei Einkommensarten (Gewinne, Vermögen, Arbeitseinkommen) erhoben. Diese dienen zur Finanzierung des öffentlichen Haushaltes. Aus dem öffentlichen Haushalt fließen Sozialleistungen in Form von Wohngeld, Kindergeld und Pensionen. Wegen der Zuschüsse der öffentlichen Haushalte an die Sozialversicherungshaushalte liegt eine Querverbindung vor.

DIE ABSICHERUNG DURCH DIE GESETZLICHE SICHERUNG:

Zweig	Versicherungspflichtige Personen	Abgesicherte Risiken
GKV	Arbeiter und Angestellte (unter Bemessungsgrenzen)	Krankheit und Tod; Rehabilitation; Krankengeld
PFV	vgl. GKV	Häusliche und stationäre Pflege
GRV	Arbeitnehmer (nicht Beamte)	Versorgung im Alter und der Hinterbliebenen; Berufs- und Erwerbsunfähigkeit
GUV	Beschäftigte	Prävention, Rehabilitation und Entschädigung bei Berufsunfall und Berufskrankheiten
GAL	Arbeitnehmer (nicht Beamte)	Arbeitslosigkeit

15.2 Finanzierung der sozialen Sicherung

Die Gesetzliche Sozialversicherung wird zum Großteil durch Zwangsbeiträge finanziert. Im Versicherungsfall steht dieser Beitragsleistung die umlagefinanzierte Leistung der Solidargemeinschaft gegenüber. Staatliche Zuschüsse ergänzen die Finanzausstattung.
Im Unterschied zur GALV sowie der GRV existiert in der GKV kein einheitlicher Beitragssatz. Jede Krankenkasse bestimmt auf der Basis der Gesetze ihren Beitragssatz selbst. Der durchschnittliche Beitragssatz der GKV beträgt 14,3% (Stand: April 2004). Die Beiträge werden je zur Hälfte vom Arbeitnehmer und vom Arbeitgeber getragen.

Der gesetzlich festgelegte Beitragssatz zur PFV beträgt 1,7% des Lohnes bzw. des Gehaltes. Dabei tragen die Arbeitgeber und die Arbeitnehmer jeweils 0,85%. Im Bundesland Sachsen tragen die AN einen Anteil vom Einkommen in Höhe von 1,35% und die AG nur 0,35%, da dort zur Finanzierung der PFV kein Feiertag abgeschafft worden ist.

Die GUV wird von den Arbeitgebern getragen. Die Beiträge orientieren sich an den Arbeitsentgelten der versicherten Arbeitnehmer sowie den Gefahrenklassen der unterschiedlichen Branchen.

Der Beitragssatz zur GRV liegt ab 2007 bei 19,9% der Bemessungsgrundlage, die in der Regel das Arbeitsentgelt der Beschäftigten ist. Das Arbeitsentgelt wird dabei nur bis zur Bemessungsgrenze berücksichtigt, die in den alten Bundesländern in 2005 bei 5.200 EUR und in den neuen Bundesländern in 2005 bei 4.400 EUR liegt. Die Beiträge werden je zur Hälfte von Arbeitgebern und Arbeitnehmern getragen.

> **Wichtig:**
> Die Beitragsabführung zur GKV, PFV, GRV, GAL erfolgt in Form des Gesamtsozialversicherungsbeitrags durch den AG an die zuständige Krankenkasse. Diese leitet die Beiträge an die anderen Versicherungszweige weiter.

Die Finanzierung der gesetzlichen Rentenversicherung erfolgt durch:

➢ Umlagefinanzierung

   Das so genannte Generationenmodell ist 1957 als Finanzierungsverfahren der GRV eingeführt worden. Es ist ein Vertrag zwischen drei Generationen. Die heute Erwerbstätigen leisten Beiträge zur Finanzierung der Rentner. Damit erwerben die Erwerbstätigen einen Anspruch auf Rentenzahlungen, die später von den nachkommenden Generationen zu finanzieren sind. Die für die Leistungen benötigten Mittel werden jeweils durch die laufenden Einnahmen aufgebracht.

➢ Kapitaldeckungsverfahren

   Bis 1957 ist die GRV nach dem Kapitaldeckungsverfahren finanziert worden. Aus den eingehenden laufenden Mitteln wird ein Kapitalstock akkumuliert. Der Stock deckt die jeweils fällig werdenden Ansprüche der Versicherten mit den Erträgen des in Sachwerten und Wertpapieren angelegten Kapitals ab.

➢ Steuerfinanzierung

   Die aus Beiträgen stammenden Finanzmittel werden durch staatliche Zuschüsse, die steuerfinanziert sind, ergänzt. Diese Zuschüsse werden damit gerechtfertigt, dass der betreffende Sozialversicherungsträger allgemeine Staatsleistungen, wie zum Beispiel familienpolitisch motivierte Anrechnung von Kindererziehungszeiten oder Maßnahmen zur aktiven Arbeitsmarktpolitik, übernimmt. Eine Bundesgarantie zur Ausgabendeckung gilt sowohl für die GRV als auch im Bereich der Bundesagentur für Arbeit. Die Höhe des Bundeszuschusses zur GRV ist abhängig von der jährlichen Veränderung der Bruttolohn- und Bruttogehaltssumme, des Beitragssatzes und des Umsatzsteueraufkommens.

In 2003 sind Bundeszuschüsse in Höhe von 77,2 Mrd. EUR erbracht worden, das sind 25% der Gesamteinnahmen der GRV. Ohne Bundeszuschuss läge der Beitragssatz über 26%.

15.3 Die Gesetzliche Rentenversicherung

Die GRV wird auf der Basis des Generationenvertrags durchgeführt. Seit dem Generationenvertrag von 1957 wird die GRV durch das Umlageverfahren finanziert. Dabei werden die Versicherungsleistungen aus den laufenden Beiträgen finanziert. Es gilt das Prinzip der solidarischen Selbstvorsorge. Anspruch auf Regelaltersrente haben Männer und Frauen mit Erreichen des 65. Lebensjahres, wenn sie die Mindestversicherungszeit (Wartezeit) von 5 Jahren erfüllt haben.

Das durchschnittliche Renteneintrittsalter lag 2002 bei 62 Jahren. Erwerbsminderungsrenten werden gezahlt, wenn das Leistungsvermögen des Versicherten unter drei Stunden täglich beträgt. Der Beitrag wird jeweils zur Hälfte vom Arbeitgeber und Arbeitnehmer gezahlt.

Die Träger der Gesetzlichen Rentenversicherung sind

- die Bundesversicherungsanstalt für Angestellte,
- die Landesversicherungsanstalten für die Rentenversicherung der Arbeiter,
- die Bundesknappschaft für die Rente der Bergleute und
- die Seekasse und andere Sondersysteme.

Die Aufgaben der GRV:

- Rehabilitation: Erhalt, Verbesserung und Wiederherstellung der Erwerbsfähigkeit der Versicherten
- Ersatz von ausgefallenem Arbeitseinkommen durch die Gewährung von Renten (Altersrente; Erwerbsminderungsrente)
- Hinterbliebenenrenten im Todesfall (Witwenrente, Waisenrente,..)
- Zahlung von Erziehungsrenten
- Entrichtung von Beiträgen zur Krankenversicherung der Rentner

Die Problemkreise der GRV:

- Veränderungen des Altersaufbaus (demografische Entwicklung)

    Das Verhältnis zwischen der Anzahl der Erwerbstätigen und der im Rentenalter befindlichen Personen nimmt laufend ab. Um die Rentenzahlungen ohne staatliche Zuschüsse konstant zu halten, sind die Beiträge oder das Renteneintrittsalter zu steigern.

- Steigende Arbeitslosigkeit

    Die Arbeitslosen fallen als Beitragszahler in den Gesetzlichen Versicherungen weg. Somit ergibt sich hier ein Finanzierungsdefizit der Versicherungen.

- Die Belastung der Gesetzlichen Rentenversicherung mit versicherungsfremden Leistungen

    Hiermit lassen sich die Bundeszuschüsse an die GRV rechtfertigen. Ein Beispiel ist die Anrechnung von Kindererziehungszeiten.

- Die Freistellung verschiedener Personengruppen (Beamte) von der Versicherungspflicht

Die Anwendung des Prinzips des Risikoverbundes der GRV sieht vor, dass die Versicherungsleistungen der Arbeiter von allen Trägern gemeinsam getragen werden.

Zur finanziellen Sicherung für den Fall, dass die gesetzlich festgelegte Schwankungsreserve (Betriebsmittel und Rücklagen) in einem Zweig einem bestimmten Grenzwert unterschreitet, wird ein Finanzausgleich zwischen der Rentenversicherung der Arbeiter und der Angestellten vorgenommen.

Durchgeführte Rentenreformen:

- 2001: Die Anpassungsformel wurde verändert. Die Bezugsgröße für die Rentenanpassung sind nicht mehr die Nettolöhne, sondern die Bruttolöhne vermindert um die unterstellten Aufwendungen für die Altersvorsorge (Rentenversicherung und geförderte Altersvorsorge). Die Folge war eine Rentenanpassung um minus 0,6%-Punkte.
- 2001: Die Einführung der Riester-Rente zur Förderung der privaten Altersvorsorge

Die Rentenreform 2004 beinhaltete die folgenden Maßnahmen:

- Absenkung der Mindestschwankungsreserve der GRV von 50% auf 20% einer Monatsausgabe,
- Aussetzung der Rentenanpassung zum 1.7.2004,
- Übernahme der Pflegeversicherungsbeiträge durch die Rentner ab 1.4.2004,
- Weitergabe veränderter Beitragssätze in der GKV an die Rentner,
- Festsetzung des Beitragssatzes für 2004 auf 19,5%,
- Rückgängigmachung der Kürzung des Bundeszuschusses zur GRV und
- Verlegung des Termins für die erstmalige Rentenzahlung auf das Monatsende.

15.3 Die Gesetzliche Rentenversicherung

Die Rentenreformen seit 2005:

- Rentennachhaltigkeitsgesetz: Es beinhaltet die Begrenzung des Rentenanstiegs durch die Einführung eines Nachhaltigkeitsfaktors, der das Verhältnis von Leistungbeziehern zu versicherungspflichtigen Beschäftigten berücksichtigt. Die Folge sind Nullrunden bei den Rentenzahlungen. Zur Sicherung des Rentenniveaus wurde eine Klausel eingebaut, welche vorsieht, dass das durchschnittliche Niveau eine bestimmte Relation zum Einkommen der Erwerbstätigen nicht unterschreiten darf. Im Rahmen dieses Gesetzes soll das Rentenniveau auch durch die Abschaffung der Anrechnung von Schul- und Hochschulzeiten gesenkt werden. Damit wird eine Begrenzung des Beitragssatzes bis 2030 auf höchstens 22% des Bruttoeinkommens angestrebt. Die Niveausicherungsklausel strebt ein Mindestrentenniveau von 43% des durchschnittlichen Nettoverdienstes aller Beschäftigten an.
- Alterseinkünftegesetz (in Kraft seit 01.01.2005): Bis 2040 sollen gesetzliche Altersrenten und Beamtenpensionen gleich besteuert werden und gesetzliche Altersrenten sollen voll steuerpflichtig werden. Bis 2025 werden Altersvorsorgeaufwendungen der (aktiv) Beschäftigten steuerfrei gestellt.
- Langfristige Stabilisierung des Betragssatzes: Die Ausgangslage stellt sich wie folgt dar: Von 2007 an verliert die GRV jährlich Einnahmen in Höhe von 2 Mrd. Euro, weil die Rentenversicherungsbeiträge für die Hartz IV-Empfänger (vgl. SGB II) reduziert werden. Um dem entgegen zu steuern wurde 2007 der Beitragssatz auf 19,9% erhöht und das Eintrittsalter in eine abschlagsfreie (Regel-) Altersrente auf das 67. Lebensjahr heraufgesetzt, beginnend von 2012 bis 2027. Somit ist der Beitragssatz langfristig um rund 0,5%-Punkte geringer.

DIE RENTE WIRD ANHAND FOLGENDER PARAMETER BERECHNET:

Faktor	Berücksichtigte Aspekte
Persönliche Entgeltpunkte	Höhe und Dauer der Beiträge
Zugangsfaktor	1,0 bei Rente mit Vollendung des 65. Lebensjahres; bei vorgezogener Altersrente vermindert sich der Zugangsfaktor pro Monat um 0,003.
Rentenartfaktor	u.a. 1,0 bei Altersrenten 1,0 bei Erwerbsunfähigkeit 0,6667 bei Berufsunfähigkeit
Aktueller Rentenwert	Veränderung der Nettoarbeitseinkommen, aktueller Rentenwert ist abhängig von: modifizierter Bruttolohnanpassung, Beachtung des Altersvorsorgeanteils, Berücksichtigung des Nachhaltigkeitsfaktors

Nachhaltigkeitsfaktor	Verhältnis zwischen der Anzahl der Versicherungspflichtigen und der Anzahl der Rentner

15.4 Die Gesetzliche Krankenversicherung

Die Leistungen der GKV sind bei allen Krankenkassen durch eine gesetzliche Festlegung weitgehend gleich. Leistungen der GKV unterliegen dem Gebot der Wirtschaftlichkeit und der so genannten medizinischen Notwendigkeit.

Die Versicherten werden an den Kosten der Gesundheitsversorgung durch Zuzahlungen (Praxisgebühr, Arzneimittel) und Eigenanteile (Zahnersatz) beteiligt. Die Härtefallregelung räumt jedoch die Möglichkeit zur Befreiung von Zuzahlungen ein, wenn diese eine Belastungsgrenze von 2% (für chronisch Kranke 1%) der Bruttoeinkommen übersteigt.

Krankengeld wird für die Dauer einer mit Arbeitsunfähigkeit verbundenen Krankheit gewährt. Der Anspruch auf Krankengeld ruht, wenn während der Krankheit das Entgelt weitergezahlt wird oder der Versicherte Arbeitslosengeld oder sonstige Lohnersatzleistungen bezieht. Die Krankengeldzahlung setzt nach Ende der Lohnfortzahlung des Arbeitgebers ein (i.d.R. sechs Wochen).

Seit dem 1.1.1996 besteht eine freie Versicherungswahl. Ein Wechsel ist mit Einhaltung einer zweimonatigen Kündigungsfrist jederzeit möglich. Danach ist das Mitglied für 18 Monate an seine neue Krankenkasse gebunden. Es besteht jedoch ein Sonderkündigungsrecht, wenn der Beitragssatz erhöht wird. Betriebs- und Innungskrankenkassen können sich entscheiden, ob sie sich für alle Versicherten öffnen.

Seit 1994 gibt es zwischen allen Krankenkassen einen Risikostrukturausgleich, der bundesweit und kassenartenübergreifend durchgeführt wird. Damit sollen die finanziellen Auswirkungen der unterschiedlichen Risikostrukturen der Krankenkassen ausgeglichen werden. Die Zielsetzung des Risikostrukturausgleichs ist in dem Abbau von Wettbewerbsverzerrungen zwischen den Krankenkassen, einer gerechteren Beitragsbelastung der Mitglieder sowie in der Stärkung der Wirtschaftlichkeitsanreize bei den Mitgliedern zu sehen.

Strukturmaßnahmen des Gesundheitsmodernisierungsgesetzes (GMG):

- Einführung eines Hausarztsystems (Gate keeper),
- Zulassung medizinischer Versorgungszentren,
- Weiterentwicklung der integrierten Versorgung,
  Ziel: Schnittstellenprobleme zwischen ambulanter, stationärer Behandlung oder beim Übergang in Reha-Maßnahmen beheben.

Maßnahmen: Krankenkassen bieten abgestimmte Versorgungen an, bei der Haus- und Fachärzte sowie ärztliche und nichtärztliche Leistungserbringer (z.B. Apotheken) koordiniert werden,
- Teilöffnung der Krankenhäuser für die ambulante Versorgung,
- Schaffung eines Instituts für Qualität und Wirtschaftlichkeit im Gesundheitswesen,
- Ernennung eines Patientenbeauftragten der Bundesregierung,
- Einführung der Patientenquittung (auf Anfrage),
- Einführung einer elektronischen Gesundheitskarte ab 2006,
- Zulassung des Versandhandels von Arzneimitteln sowie
- Preisfreigabe für nicht verschreibungspflichtige Arzneimittel.

Auch die Finanzierungsseite ist durch das GMG verändert worden. Es wurden höhere Zuzahlungen für Arzneimittel und Krankenhaus sowie eine Praxisgebühr von 10 Euro je Quartal eingeführt. Verschiedene Leistungen wie die Sehhilfen oder Fahrtkosten sind ausgeklammert worden. Der Zahnersatz muss ab 2005 zusätzlich gesetzlich oder privat ohne Zuschuss des Arbeitgebers versichert werden.

Die Gesundheitsreform

Modernisierung und Neuordnung des deutschen Gesundheitswesens durch:

- Einführung von Wahltarifen
- Größere Vertragsfreiheiten der Kassen
- Neues ärztliches Honorierungswesen (kompliziertes Punktwert-System pro Aktivität wird durch Pauschalvergütung für Krankheit abgelöst, Problem: Unterversorgung Schwerkranker!)
- „Arzneimittelversorgungswirtschaftlichkeits"-Gesetz: Preisverhandlungen zwischen Krankenkassen und Arzneimittelherstellern wird möglich. Neu ist die Umstellung der Arzneimittelpreisverordnung auf Höchstpreise, sodass Apotheker **nie**drigere Preise vereinbaren können. Ziel ist eine flächendeckende Preisverhandlung zwischen Krankenkassen und Apotheken.
- Bessere Verzahnung des ambulanten und stationären Sektors
- Ausbau der integrierten Versorgung und Straffung der Verbandsstrukturen
- Einrichtung eines Gesundheitsfonds (Kritik: Bürokratisierung): Der Gesundheitsfonds verteilt die Mittel an die Gesetzlichen Krankenkassen (GKK). Die Finanzierung erfolgt über Einzahlungen der Arbeitnehmer und Arbeitgeber sowie durch Bundeszuschüsse. Aus dem Fonds fließen Zahlungen an die GKK, welche grundsätzlich denselben Beitrag pro Versichertem erhalten (aber: Risikoausgleich fehlt!). GKK`s, die gut wirtschaften, können ihren Mitgliedern Beiträge zurück erstatten. Jene, die nicht mit den Mitteln aus dem Fonds auskommen, können notfalls zusätzliche Beiträge von ihren Mitgliedern verlangen.
- Vereinfachung und Verbesserung des Risikostrukturausgleichs: Ziel ist eine Vergleichbarkeit und Transparenz als Grundlage für mehr Wettbewerb zwischen den Kassen.

➢ Wechselmöglichkeiten von gesetzlicher zu privater Krankenversicherung verändert (Geschäftsmodell der Privatkrankenversicherung (PKV) erhalten): Der Wettbewerb zwischen den PKV und den GKV wird durch Portabilität der Alterungsrückstellungen und durch die Schaffung eines Basistarifes für alle freiwillig Versicherten intensiver.

16 Kurz- und Wiederholungsaufgaben

16.1 Arbeitslosigkeit und Inflation

1. Erläutern Sie das Problem der versteckten Arbeitslosigkeit bzw. der stillen Reserve.

2. Unterscheiden Sie zwischen der konjunkturellen und der strukturellen Arbeitslosigkeit.

3. Erläutern Sie 3 Ursachen für die wachstumsdefizitäre Arbeitslosigkeit sowie entsprechende Maßnahmen zu ihrer Bekämpfung.

4. Arbeitsmarkt- und Beschäftigungspolitik

   Diskutieren Sie die folgenden Maßnahmen zur Bekämpfung der Arbeitslosigkeit:

   (a) Arbeitszeitverkürzung bei zumindest teilweisem Lohnausgleich
   (b) Antizyklische Fiskalpolitik und staatliche Beschäftigungsprogramme
   (c) Hartz-Reformen: Reduktion der Unterstützung für Langzeitarbeitslose

5. Beschreiben Sie den Unterschied zwischen den Begriffen Inflation, Deflation und Disinflation. Welche Auswirkungen sind jeweils mit der Beschäftigung und dem Wirtschaftswachstum verbunden?

6. Die Ausgaben für einen Warenkorb für einen repräsentativen Haushalt betragen in der Basisperiode 1.000 Euro, für denselben Warenkorb werden im Berichtsjahr 1.180 Euro bezahlt. Berechnen Sie die Inflationsrate.

7. Deflation

   In Japan hat es deflationäre Tendenzen gegeben.

   (a) Erläutern Sie, wie man Deflation definiert.
   (b) Beschreiben Sie mit zwei Argumenten, warum eine Deflation häufig zu steigender Arbeitslosigkeit führt.
   (c) Erläutern Sie den Einsatz der Fiskalpolitik zur Bekämpfung einer Deflation.

8. Inflation

   In Deutschland hat es bereits zwei Perioden einer Hyperinflation gegeben.

   (a) Beschreiben Sie die Wirkungen einer erwarteten Inflation auf die
   - Verteilung
   - Allokation
   - Beschäftigung (Phillips-Kurve).

   (b) Erläutern Sie jeweils zwei Vor- und Nachteile einer Indexierung.

9. Nehmen Sie kritisch zur Aussage eines deutschen Politikers, er würde lieber 5% mehr Inflation als 5% mehr Arbeitslosigkeit akzeptieren, Stellung. Verwenden Sie als Argumentationsgrundlage die Phillips-Kurven.

10. Erläutern Sie, in welchen konjunkturellen Phasen die Arbeitslosigkeit und in welchen die Inflation besonders hoch ist. Um welche Arten der Arbeitslosigkeit und der Inflation handelt es sich dabei?

16.2 Reale Außenwirtschaft

1. Erläutern Sie die Ursachen für den Außenhandel

   (a) zwischen den Industrieländern.
   (b) zwischen den Entwicklungs- und den Industrieländern.

2. Beschreiben Sie die Prinzipien der absoluten und der komparativen Kostenvorteile mit selbst ausgewählten Beispielen.

3. Das Faktorpreisausgleichstheorem von Heckscher und Ohlin zeigt eine Angleichung der Faktorpreise ausschließlich durch den Freihandel ohne eine internationale Mobilität der Faktoren. Die USA verfügt über relativ viel Humankapital und relativ wenig Sachkapital.

   (a) Auf die Produktion und den Export welcher Güter hat sich die USA zu spezialisieren?
   (b) Welche Auswirkungen auf die Faktorpreise sind im Zuge des Freihandels für die USA zu erwarten?
   (c) Wie verändern sich die Güterpreise in den USA bei Freihandel?

4. Erläutern Sie die Unterschiede und die Gemeinsamkeiten zwischen dem Theorem der komparativen Kosten und dem Theorem von Heckscher und Ohlin.

5. Erläutern Sie die Auswirkungen des Freihandels im Vergleich zu einer Autarkiesituation auf die Konsumenten, die Produzenten und den Staat.

6. Beschreiben Sie 3 Argumente des (Neuen) Protektionismus.

7. Definieren Sie die Terms-of-Trade und beurteilen Sie die Auswirkungen einer Verbesserung der Terms-of-Trade auf die Wohlfahrt und die Wettbewerbsfähigkeit eines Landes.

8. Beschreiben Sie die Auswirkungen eines Zolls auf ein Importgut, das nicht von den inländischen Produzenten hergestellt wird.

9. Erläutern Sie, was man in der Ökonomie unter den folgenden wirtschaftlichen Integrationsformen versteht:

    - Freihandel
    - Zollunion
    - Binnenmarkt
    - Wirtschafts- und Währungsunion

10. Erläutern Sie das Prinzip der Nicht-Diskriminierung der WTO.

11. Erklären Sie, warum die WTO die tarifären Handelshemmnisse den nicht-tarifären Hindernissen vorzieht.

12. Erklären Sie die Maastricht-Kriterien und grenzen Sie diese von den Kopenhagenkriterien ab.

13. Die Aufnahme Bulgariens und Rumäniens in die EU

    Seit dem 1.1.2007 ist die EU um zwei Mitglieder reicher. Bulgarien und Rumänien traten ein.

    (a) Beschreiben Sie die Voraussetzungen für einen EU-Beitritt.
    (b) Beschreiben Sie jeweils zwei Vor- und Nachteile des europäischen Binnenmarktes auf die

    - Produzenten,
    - Konsumenten und
    - Arbeitnehmer der neuen Mitgliedsstaaten.

16.3 Die monetäre Außenwirtschaft

1. Erläutern Sie, warum es ein Zahlungsbilanzdefizit nicht geben kann.

2. Beschreiben Sie die Teilbilanzen der Leistungsbilanz und erläutern sie mit jeweils einem Beispiel.

3. Erläutern Sie, wie der Kapitalverkehr nach den Empfehlungen des IWF von 1993 unterteilt wird.

4. Beschreiben Sie, aus welchen Bestandteilen die Währungsreserven bestehen.

5. Der Saldo der Devisenbilanz verändert sich bei Interventionen der Zentralbank auf dem Devisenmarkt. Wie wirken sich diese Interventionen auf die Nettoauslandsposition der Zentralbank und auf die Geldmenge des Inlandes aus, wenn a.) der Euro zur Stärke neigt und wenn b.) der Euro zur Schwäche neigt.

6. Erläutern Sie den Zusammenhang zwischen

    - der Leistungsbilanz
    - der Bilanz der Vermögensübertragungen
    - der Kapitalbilanz sowie der Devisenbilanz

    jeweils im Falle eines Überschusses und eines Defizits der Leistungsbilanz.

7. Erläutern Sie, wie sich eine Zinssteigerung des Inlandes auf die Teilbilanzen der Zahlungsbilanz auswirkt.

8. Beschreiben Sie, wie sich eine Senkung der Preise auf die Teilbilanzen der Zahlungsbilanz auswirkt.

9. Erläutern Sie, welche Auswirkungen ein glaubhaftes System mit festem Wechselkurs auf die Differenz zwischen den Inflationsraten und den Zinssätzen zwischen den Ländern haben.

10. Beschreiben Sie die Auswirkungen einer Aufwertung des Euro auf die Exportindustrie in Europa, auf die Beschäftigung und auf die Inflationsrate.

11. Erläutern Sie die Effekte eines Wirtschaftsaufschwungs in den USA auf den Wechselkurs des Euro sowie auf die Zahlungsbilanz der EU.

12. Der Euro - $ - Kurs

    Der Euro hat in der letzten Zeit (Ende 2006 bis Mitte 2007) im Vergleich zum US-$ an Wert gewonnen.

    Beschreiben Sie den Zusammenhang zwischen den Budgetdefiziten und den Leistungsbilanzproblemen der USA einerseits und dem Verlauf des Wechselkurses andererseits.
    Erläutern Sie die Effekte der Euroaufwertung auf die Absatzchancen der deutschen Exportindustrie.
    Diskutieren Sie den Einsatz der Fiskal- und der Geldpolitik um eine zu starke Aufwertung des Euro zu verhindern.

13. Die chinesische Wechselkurspolitik

    Beschreiben Sie die Konsequenzen einer unterbewerteten Währung auf die Export- und Importindustrie.

14. Erörtern Sie die Vor- und Nachteile eines Währungssystems mit festem Wechselkurs für die folgenden Ländergruppen:

    (a) die Industrieländer
    (b) die Transformationsländer
    (c) die Entwicklungsländer

16.4 Die Stabilisierungspolitik

1. Erläutern Sie die Unterscheidung zwischen der Konjunktur- und der Wachstumspolitik.

2. Beschreiben Sie die Zielsetzung und die Möglichkeiten der Strukturpolitik.

3. Erläutern Sie die Konjunkturphasen und beschreiben Sie die Merkmale der einzelnen Phasen.

4. Diskutieren Sie die Senkung der Körperschaftssteuer von 25% auf 19% vor dem Hintergrund der Laffer-Kurve.

5. Erläutern Sie den Unterschied zwischen dem Modell der vollständigen Konkurrenz und der dynamischen Wettbewerbsposition nach J. A. Schumpeter.

6. Ordnen Sie die in der Tabelle gegebenen Aspekte den stabilisierungspolitischen Konzeptionen zu:

	Neoklassik Monetarismus	Keynesianismus
Antizyklische Fiskalpolitik		
Schlanker Staat		
Abschaffung des Meisterbriefs		
Produktivitätsorientierte Lohnpolitik		
Unabhängige Zentralbank		
Say'sches Theorem		
Betonung der Wettbewerbspolitik		
Konjunkturausgleichsrücklage		

7. Beschreiben Sie jeweils 3 Kritikpunkte an den stabilisierungspolitischen Konzeptionen.

8. Erläutern Sie die Auswirkungen einer Steuer- und einer Kreditfinanzierung des Staates auf dem Kapitalmarkt sowie auf die Produktion der Wirtschaft.

9. Beschreiben Sie, was man unter einem "Crowding-Out" versteht.

10. Diskutieren Sie Rechtfertigungen und Grenzen der staatlichen Kreditaufnahme.

16.5 Die Grundlagen der Sozialpolitik

1. Erläutern Sie verschiedene Finanzierungskonzepte.

2. Beschreiben Sie die Organisation der Gesetzlichen Sozialversicherung in Deutschland.

3. Erläutern Sie die folgenden Gestaltungsprinzipien der Sozialpolitik:

    (a) Fürsorge,
    (b) Versicherung,
    (c) Versorgung,
    (d) Solidarität und
    (e) Subsidiarität.

16.5 Die Grundlagen der Sozialpolitik

4. Beschreiben Sie drei Argumente für die Rechtfertigung eines staatlichen Versicherungszwanges.

5. Diskutieren Sie vier Problemkreise der Gesetzlichen Rentenversicherung.

6. Beschreiben Sie, von welchen Faktoren die Höhe einer Altersrente abhängt.

7. Erläutern Sie das Gesundheitsmodernisierungsgesetz sowie den Risikostrukturausgleich.

Schlagwortverzeichnis

A

Abwertung 155
Allokation 14
Anbieterwettbewerb 55
Angebot 6
    privates 6
    öffentliches 6
Arbeit 4
    -skoeffizient 169
    -slosenquote 147
    -smarkt 147
    -sangebot 147
    -snachfrage 147
Arbitrage 195
Aufwertung 195
Ausgaben 21
    Konsum- 21
Außenbeitrag 77
Außenhandel 166
    -sursachen 167
Autarkie 170

B

Banknoten 107
Bargeld 113
    -abflussquote 114
Bedürfnis 21
    -arten 22
Beschäftigung s.a. Arbeit 151
    -spolitik 151
    -sschwelle 151
Boden 13
Bundesbank 125

C

Crowding-Out 216

D

Deflation 152
Devisen 188
    -angebot 188
    -bilanz 183
    -markt 188
    -nachfrage 188
Dienstleistung(en) 184
    -sbilanz 184
Distribution 14

E

Eigentum 14
    Privat- 14
Einkommen 161
    Nominal- 161
    Real- 161
Elastizität 29
    Einkommens- 29
    Preis- 29
Export 149

F

Faktor(en) 4
    -kosten 54
    Produktions- 4
Freihandel 174

G

Geld
   -angebot 113
   -nachfrage 118
   -basis 109
   -funktionen 107
   -markt 118
   -menge 109
   -schöpfung 113
Giffen-Güter 27
Gut 5
   freies 4
   heterogenes 50
   inferiores 33
   öffentliches 4
   wirtschaftliches 4

H

Haushalte 3

I

Inflation 152
   Formen der 159
   Hyper- 152
   Messung der 153
   nachfragrinduzierte 159
Inlandsprodukt 77
Investition 10
   -sarten 10

K

Kapital 10
Kartell 205
Kaufkraftparitätentheorie 193
Konjunktur 202
   -phasen 203
Konkurrenz 43
   monopolistische 51
   oligopolistische 51
   polypolistische 51
   vollständige 49
Kosten 35
   Durchschnitts- 37
   fixe 36
   -funktion 36
   Grenz- 37
Kreditschöpfung 113
   -sprozess 113

L

Leistungsbilanz 184
Liquidität 109

M

Markt 51
   -formen 51
   -gleichgewicht 50
Marktwirtschaft 14
   -liche Ordnung 14
   -liches System 14
   soziale - 20
Mindestreserve 136
Monopol 51
Monopson 51

N

Nachfragekurve 53
   Verschiebung der - 53
Naturaltauschwirtschaft 108
Nutzen 21
   Gesamt- 23
   Grenz- 23

O

Offenmarktpolitik 130
Oligopol 51

P

Phillips-Kurve 160
Planwirtschaft 14
Polypol 51
Präferenzen 50

Preis 51
　Höchst- 58
　-index 152
　Mindest- 58
Produktion 9
　-sfaktoren 9
Produktionsfunktion 41

Q

Quantitätstheorie 132

R

Rentenversicherung, gesetzliche 221
Rezession 203

S

Say`s Theorem 206
Sozialprodukt 77
Sozialversicherung 221
Sparquote 93
Spekulationskasse 112
Subvention 76

T

Terms of trade 177
Transaktionskosten 107
Transfereinkommen 156
Transferzahlungen 156

U

Überschussreserve 109
Umlaufgeschwindigkeit des Geldes 110

V

Verkehrsgleichung 110
Verwendungsrechnung 78
Volkseinkommen 85
Vorsichtskasse 112

W

Wachstum 201
Währungsreserven 184
Wechselkurs 188
　fester - 191
　flexibler - 191
Wertschöpfung 76
　Brutto- 76
　Netto- 76
Wirtschaftssubjekte 3
Wirtschaftssysteme 14

Z

Zahlungsbilanz 183
Zentralbank 113
　-geld 113
Zentralverwaltungswirtschaft 14
Zoll 175
　Schutz- 175

Mit weiteren Gabler-Büchern schnell und sicher zum Bankfachwirt

Olaf Fischer
Prüfungstraining zum Bankfachwirt:
Allgemeine Bankbetriebswirtschaft
Sicher durch die Zwischen- und Abschlussprüfung zum geprüften Bankfachwirt (IHK).
2. Auflage 2006
XII, 280 S., Br. € 32,90
ISBN 978-3-8349-0195-8

Achim Schütz | Olaf Fischer | Margit Burgard
Prüfungstraining zum Bankfachwirt:
Mündliche Prüfung Bankfachwirt
Wie strukturieren, beraten und verkaufen Sie am erfolgreichsten im Prüfungsgespräch
2. Auflage 2007.
ca. X, 211 S., Br. € 29,90
ISBN 978-3-8349-0542-0

Olaf Fischer (Hrsg.) | Torben Mothes
Prüfungstraining zum Bankfachwirt:
Abschlussprüfungen Allgemeine Bankwirtschaft, Betriebswirtschaft, Volkswirtschaft, Recht
1. Auflage 2008,
VIII, 282 S., Br. € 34,90
ISBN 978-3- 8349-0736-3

Änderungen vorbehalten. Stand: Juni 2008.

Gabler Verlag . Abraham-Lincoln-Str. 46 . 65189 Wiesbaden . www.gabler.de